Foreign Language
Education and Application

外语教育与应用

（2023）

主　编　张华春
副主编　沈光临

西南财经大学出版社
中国·成都

图书在版编目(CIP)数据

外语教育与应用.2023 /张华春主编;沈光临副主编.—成都:西南财经大学出版社,2023.9
ISBN 978-7-5504-5909-0

Ⅰ.①外… Ⅱ.①张…②沈… Ⅲ.①外语教学—教学研究—高等学校—文集 Ⅳ.①H3-42

中国国家版本馆 CIP 数据核字(2023)第 161232 号

外语教育与应用(2023)

WAIYU JIAOYU YU YINGYONG(2023)

主　编　张华春

副主编　沈光临

责任编辑:王　利

责任校对:植　苗

封面设计:墨创文化

责任印制:朱曼丽

出版发行	西南财经大学出版社(四川省成都市光华村街55号)
网　　址	http://cbs.swufe.edu.cn
电子邮件	bookcj@swufe.edu.cn
邮政编码	610074
电　　话	028-87353785
照　　排	四川胜翔数码印务设计有限公司
印　　刷	郫县犀浦印刷厂
成品尺寸	210mm×285mm
印　　张	14.25
字　　数	316 千字
版　　次	2023 年 9 月第 1 版
印　　次	2023 年 9 月第 1 次印刷
书　　号	ISBN 978-7-5504-5909-0
定　　价	78.00 元

序

辛勤耕耘结硕果，砥砺奋进谱新篇。四川外国语大学成都学院的学术论文集《外语教育与应用（2023）》，在学校广大教师和社会各界人士的关心与支持下，即将付梓出版，可喜可贺！

作为四川省内唯一的专业外语院校，四川外国语大学成都学院坚持以习近平新时代中国特色社会主义思想为指导，坚持为党育人、为国育才，紧紧围绕新文科建设、应用型人才培养、外语教育与应用、国际合作与交流、办学高质量发展等，以研促教学，以研促发展。《外语教育与应用》就是全校上下潜心科研、教研的部分阶段性成果体现。同时，我们积极开放办学，加强学术交流，以《外语教育与应用》的出版为平台，为广大外语教育研究者提供一个交流和研讨的学术阵地。

党的二十大报告指明了新时代科研的核心点和出发点，即从习近平新时代中国特色社会主义思想出发、从新时代的时代特质出发、从新文科建设的内涵出发。《新文科建设宣言》给外语学科建设提出了跨学科、重应用的新路径，将语言优势应用到国家和社会所需，与人文学科跨界融合，致力于完成新时代的使命担当。我们认真贯彻落实党的二十大报告精神和新文科建设的相关要求，并切实体现在教学科研和出版《外语教育与应用》的工作之中。本书共汇集论文 26 篇，不仅有涉及外国语言学与应用语言学、外国文学、翻译学、比较文学与跨文化研究、国别与区域研究等领域的文章，还推陈出新，专门开辟了"真实素材研究"专栏，运用真实素材的理念，从具体实践操作的层面探讨了人才培养、教材编写、课程建设等内容，更加彰显应用型外语教育的研究特色，体现"多语种、跨地区、跨学科"的研究，注重应用性、服务性、数字化的特点，展示了广大教师在外语教学实践中积极主动从事相关研究的学术成长历程，展现了学校坚持走内涵式发展道路所取得的建设成果，也可给广大外语教师的教学与科研带来帮助和启示。

科研之路，道阻且长，但只要行而不辍，必然未来可期。我们将继续坚持正确的政治方向和价值取向，服务国家战略，瞄准现实需要，聚焦培育外语学科核心竞争力，持续推进科研与教学的密切结合，不断深化外语类优秀应用型人才培养的创新研究，不断加强"外语+""+外语"的融通发展研究，进一步提升《外语教育与应用》的内容质量、传播力和影响力，在学术交流、人才培养、服务社会等方面发挥更好的作用，为服务四川外国语大学成都学院的高质量发展、办好人民满意的教育做出新的更大贡献。

张华春

2023 年 7 月 11 日

目录

第四部分　外国文学

第一部分　真实素材研究专栏

[专栏导语]

　　"真实素材"是应用型外语人才培养研究中的重要概念。国内外研究都强调真实性输入对于外语学习的重要性。本专栏收录的 6 篇论文基本涵盖了真实素材在外语教育教学中的应用研究。从研究内容来看，既有真实材料的加工与处理，也有真实素材的使用原则与路径；从研究视角来看，既涉及教材研发，也有课程探索，讨论教学材料的真实性、练习活动的真实性、语言课堂的真实性。我们希望能够引起同行对真实素材与外语教学研究的持续关注和深入讨论，产生更多富有理论价值和教学实效的研究贡献。

"真实交际"赋能外语专业国际传播人才培养[①]

四川外国语大学成都学院　沈光临[②]

【摘　要】外语在国际传播中占有重要地位，培养国际传播人才是新时代背景下外语教育的重要使命。本文探究"真实交际"赋能外语国际传播人才培养的内涵与路径，真实素材帮助学习者接触真实的语言学习材料，真实场景提供真实使用外语的机会，使学生具备良好的跨文化能力和外语运用能力，能够在跨文化交际中"讲好中国故事""传播好中国声音"，让世界理解中国。

【关键词】真实交际；国际传播；语言能力；人才培养

一、引言

党的二十大报告指出，"加快建构中国话语和中国叙事体系，讲好中国故事、传播好中国声音，展现可信、可爱、可敬的中国形象"。随着国家影响力的不断提升，国际社会对中国的关注度也越来越高，同时国际舆论场仍存在对中国形象的"有色滤镜""双重标准"（李庆云，2023），中国的国际传播面临"有理说不出""说了传不开""传开叫不响"的困境，国外受众对中国依旧缺乏全面了解。要以国外受众乐于接受的方式和易于理解的语言展现中国形象，首先要解决的就是外语水平。南非前总统曼德拉曾说："如果你用一个人听得懂的语言与他交流，他会入脑；而如果你用他自己的语言与他交流，他就会入心。"因此，外语作为沟通世界的载体，是提升中国国际传播影响力、中华文化感召力、中国形象亲和力、中国话语说服力、国际舆论引导力的基础。培养外语专业国际传播人才，对我国政治、经济和文化全球化进程中的身份表达和国际角色建构具有重要意义。外语类院校需要发挥语言学科优势，培养学生在全球化背景下对文化差异和冲突的

---

①　本文是 2021 年四川省哲学社会科学规划项目"基于'三进'背景的《习近平谈治国理政》外语类课程链建构研究"的阶段性研究成果，项目编号：SC21WY023。

②　沈光临，男，教授，四川外国语大学成都学院副校长，研究方向为外语教育与教材编写。

敏感性、包容性和灵活性，在学习与工作中"讲好中国故事""传播好中国声音"，为展示真实、立体、全面的中国贡献智慧。

二、外语类高校的"三进"工作

《习近平谈治国理政》是习近平总书记围绕建设新时代中国特色社会主义进行的系统论述，一至四卷已出版 37 个语种，发行覆盖 170 多个国家和地区，成为国际社会了解中国、读懂中国的思想之窗。2019 年底，中宣部组织开展《习近平谈治国理政》多语种版本进高校、进教材、进课堂（以下简称"三进"）试点工作在北京外国语大学、上海外国语大学、四川外国语大学启动。2022 年 8 月，高等学校外国语言文学类专业"理解当代中国"系列教材出版，涵盖英语、俄语、德语、法语、西班牙语、阿拉伯语、日语、意大利语、葡萄牙语、韩国语 10 个外语语种，将习近平新时代中国特色社会主义思想系统融入外语类专业听说读写译等核心课程。"三进"背景下的外语专业教育旨在培养对外传播的精英人才，拥有家国情怀和全球视野，能够用外语讲好中国故事，把中国介绍给世界。

"三进"工作是外语教育构建自主知识体系、创新人才培养的有益探索。"理解当代中国"系列教材内容包括《习近平谈治国理政》（多语种版本）、党的十九届六中全会审议通过的《中共中央关于党的百年奋斗重大成就和历史经验的决议》中"十个明确"、习近平总书记《在庆祝中国共产党成立 100 周年大会上的讲话》等权威文献。学生通过"三进"学习，能够领悟中国思想、中国理论、中国智慧，储备"讲好中国故事"的知识内容体系。但是，在国际传播中，要将这些知识体系外化于言，首先必须借助外语能力。学生只有具备扎实的外语语言基本功和较强的跨文化能力，才能在国际合作以及各行各业中传播中国价值，"讲好中国故事"。鉴于此，本文研究问题如下：①赋能外语国际传播人才培养的技术路径是什么？②如何基于该路径开展教学实践？

三、外介中向中介外转换的技术路径

外语教育以学习各国语言文化为载体，是国际传播与中外交流的窗口。外语教学在把世界介绍给中国（"外介中"）的同时，更应把中国介绍给世界（"中介外"）。源于受众、语言、文化、图式的差异，相较于外介中，中介外更具有挑战性。如何用第二语言（简称"二语"）向外国人介绍真实的中国，并让外国人听得懂、愿意听、传得开，需要掌握受众特点、语言表达、文化编码、图式差异，遵守真实、充分、关联、清楚等原则。实施外介中向中介外的转换，要充分发挥外语的政治性、工具性和人文性，建构融通中外的话语体系。在外语教学中落实"三进"，旨在使外语专业学生在对外交流和国际传播中能够讲清楚中国的政治制度、经济社会、价值观念、优秀文化等内容，解决"讲什么"的问题。至于"怎么讲"和"讲得好"，更需要广大外语教育者积极思考。本研究认为，中介外的成功之举在于话语与话术的提升。一方面，精准把握国家方针政策，在教学中输入时政内容的外文表达，理解中国话语体系的基本逻辑、中国故事的叙述框架；另一方面，正确认识中外文化叙事差异，搭建线上国际交流合作平台，利用多模态话语特征，引导学生通过图像、音乐、短视频等多元方式用外语讲好中国故事，增强国际传播的亲和力，实现政治话语与生活话语的有机融合，既有政治的高度，也有生活的温度，使对方易于理解、容易接受、乐于分享。

国际传播能力指通过大众传播媒介进行的跨越民族国界、具有强烈政治属性的跨文化信息交流与沟通能力（胡邦胜，2016）。外语国际传播人才首先要具备良好的听说读写译能力，而语言能力的培养依托于真实语境下的真实语料。在跨文化交际中，信息发出者根据自己的目的、意念和文化概念发出信息即话语。信息接收者根据发来的信息和自己的目的、意念及原有的文化概念去再现、理解和接受对方的意念。由于彼此原有的文化概念不同，若不能注意调整话语、交流策略以及语言交流符号中的暗含意义，双方就不能达成准确的理解和完全的沟通。例如，法语 mobilité encadrée 直译为"受规范的移动"，意译为"校级交流（中介、DIY）"。如果不考虑文化因素，只局限于短语的表层信息，就会造成跨文化沟通中的误解和障碍。因此，真实交际可以帮助理解文化背景、言语和行为要表达的真正意义，提升学生的语言运用能力和跨文化能力。在外语教学中，要做到有效的真实交际，需要真实素材和真实场景的"双向奔赴"。

（一）真实素材

真实素材产生于讲外语的人之间相互交流的原始材料，所以它是真实交际情景中产生的话轮，而非二语习得所编撰的话轮（Jean-Pierre Cuq, Isabelle Cruca, 2002）。真实素材属于范围广泛的交际情景和书面、口语及视觉信息的大集合，种类丰富，如日常生活素材（城市地图、火车时刻表、旅游手册等），行政管理类素材（登记卡、银行开户申请表、居留证申请表等），书面、语音或电视媒体素材（文章、天气预报、星象、广告、连续剧等），口语素材（采访、歌曲、实时对话、即兴交谈等），文画一体素材（电影、连环画等），肖像素材（照片、画像、漫画等）。与"制造文本"相比，这些文本和话语素材呈现出多样性。有的教学法专家称其为"粗素材"，而另一些教学法专家更喜欢把它叫做"社会素材"。

在外语教学中采用真实素材的益处有以下几点：第一，让学习者与真实的语言应用建立联系，能够呈现真实情景；第二，这些材料可以在语言教学与文化教学之间建立密切的联系，解决语言教学中的语言与文化分离的问题；第三，通过真实素材，学生能够直接接触当下的现实生活和思维方式；第四，可激发学生的学习热情，且同时具有奖励的效果，因为真实素材让学生真正能理解别人的语言，这种回报是学生最乐意感受到的（沈光临，2022）。

需要注意的是，真实素材不能构成完整一课的内容，也不能作为初级或中级的唯一教学内容。素材的选择需要满足严格的要求，如注意学生的年龄和国别，避免文化冲突；符合学生的学习习惯、起始水平、学习进度、学习需求和课程目标；避免使用会被快速淘汰的素材；兼顾复杂程度、长度和语言专业化程度。如果处理不当，会让学习者反感。所以有时还要去掉其粗糙的部分，进行教学化处理。法国教育学家 Yves Chevallard（1985）在其专著《教学化转变——从学术知识到实教知识》（*La transposition didactique - Du savoir savant au savoir enseigné*）中提出了教学化转变（Transposition Didactique）理论。该理论认为在课堂上被实际教授的知识接受了两个阶段的改造：第一阶段是科学领域的知识（学术知识）被改造成适应于课堂教学的知识（应教知识）；第二阶段是教师和学生对应教知识的改造，即应教知识通过课堂活动变成了实教知识。因此，使用真实素材应从知识的角度分析教学的规律，对其进行必要的教学化改造，并采用合适的教学策略（沈光临，2020）。

Daniel Coste 确定了一条使用真实素材的基本教学原则："即使将制造的文本引入真实交际情景，也好于使用真实文本作为全制造练习的载体和来源。"将真实文本用于纯语言目的的教学，或用于学习一个非真实素材特有的语言现象，结果可能导致脱离了交际情景，同时扭曲了使用真实素材的真正目的，即首先要理解信息的内容。所以，使用真实素材教学中最重要的是让学习者感觉到其真实性、趣味性，推荐给学习者接近真实的交流活动，在课堂上重构"交际情景""使用条件"和"交际愿望"。

（二）真实场景

20 世纪 70 年代，美国社会语言学家 Dell Hymes 提出语言交际能力学说，认为语言交际能力包括社会文化因素，即交际能力由语言能力（语言知识）和社会语言能力（在社会语言环境中恰当地运用语言知识和技能的能力）两方面构成。90 年代初，Bachman（1990）在其语言测试专著 *Fundamental Considerations in Language Testing* 中，提出语言交际能力是把语言知识和语言使用的情景结合起来创造并解释意义的能力，应在真实或接近真实的情景中通过完成真实的交际任务来测量考生运用语言知识的能力。在语言交际论的基础之上，Vygotsky 强调只有当学习者积极参与社会交流或者在自我话语中创造性地模仿他人话语时，语言输入才起重要作用。语言学习不是一个从输入、互动到输出的线性过程，而是交际双方的交流过程（文秋芳 等，2019）。

传统的外语教学主要以知识传授为主，缺乏深入的场景体验。讲授型主导的教学简化了跨文化交际能力培养，导致狭隘的文化观与僵化的思维（张红玲，2012）。学生参与角色扮演、影视展播、关键事例等活动，往往浮于表层体验，无法深入进行系统性的思辨产出，难以达到深层内化的效果（易莉 曾蕾，2022）。真实情景下的活动有助于达成知识的情景性和社会交往性。外语教学教师应在课堂内外为学生创设真实的语言交际场景，使学生有大量的自然语言交流机会，提高语言能力和跨文化能力。真实的场景包括以下三个要素：第一，人——跨文化的人，即有真实的输出对象，活动发生在语言和文化背景方面有差异的人们之间；第二，事——跨文化的事，即任务型教学，在任务的驱动下有明确的沟通目标，真实的目标，与生活工作一样的目标，不是学习和虚构的目标；第三，背景——跨文化的背景，帮助学生在跨文化背景下广泛接触真实语言。赋能中介外的外语教学从注重"真实的生活语言"即"真实素材"，逐渐拓展到"真实场景"的运用。

四、真实语境的虚拟建构

信息技术的发展为真实语境的建构创造了条件。学习者可以通过网络与真实的人就真实的话题进行交流，完成真实的交际任务。这样的语言学习有助于提高学习者的沟通协作能力、自主学习能力、多媒体技术应用能力及跨文化交际能力。学生能够在真实的语言活动中进行形式多样的语言输入，在真实的交际环境中展示和锻炼自己的语言交际能力。教师运用现代信息技术，在"真实素材"和"真实活动"教学理念的指导下搭建真实语境的虚拟平台，使具有不同文化背景的语言学习者互相分享并学习语言文化知识，在数字化交际中传播中华优秀文化，传递中国价值观念。

本文以"空中课堂"为例，阐释真实语境的虚拟构建。我院法语专业通过"空中课堂"的形式，与法国高中开展国际交流项目，加强学生对国外社会文化等方面的了解，提高对外交流的关注，引导学生向世界讲述中国。中、法两国师生组建学习共同体，以网络为平台，围绕任务驱动、线上交流、评价反馈三个环节开展活动，激发学生的外语学习兴趣和学习动力，促进跨文化交际与传播。其具体流程如下：

（1）课前任务驱动。双方教师在课前共同确定每一期交流的话题，包括景点、游戏、文化与社会现象等充分体现两国文化特色和民俗传统的内容。继而以话题为目标导向，要求学生用目的国语言进行相关资料的查找、筛选、梳理和总结，并形成小论文、微报告、微视频等成果。双方学生共同参与对方任务的完成，在交流合作中促进语言技能和文化沟通。

（2）课堂线上交流。双方学生在空中课堂连线，使用目的语展示任务成果，进行真实语境的跨文化交流。学生观看对方的展示之后，就相关内容提出问题，继而由展示组学生使用目的国语言进行讲解，即外国学生用中文讲、中国学生用法语讲。教师仅以引导者的身份将各环节串联起来，将学习的舞台完全交予学生。

（3）课后评价反馈。活动采取对等评价与成绩共享的形式，共同构成形成性评价。对等评价即对联合小组展开评价，考查外国学生的中文表达能力以及中国学生的外文表达能力。外国学生的成绩由中国学生和中国教师评定，中国学生的成绩由外国学生和外国教师评定。成绩共享指中国学生要参与并帮助法国学生完成课前任务，因此学生的个人成绩还要包括法国学生中文呈现成绩和学生自己的外文呈现成绩。

"空中课堂"形成了真实语境的虚拟建构，为外语专业学生搭建了真实的跨文化交际平台，能够有效激励学生运用外语开展跨文化交流，理解语言背后的文化内涵，思考在如何更好地理解世界的同时"传播好中国文化""讲好中国故事"，实现中外文化交流互鉴。

五、结语

本文探索了"真实交际"赋能外语国际传播人才培养的内涵与路径，从微观层面阐释了真实素材与真实场景融入外语教育的具体操作。在实践过程中，师生需要遵守基于数字平台与社交媒体的道德规范。教师要首先把好政治观，以习近平新时代中国特色社会主义思想为指导，落实立德树人根本任务，引导学生坚持正确的政治方向和价值导向，保持政治敏感性，储备并使用政治性用语的权威外语表达。在真实交际中要遵守互惠性和相互性原则，完成双向平等的互动。任何缺乏弹性的以自己的文化作为沟通标准的互动，都是跨文化沟通的障碍。同时，还要注重安全性原则，包括对学生的跨文化安全意识和网络安全意识的教育。尊重其他国家的文化，避免提出对方文化禁忌的内容，减少文化交流中的潜在冲突。教师还要培养学生在跨文化交际过程中坚定"四个自信"，要批判性地接受外国文化，保持自己的特点和个性，强调母语文化保护。只有这样，学生才能真正学好外语，同时又保持自己的文化身份。综上所述，培养有效的跨文化交际能力，需有真实跨文化交际的训练。真实素材和真实情景有助于真实交际的实现，从而提高二语习得的有效性和质量，为将来培养国际传播能力奠定正确的基础，为国家培养国际传播多语种精英人才做出贡献。

参考文献

[1] 李庆云. 展现可信可爱可敬的中国形象 [N]. 光明日报，2023-04-12（02）.

[2] 胡邦胜. 论中国国际传播的理论转型和实践转向 [J]. 国际传播，2016（1）：1-9.

[3] JEAN-PIERRE CUQ, ISABELLE GRUCA. Cours de didactique du français langue étrangère et seconde [M]. Fontaine：Presses Universitaires de Grenoble，2002：427-440.

[4] JEAN-PIERRE CUQ, ISABELLE GRUCA. 对外法语以及二语教学法（节选）[M] // 外语教育与应用. 沈光临，译. 重庆：重庆大学出版社，2022：14-21.

[5] YVES CHEVALLARD. La transposition didactique - Du savoir savant au savoir enseigné [M]. La Pensée sauvage，Grenoble，1985：369.

[4] 沈光临. 外语专业特色课程应教知识的界定 [M] // 外语教育与应用（第六辑）. 重庆：重庆大学出版社，2020：2-8.

[6] BACHMAN L F. Fundamental Considerations in Language Testing [M]. Oxford：Oxford University Press，1990：23-30.

[7] 文秋芳，等. 二语习得重点问题研究 [M]. 北京：外语教学与研究出版社，2019：265.

[8] 易利，曾蕾. 从体验到思辨性产出：跨文化交际线上线下体验性学习模式 [J]. 南昌师范学院学报，2022（1）：123-128.

[9] 张红玲. 以跨文化教育为导向的外语教学：历史、现状与未来 [J]. 外语界，2012（2）：2-7.

Empowering International Communication Talents in Foreign Language Majors with "Real Communication"

Shen Guanglin

【Abstract】 Foreign languages play an important role in international communication, and cultivating international communication talents is an important mission of foreign language education in the new era. This article explores the connotation and path of "real communication" combined with authentic materials and real communicative situation. Authentic materials allow learners to contact with authentic language learning materials, and real scenes provide opportunities for authentic language use, empowering the cultivation of international communication talents in foreign language majors, enabling students to have good intercultural ability and foreign language application ability. So they can tell Chinese stories well in intercultural communication, spread Chinese voices, and let the world understand China.

【Key words】 Authentic communication; international communication; language ability; talents cultivation

高校自编教材使用真实素材的政治保障探析

四川外国语大学成都学院　　韩宏文①

【摘　要】高校自编教材在新时代蓬勃发展，大量真实素材进入教材之中，但在把好政治关、做好有效保障方面面临新形势、新挑战。要学习借鉴出版物、图书编校的经验和研究成果，分析高校自编教材建设和真实素材使用存在的隐患，以习近平新时代中国特色社会主义思想为指导，将落实国家事权、立德树人根本任务、"一坚持五体现"及教材体系建设作为根本遵循，通过加强政治理论学习、落实党委负总责要求、着眼选编全流程工作、狠抓编写人员政治素养、建立多方参与监督模式等途径，探索自编教材建设和真实素材使用的管理体系、治理体系，从而打造出新时代的精品高校自编教材。

【关键词】高校；自编教材；真实素材

自编教材是高校教材体系的重要组成部分，是高校根据自身办学特色、学科专业设置、人才培养方案等，自主组织常规教学活动、实现人才培养目标的首要载体，更是高校促进自身学科专业发展、提升教育教学质量、深化学校改革创新的重要依托。因此，自编教材建设一直深受高校、教师的关注和重视。而素材是教材的重要组成部分，在教材中科学使用真实素材，对提升教材整体质量和水平，提高教育教学活动的吸引力、感染力、影响力，有效达成教学任务和目标等大有裨益。在自编教材中使用真实素材，把关十分重要，如何提供有力有效的保障，确保教材、素材正确的政治方向和价值导向，是高校在自编教材中使用真实素材的首要课题，应全面深入地研究，为落实立德树人根本任务、培养德智体美劳全面发展的社会主义建设者和接班人提供坚实基础。

一、新时代高校自编教材的发展趋势

以习近平同志为核心的党中央高度重视教育系统的各类教材建设，先后作出了一系列重要指

---

①　韩宏文，男，四川外国语大学成都学院纪委书记，助理研究员，主要从事民办高等教育研究和思想政治教育研究。

示。相关部门出台了《全国大中小学教材建设规划（2019—2022 年）》《普通高等学校教材管理办法》等文件，召开了首届全国教材工作会议，评选了首届全国教材建设奖等。在教材建设改革创新、大力推进的时代背景下，高校的自编教材呈现出蓬勃发展的态势，也取得了良好的建设成果。但与国家统编教材相比，高校的自编教材更加注重专业性、特色性、实用性，其政治性相对薄弱。与传统纸质教材相比，信息技术的高速发展带来了数字教材、慕课教材、云教材等新形态的自编教材，特别是新型冠状病毒感染疫情发生以来，网上授课、云课堂等广泛使用，直接促进了新形态教材的迅速发展，做好这些新形态教材的政治保障工作迫在眉睫。与以往的教材内容相比，人量真实素材、国外素材进入自编教材，特别是应用型高校，十分重视校企合作和产教融合，将相关真实工作的材料和国外案例、经验、模式等素材融入自编教材之中，供学生学习和使用，增加了教材的吸引力、感染力、影响力，但也不可避免地存在意识形态安全隐患。因此，从新时代高校自编教材的多样化、信息化发展趋势来看，对其进行有效把关十分重要。

二、高校自编教材使用真实素材存在的隐患

自编教材使用真实素材存在的最重要隐患是政治性问题。目前学术界对自编教材和真实素材的政治性问题还没有一个确切的定义，与之密切相关的是对出版物、图书编校、学术期刊的政治性差错的研究，可以学习、借鉴并在教材建设工作中运用。

于孝锋在《图书编校中的政治性差错分析》中认为，"图书编校中的政治性差错就是涉及党和国家的基本路线和重大方针，涉及对党和国家领导人的评价，涉及国家法律、边界、政治、军事、外交、统战、宗教、民族、保密等，以及涉及淫秽色情、封建迷信等问题的差错"，并将其分为基本型政治性差错、历史地理型政治性差错、外交统战型政治性差错、民族宗教型政治性差错、其他型政治性差错五类。吴红在《教育类书稿编校中常见的十类差错及防范措施》中认为："政治性差错包括两个方面：一类是涉及禁止内容的政治性问题，另一类是涉及编校规范的政治性问题。"教育类书稿中常见的政治性差错主要包括"涉及我国领土、主权和港澳台的一些不规范表述""涉及民族问题和宗教问题的错误表述""涉及重大提法和历史问题的不规范表述""地图编校中产生的政治性差错""引进国外原版图书中的政治性差错及译著中的译文差错"等。王建卫、王小娟在《学术期刊编辑的政治自觉与社会责任——谈隐性政治性差错的避免》中认为："政治性差错是指文章的政治立场和思想倾向出现了问题，或文章表述违反了国家有关法律法规，有可能造成或已经造成不良的政治影响或影响社会稳定。"

高校自编教材使用真实素材注重适应所开设的学科专业、人才培养目标、校本发展、学生需求等，其素材来源十分广泛，相对而言具有自主性、灵活性、特色性，参与素材选用和完成教材编写的人员，不仅有校内教师，也有一些来自校外各领域的人员，编写人员情况相对复杂。基于

这些因素，笔者认为，高校自编教材使用真实素材可能出现的隐患主要有以下四点：

（一）敏感性不足问题

参与教材编写的校内外相关人员，如果没有很强的政治敏感性，甚至自身的政治意识比较淡薄，往往会导致一些政治性问题的出现。特别是一些校企合作编写教材，提供真实素材的企业、行业人员，政治敏感性可能比不上在校教师。也有的是因为缺乏政治方面的教育和意识培养，以至于看不出政治方面的相关差错和问题。

（二）对国家的时事政策关注不够、学习不到位问题

党和国家的一些重要政策表述，会随着形势发展进行必要的调整，如"一带一路"倡议。如果编写人员、审核人员、管理人员等不注重平常的政治学习，没有及时关注时事政策变化，就可能发现不了此类比较隐蔽的政治性差错和问题。

（三）相关知识储备不够问题

涉及政治性的用语，主要有领土主权用语、港澳台用语、国际关系用语、民族宗教用语等，有的教材编写人员特别是年轻教师对此学习和储备不足，同时又习惯于从网络中搜索相关知识，然而得到的往往并不是权威的、正确的答案，自身又没有知识储备用于正确辨析，造成了用语、表述等相关差错和问题而不自知。

（四）对新领域、新形态的有效监管问题

大数据、云计算、物联网、区块链、人工智能等信息技术的快速迭代发展，促进了数字教材、慕课教材、云教材等以各种新形态出现。虽然当前的教材管理规定和办法适用于这些新教材，但不可否认的是，存在针对性不强、有效性待评估等问题。无论是教育部门、教材管理部门，还是高校自身，目前均对这些新领域、新形态处于关注、审视、研究的状态，尚未出台具有针对性的监管、保障措施和办法。

另外，还要注意自编教材建设出于时间紧、任务重、压力大等各种原因造成工作疏漏引起差错和问题的情形。

三、高校自编教材使用真实素材的根本遵循

习近平总书记非常重视教材建设工作，从治国理政的战略高度，从为党育人、为国育才和教育强国、人才强国的教育发展方向，通过发表重要讲话、给出版社回信、与学校师生座谈等方式，

提出了关于新时代教材建设的新理念、新观点、新论断，为高校自编教材建设使用真实素材提供了指导思想、行动纲领和根本遵循。

（一）落实国家事权

习近平总书记在全国高校思想政治工作会议上指出："教材建设是育人育才的重要依托。建设什么样的教材体系，核心教材传授什么内容、倡导什么价值，体现国家意志，是国家事权。"高校的教学和课堂，使用何种教材，不仅是高校的教学事务，更是事关为党育人、为国育才的大局，事关党和国家的根本利益。在一定意义上，有什么样的教材，用什么样的素材，就有什么样的学生，体现了想要培养什么样的人和能够培养什么样的人。因此，高校自编教材建设必须落实国家事权，紧密围绕为党育人、为国育才，自觉承担起为人民服务、为中国共产党治国理政服务、为巩固和发展中国特色社会主义制度服务、为改革开放和社会主义现代化建设服务的重大职责和使命。

（二）落实立德树人根本任务

2020 年 11 月，习近平总书记给人民教育出版社老同志回信，"希望人民教育出版社紧紧围绕立德树人根本任务，坚持正确政治方向，弘扬优良传统，推进改革创新，用心打造培根铸魂、启智增慧的精品教材，为培养德智体美劳全面发展的社会主义建设者和接班人、建设教育强国作出新的更大贡献"。立德树人是检验各级各类学校办学工作的根本标准，自编教材作为学校开展立德树人、教书育人工作的重要载体，承担着培根铸魂、启智增慧的目标任务。高校要"心怀国之大者"，将立德树人根本任务贯穿在自编教材建设的全过程之中，遵循培根铸魂、启智增慧的主线，推出各类高质量、高水平的自编教材，以促进学生成为德智体美劳全面发展的时代新人。

（三）落实"一坚持五体现"

习近平总书记在全国教育大会上指出，"教材建设必须坚持马克思主义的指导地位，体现马克思主义中国化要求，体现中国和中华民族风格，体现党和国家对教育的基本要求，体现国家和民族基本价值观，体现人类文化知识积累和创新成果"。"一坚持五体现"是对我国教材建设根本遵循的高度总结和科学凝练，已写入《普通高等学校教材管理办法》总则第三条。高校推进自编教材建设，必须将"一坚持五体现"作为行动纲领和根本遵循，深刻理解和把握其包含的政治方向、政治原则、政治要求及价值取向、知识传播等方面的总体要求，选好政治性、文化性、知识性、创新性均符合要求的各类素材，编入自编教材和运用到教育教学之中，促进学生沿着正确的道路成长成才。

（四）落实教材体系建设要求

习近平总书记在哲学社会科学工作座谈会上提出，"要抓好教材体系建设，形成适应中国特色社会主义发展要求、立足国际学术前沿、门类齐全的哲学社会科学教材体系"。在全国高校思想政治工作会议上,习近平总书记指出,"要加快构建中国特色哲学社会科学学科体系和教材体系,推出更多高水平教材"。高校谋划、推进自编教材建设和使用真实素材,要树立系统观念和体系思维,聚焦各学科专业协同育人的功能和作用,选择和整合各类素材,改革创新,系统推进,融合发展,形成服务学科专业建设和立德树人工作的教材体系,开创自编教材培根铸魂、启智增慧的新局面。

四、高校自编教材使用真实素材政治保障的行动路径

从各高校现有的规定和办法来看,绝大多数高校十分重视自编教材的把关保障工作,一般在学校的教材管理办法或教育教学管理规定中都有所体现。习近平总书记在哲学社会科学工作座谈会上强调,"在教材编写、推广、使用上要注重体制机制创新"。因此,笔者认为,为了更好地起到政治保障作用,高校应将自编教材和使用真实素材的把关作为独立的管理治理体系,从以下五个方面进行构建和组织运行。

(一)加强政治理论学习

新时代高校自编教材和使用真实素材必须坚持马克思主义的指导地位,而习近平新时代中国特色社会主义思想,是"马克思主义适应当代中国新实践、顺应当今世界发展新趋势的理论创新",是马克思主义中国化最新成果和当代中国马克思主义。高校推进自编教材和使用真实素材,要坚定以习近平新时代中国特色社会主义思想为指导,认真学习并领会习近平总书记关于教育、教材的一系列重要论述,及时跟进学习习近平总书记的最新重要讲话精神,不断增强政治敏感性、敏锐性,提升政治领悟力、鉴别力。要从落实国家事权和为党育人、为国育才的战略高度,从培养中国特色社会主义事业建设者和接班人的初心使命,充分认识为自编教材使用真实素材筑牢政治保障的重要性、必要性,把好思想上的政治关,坚定正确的政治立场。要深刻认识到教材如果有政治方向、政治差错的问题,就是出现原则性问题,就是严重的问题,决不能对此有丝毫懈怠和大意,必须在思想上、工作中时刻绷紧"旗帜鲜明讲政治"这根弦。

(二)落实党委负总责要求

习近平总书记指出,"党政军民学,东西南北中,党是领导一切的"。高校自编教材的管理和审核,教材中素材的选择和使用,都必须全面坚持党的领导。《普通高等学校教材管理办法》明确要求,高校党委对本校教材工作负总责。高校党委要贯彻落实国家教材建设的相关政策和办法,充分发挥党委的思想引领职能和价值导向作用,以"一坚持五体现"作为行动纲领,成立专门的

自编教材领导机构和工作机构，做好人员、资源、规划、制度等配置，制定和落实政治保障的工作细则，带领各相关部门和人员齐抓共管，切实肩负起把关保障的总责，把党的教育方针和政治要求，覆盖到纸质教材、数字教材等所有形态的自编教材，覆盖到参与自编教材编写工作的所有人员和教材编写与使用工作的所有环节。

（三）着眼选编全流程工作

目前高校教材工作在国家教材委员会指导和统筹下，实行国务院教育行政部门、省级教育部门和高校分级管理。高校要贯彻落实《普通高等学校教材管理办法》，建立并完善学校自编教材的相关管理办法或实施细则，建立常态化的审议、审查制度，建立政治问题一票否决和责任追究制度，对教材的编写、审核和素材的筛选、使用等每一个工作环节都要以制度加以保障。"只有拧紧每一环节的安全阀，才能确保教材建设的政治性、思想性、科学性。"对待自编教材，要像国家统编教材一样严肃、严格、严厉。每个工作环节的制度文本，均要旗帜鲜明地把政治性摆在最前面，放在最首要的位置。在严格落实制度的过程中，要将政治要求作为第一要求，时时、事事、处处讲政治，切实将把关保障贯穿自编教材的全过程、全流程。

（四）狠抓编写人员政治素养

"作为一项政治性、专业性极强的教育事业，教材建设必须由一支立场坚定、业务精湛、学识广博、经验丰富的高水平队伍来完成。"对于高校教材编写人员必须具备的相关条件，《普通高等学校教材管理办法》做了非常明确的要求，首要一点就是"政治立场坚定"。高校要认真领会该办法对教材编写人员提出的政治要求，考察其以往和日常工作中的政治立场、政治表现，要明确规定政治立场坚定、三观正确的人员才能参与教材编写和提供素材的工作，确保自编教材编写队伍的先进性、纯洁性。要通过专题学习教育、理论培训、调研、交流、进修等各种方式，特别是要邀请资深专家定期对参与自编教材编写、审核、管理的人员进行时事政治、书稿编校方面的培训，不断提升编写人员的政治敏感性和政治素养。

（五）建立多方参与监督模式

高校必须建立一支政治素质好、理想信念坚、工作能力强的自编教材管理队伍，选优配强人员，明确工作职责，落实好各个环节的政治监督工作。要结合办学实际，组建一支由各界资深党务人员、出版人员和相关专家、学者为核心的外聘监督队伍，为监督审核提供有力支持。要通过个人审读与集体审议相结合，校内审核与校外审议相结合，现场审核与盲审相结合，使用前必审与使用中动态监测相结合等方式，对自编教材进行全方位、全覆盖的政治审查。要探索和创新利用大数据、云计算、物联网、人工智能等新一代信息技术，赋能自编教材审核工作，提升对传统纸质教材审核的效率，强化、深化对数字教材等新形态教材的监管和审核。要切实走好群众路线，依靠广大教师、学生、家长以及社会各界的智慧和力量,多层次、多角度给予监督和意见及建议,特别是对真实素材,要用好各界网民的监督作用,但也要注意避免因教材问题引发舆情。

五、结语

教材是立德树人的重要载体,教材建设是培根铸魂的重要工程。高校在新时代的自编教材建设工作中,科学使用真实素材,要牢牢把握正确的政治方向,将习近平新时代中国特色社会主义思想特别是习近平总书记关于教育、教材的重要论述,贯穿在自编教材建设和真实素材使用的各个环节,切实从思想上、组织上、制度上、队伍上、协同上做好政治把关保障工作,着力打造新时代的精品自编教材,为落实立德树人根本任务、培养德智体美劳全面发展的社会主义建设者和接班人做出应有的贡献。

参考文献

[1] 于孝锋. 图书编校中的政治性差错分析 [J]. 科技传播,2020,12(13):32-34.

[2] 吴红. 教育类书稿编校中常见的十类差错及防范措施 [J]. 新闻研究导刊,2019,10(14):176-178.

[3] 王建卫,王小娟. 学术期刊编辑的政治自觉与社会责任:谈隐性政治性差错的避免 [J]. 西安石油大学学报(社会科学版),2019,28(6):92-95.

[4] 王湛,顾海良,韩震. 我国大中小学教材建设步入新的历史阶段 [N]. 中国教育报,2017-07-14(07).

[5] 郝志军,王鑫. 加快形成中国特色高质量教材体系:习近平总书记关于教育的重要论述学习研究之三 [J]. 教育研究,2022,43(3):4-14.

[6] 习近平. 习近平给人民教育出版社老同志的回信 [EB/OL]. http://www.12371.cn/2020/11/30/ARTI1606712431919779.shtml,2020-11-30.

[7] 仇森,潘信林. 新中国成立以来教材建设的历史脉络、基本经验与发展趋势 [J]. 出版参考,2020(6):5-10.

[8] 习近平. 在哲学社会科学工作座谈会上的讲话(全文)[EB/OL]. http://www.xinhuanet.com//politics/2016-05/18/c_1118891128_2.htm,2016-05-18.

[9] 郭继萍,赵宝龄. 习近平新时代中国特色社会主义思想的四维论析 [J]. 遵义师范学院学报,2019,21(1):35-36,44.

[10] 刘濯祎,潘信林,李正福. 教材建设质量保障体系结构框架、运行成效与未来展望 [J]. 课程·教材·教法,2022,42(2):60-66.

[11] 人民教育出版社. 中国共产党领导下的教材建设之路 [N]. 中国教育报,2021-07-01(25).

Analysis on the Political Guarantee of Using Authentic Materials in Self Compiled Textbooks in Universities

Han Hongwen

【Abstract】Self-compiled textbooks in universities are developing vigorously in the new era, and a large number of real materials have entered the textbooks, but they are facing new situations and new challenges in the aspects of good political relations and political guarantee. Through strengthening the study of political theory, implementing the overall responsibility requirements of the Party committee, focusing on the whole process of selection and compilation, paying close attention to the political literacy of the writers, and establishing a multi-party participation supervision mode, the management system and governance system for the construction of self compiled textbooks and the use of real materials are explored, so as to create a new era of high-quality self compiled textbooks in universities.

【Key words】universities; self compiled teaching materials; real material

应用型外语教材的特征[①]

四川外国语大学成都学院西欧语言学院　　邱枫[②]

【摘　要】自教育部发布《关于引导部分地方普通本科高校向应用型转变的指导意见》以来，各地纷纷开展地方普通本科高校向应用型转型试点。在这样的改革导向之下，教学内容的改变首当其冲，探索外语学科应用型教材的特征也就具有较大的意义。本文以拉尔夫·泰勒的目标理论和伊夫·舍瓦拉尔的教学化转变理论为指导，以外语学科应用型人才培养的要求为基础，探讨了应用型外语教材在教学内容选择、开发人员构成等方面应具备的特征。

【关键词】外语学科；应用型教材；特征

随着我国"一带一路"建设的深入推进，国内越来越多的相关产业紧跟国家的步伐，不断拓展对外经贸战线。为此，高校外语教学应当承担起培养应用型外语人才的责任，这些人才应当能够在"一带一路"沿线国家服务我国企业的对外项目，并同时将我国的优秀文化向世界传播。作为教学过程的集中体现，教材应当满足人才培养的需要。2022 年 2 月，教育部公布了《教育部 2022 年工作要点》，专门将"加快构建中国特色高质量教材体系"作为工作重点。

目前国内对于应用型外语教材的相关研究有些不足。笔者以"应用型外语教材"为主题词在知网搜索，发现近三年仅有三个结果，其研究方向也完全不同。一是以法语原版引进教材为例，探索了行动教学法在外语教材语法教学部分的应用；二是主要对应用型高校的外语课程设置进行讨论，涉及教材的内容主要是提出了应用型高校选用的外语教材应当要符合应用型人才的培养目标；三是对高校应用型教材开发的困境和对策进行了论述，主要涉及内容是开发人员层面、学校

① 本文是四川外国语大学成都学院第十批科研项目"新文科背景下外语'慕课'建设的困境与对策研究——以〈工程技术法语〉为例"的研究成果，项目编号：KN21LB001；四川省民办教育协会 2021 年研究课题"线上线下混合式教学在'外语+'课程的应用研究"的研究成果，项目编号：MBXH21YB181；中国民办教育协会"2022 年度规划课题（学校发展类）线上线下融合的高校外语类教材新形态及创新应用研究"（编号：CANFZG22117）阶段性研究成果。

② 邱枫，男，副教授，硕士，研究方向为"法语+"应用型人才培养教研。

层面、企业层面等方面存在的一些问题。笔者将主题词改为范围更大的"高校外语教材"，发现近三年内与教材有关的论文也仅有五篇，主要涉及思政内容在教材中的融入和数字教材开发两类，并未涉及高校应用型外语教材研究。其他大多数与外语教材相关的研究均集中在 2018 年及更早以前。从总体来看，国内针对应用型外语人才边界的研究不够丰富，导致应用型外语教材的特征也不够明确，从而在一定程度上影响了应用型外语人才的培养。因此，明确应用型外语教材的应有特征，成为亟须完成的工作。

一、理论基础

（一）拉尔夫·泰勒的目标理论

被称为"当代课程理论之父"的美国课程理论专家拉尔夫·泰勒创立了最为经典的课程开发理论。他在 1949 年出版的《课程与教学原理》一书中提出的目标模式在目前依然是课程开发的主流理论。"泰勒原理"课程开发首先通过对学习者、当代生活的研究，再加上学科专家的建议，确定学校应当达到的教育目标；然后按照"具有实践可能""使学生获得满足""力所能及""多种经验同一目标""同一经验多种目标"五条原则选择教育经验并进行有效的组织；最后再以是否达到目标为标准对课程进行评价。《中国大百科全书·教育卷》对"教材"的界定是："①根据一定的学科任务，编选和组织具有一定范围和深度的知识技能体系，主要以教科书的形式具体反映；②教师指导学生学习的一切教学材料。"① 由此可见，课程与教材存在着密切的联系：教材是课程的具体化；教材是联系课程设计与课程实施的重要环节。

（二）教学化转变理论

"教学化转变"这一概念最早由法国社会学家米歇尔·弗雷特（Michel Verret）于 1975 年在他的《学业的时间》一书中提出，后来由法国教育学家伊夫·舍瓦拉尔（Yves Chevallard）引入教学法，将其正式理论化，从而奠定了教学化转变理论的基石。舍瓦拉尔在 1985 年出版了名为《教学化转变——从学术知识到实教知识》（*La transposition didactique – Du savoir savant au savoir enseigné*）的专著，该书正式确立了教学化转变理论在教育学中的地位。该理论将知识纳入传统的教学关系，使之从二元关系扩大到三元关系，即从师与生、教与学的关系扩至师、生与知识的关系，创新地从知识的角度来剖析教学关系中的诸多变项和规律，是对教学法研究的一次突破和变革。舍瓦拉尔提出：在教学关系下，所要教授的知识即应教知识并不是学术知识的简化移植，而

---

① 张念宏. 教育学词典［M］. 北京：北京出版社，1987：299.

是针对教学需求进行专门建构的结果。其建构步骤和过程被称为教学化转变。这个理论一直是法国人文科学的焦点并被广泛传播和应用。

二、外语学科应用型人才的培养要求

当今社会，政治、经济、文化等各个方面迅猛发展，人类已有的知识不断地快速积累。同时，随着信息社会的到来，人们可以接触到的知识飞速增加。然而对于单个的人而言，早已不可能全面发展，这是因为个体不能随意地将接触到的信息转换为自己的知识，而必须经过谨慎的选择、有效的引导再加上个体自身的努力。因此，在培养外语学科应用型人才的过程中，首先应当准确地把握"外语学科"与"应用型人才"之间的关系，然后经过谨慎的选择，确定合适的人才培养方向和人才培养方案。作为教学过程载体的应用型教材，则应集中体现应用型人才培养目标，即给予学生"具有实践可能""使学生获得满足"的教学材料，培养学生适应社会需要的能力。

（一）知识结构要求

知识结构是指一个人，按照一定的组合方式和比例，将自身的各类知识构建起来的一个特定知识体系。本文中所指的知识结构则更为详细一些，是指培养人才应当具备的能满足其将来在社会上从事职业岗位所要求的能力。在高校，根据学生自身情况、高校办学定位以及人才培养目标的不同，其人才培养知识结构也各不相同。具体到外语学科应用型人才培养，其定位及方向既应当与职业院校不同，也要与研究型本科院校不同。首先，应用型专业外语人才应当具备外语专业知识。培养应用型外语人才的基础是外语知识的传授与学习，无论是何种"应用型"或者"复合型"外语人才，外语语言水平都是其知识结构最底层的基础，外语语言水平不过关，上层知识结构则无从谈起。其次，应用型外语人才应当对外语相关知识进行学习。如相关国家的政治、经济、文化等。这有助于培养学生"对文化差异的敏感性、宽容性和处理文化差异的灵活性，培养学生的跨文化交际能力，以适应广泛的国际交流的需要"。最后，也是最重要的一点，应用型专业外语人才应当掌握一定程度的非外语专业知识。这些专业知识可以是经贸、法律方面的，也可以是工程、管理方面的，甚至可以根据学生的出口方向，将多个专业知识融为一体，选择其中具有一定通用性的部分一并教授。需要注意的是，应用型人才培养与研究型人才培养两者在提高学生研究能力、文学素养和实践能力等方面有较大的区别，这也是两者最大的不同。

（二）能力培养要求

社会要发展，就需要不断地将学术成果转化为社会生产力。在这一转化过程中，涉及的知识太多，单一种类的人才无法完成，各个步骤都需要较为专业的人才去实施。而这些具备将学术成果转化为社会生产力能力的人才就是应用型人才，他们肩负着将理论知识转化为实践知识的重任。根据学术研究成果的转化过程，应用型人才分为三类：第一类是将学术成果转化为设计、规划或决策的应用型人才，他们应当较为深入和完整地掌握专业学科知识，负责提供科学的指导意见；第二类是将设计图、规划方案等转化为实际产品、具体措施的应用型人才，他们应当掌握完整的操作流程，具有丰富的实践经验，负责进行实际操作；第三类是在转化过程中从事监督、服务、维护、协调的应用型人才，他们需要掌握一定的专业学科知识，但不需要达到第一类人才的水平，同时还需要具备一定的金融、管理以及外语技能。这三类人才的工作各有侧重，且相互衔接融合，缺一不可。就外语学科而言，则需加强外语专业与另一门非外语专业的融合，以加强外语的工具性。另需注意的是，应用型高校应有别于研究型高校和职业高校，尤其是要避免与高职院系走同一条道路。因此，应用型外语专业与某一非外语专业的结合并非简单地记忆相关专业词汇，应教授给学生在相关非外语专业通用的大量一般性知识，使学生具备将外语真正融入相关非外语专业的能力。同时，应重视教授学生掌握方法性知识，也就是让学生能够通过多种方法学习知识、运用知识，这样才能培养出学生良好的自主学习和自主发展能力。

三、应用型外语教材应具备的特征

应用型教材面向用人市场需求，更加偏向知识的实际运用、流程的实际操作，着重于技能的训练。根据拉尔夫的"具有实践可能""多种经验同一目标"等原则，教材需要尽可能多地使用学生毕业后可能接触到的真实材料，提高翻译材料在工作中的重现率，并让学生充分地了解这点，才能有效促进学习者的知识正迁移。

（一）采用真实材料为实践服务

应用型教材重在"应用"二字，即学术知识的有效落地。应用型人才就是要在学术成果转化为社会生产力能力这一过程中起到桥梁、统筹、沟通、协调等一系列作用。根据上文对外语学科应用型人才培养要求的探讨可知，外语学科应用型人才就是要在对外经贸工作中，理解由学术知识转化而来的设计、规划或决策，通过自身具备的管理以及外语技能，催生出实际产品或实际操作，使得工作项目得以顺利实施。知识从学术到实践的转化过程中，处于中间层的应用型人才只需要在一定程度理解学术知识的基础上，加上自己具备的基本行业知识，就能把转化后的实践知识有效地传递给一线人员。如果放到外语学科的范畴内，过程则要更复杂一些：还要在转化的过程中面临语言转换的问题。也就是说，如果语言不能跟相关行业深度融合，在转化的过程中可能会出现偏差，甚至于连理解学术知识的第一步都无法完成。

在外语专业毕业生涉足较多的对外经贸工作中，外语专业学生很可能并不仅仅是一个翻译。

在商务谈判、技术谈判、配合施工、出国考察、接见宴请、产品推广等多种类型的活动中，译员在具备熟练的外语技能的基础上，还应具备广泛的项目相关的专业知识和基本的国际经济法律常识。根据跨学科学习的困难性和应用型高校的学生学情，外语专业学生很难在学习其他学科的学术知识时，完全从基础知识和基础原理开始。因此，对于大部分高校的应用型外语人才来讲，通常直接对跨学科学术知识中最表层的部分进行学习，采用真实材料让学生理解中外文之间恰当的对应关系。这种表层的对应关系建构得越广，译员在初期的翻译工作中就越得心应手。在后期，学生长时间在某一行业深耕后，会更加地理解相关项目、相关经济法律的运行原理，会更好地理解其企业的会计账目、项目合同等，在理解的基础上进行翻译，甚至可为我国企业找出外方拟定的协议中的不合理之处，避免我方损失。而真实材料正好避免了跨学科学习的基础化、科普化，直接接触应用层面。因此，采用真实材料进行教学，在时间有限的大学本科期间，为学生建构基本的、表层的中外文对应关系，对外语学科应用型人才的培养至关重要。

（二）外语教师与专家双主体参与开发

"双师型"教师这一概念最早由上海冶金专科学校的王义澄在其 1991 年发表的《努力建设"双师型"教师队伍》一文中提出。这一概念最初被用于职业教育院校教师队伍建设，多年来已有大量的相关研究。随着国家推动部分高校向应用型发展，在关于应用型本科教育的讨论中也越来越多地出现"双师型"这一关键词。对于"双师型"的定义，其中比较被认可的主要有"双证书""双职称""双经历"等几种。在外语学科层面，对"双师型"教师同样也有多种解读。例如同时拥有教师资格证和全国翻译专业资格（水平）证或导游资格证等相关从业资格证的教师、同时拥有高校教学经历和相关行业从业经历的教师、同时具有高等教育系列和其他专业系列职称的教师。

行业专家可以是外语专业出身，并投身相关领域翻译工作多年的专业翻译人员，他们了解作为外语专业毕业生在翻译实践中所面临的各种难点与重点，可以为教材建设提供难得的实战经验；可以是长期在相关国家从事对外经贸工作的企业负责人，他们了解对外经贸行业对外语人才的需求，可以为教材教学目标的设定提供建议。

应用型教材的定位是强调实践能力与创新能力培养，既能体现高校教学的特点和规律，也能接轨市场所需要的人才规格和知识结构，其"应用型"要求决定了其开发模式和开发渠道必须要进行拓展。这一类教材的开发需要高校教师对相关行业中分散的相关知识进行归纳和总结，提炼出适合高校学生学习、符合教学规律的理论知识；需要行业从业人员提供真实素材、实战经验，在开发过程中把握相关行业所涉及专业知识的表述，保证其正确性；还需要外语/行业"双师型"教师来做好双方的联通与融合工作。如此就满足了"多种经验同一目标"的原则。这样做可以避免高校教师理论知识较强但实践经验不足，容易"纸上谈兵"的问题。还应遵循伊夫·舍瓦拉尔的教学化转变理论中应教知识必须是在教学关系下针对教学需求进行专门建构的体系的原则。也就是说，高校教材应当具有一定的科学性、条理性，应当具有适合学生学习的知识结构。但行业从业人员通常更注重实效，在一定程度上忽略了认知理论的作用，容易把教材变成产品说明，或是用于推销企业、培训工人的书籍。因此，应用型校本教材的开发应当注重行业从业人员的参与，但也需要把握好高校教师的主导作用，这样开发出的教材才符合学生认知心理，适合高校学生使用。

（三）教材结构适应现代教学模式

近年来，随着慕课、翻转课堂、混合式教学等多种新理念的不断发展与成熟，对教材的编写也提出了挑战。无论是作为翻转课堂O2O混合教学模式的有机组成部分，还是实质意义上的在线课堂SPOCs，教师都应当按照一定的教学理论和模式对它们进行规划、设计和组织实施。教材是课程教学的重要载体，应当起到引领课程走向、安排教学学时等重要作用。外语学科应用型教材也应当与时俱进跟随时代的进步，提高教学效率，有效降低跨学科学习的难度。因此，应用型教材应引领改变目前较为传统的以教师为中心的教学模式；引领改变教学方式，开展以任务式、合作式为导向的教学，在保证学生具有足够基础知识和背景知识的情况下，促进学生自主学习、自主研究；引领改变教学手段，重视电脑及网络的应用，这样能够极大地提高学习效率和扩展学生获得信息的来源。

四、结语

要培养出符合国家需要的人才，必须进行相应的学科建设。而教材建设是高校学科建设中的一个重要组成部分，也是开展教学活动，进行教学改革，实现人才培养目标的基本依据。随着近年来一大批新建本科院校的建立和地方本科院校的转型，无论是外语类专业还是公共外语教学，都需要重新思考其人才培养的定位和模式，以应对新挑战和新机遇。作为高校办学目标、办学特色、办学理念以及学校教学资源的集中体现的教材，则应当积极服务其特色专业教学。积极研究并明确应用型高校的应用型教材的特征，而后对其改革策略进行思考，有利于在新文科背景下，以"外语+"为发展路径，探索创新发展和融合发展之路，为同类院校相关专业提供更多选择。

Characteristics of Applied Foreign Language Teaching Materials

Qiu Feng

【Abstract】Since the Ministry of Education issued the "Guiding Opinions on Guiding Some Local Ordinary Undergraduate Universities to Transform to Application-oriented", various localities have carried out pilot projects for the transformation of local ordinary undergraduate universities to application-oriented. Under such reform orientation, the change of teaching content bears the brunt, and it is of greater significance to explore the characteristics of applied foreign language teaching materials. In this paper, guided by Ralph Taylor's goal theory and Yves Shevaral's theory of teaching transformation, and based on the requirements for training applied talents in foreign language disciplines, this article explores the selection and development of applied foreign language textbooks. Features that should be possessed in terms of personnel composition.

【Key words】foreign language discipline; applied teaching materials; characteristic

真实材料应用于教学材料研发中的问题与思考
——以《跨境电商意大利语》教学材料研发为例

四川外国语大学成都学院西欧语言学院　　叶萌[①]

【摘　要】 本文介绍了《跨境电商意大利语》教学材料研究与开发过程中真实材料的处理过程，并主要针对真实材料的应用方面，提出了一些问题，诸如材料获取难、材料加工难、行业更新导致材料真实性下降、语言材料形式有缺陷等。针对这些问题，本文从真实材料的收集与选择、安排与布局、加工与处理三个方面给出了相应的解决方案。

【关键词】 真实材料；跨境电商意大利语；教材研究开发

一、引言

近年来全球电子商务一片欣欣向荣，在我国"互联网+"和"一带一路"倡议的战略背景下，也已成为近几年我国经济发展的一大亮点。"跨境电商是国际贸易与电子商务相结合所形成的新兴产业，发展极为快速，对人才的能力有着较高的要求。不仅要培养学生兼有国际贸易和电子商务两个学科背景的知识素养，还要求学生能将所学的专业知识融会贯通。"在政府政策的大力扶持下，高校外语专业以支持毕业生就业为目标，确定了"外语+跨境电商"的人才培养目标，加设跨境电商实操课，主要培养学生在跨境电商方面的实践能力，让学生掌握电子商务的流程、网络营销、电商平台规则、电商平台的管理与操作、用户服务与习惯等知识。

作为新学科，相应的教材必不可少，对"意大利语+跨境电商"的学科知识需求也迫在眉睫。在《跨境电商意大利语》教学材料研发以前，国内还未出版过相关内容的书籍，因而该书的编写应十分慎重，其研发过程也值得关注与分析。由于"跨境电商是一个重实践的专业，不仅需要掌握扎实的专业理论知识，还应在跨境电商实务中具备良好的实践能力"，使用真实材料进行跨境电

---

① 叶萌，女，讲师，语言学硕士，研究方向为意大利语口语教学、跨境电商意大利语。

商意大利语的学习便显得尤为实用和重要，因而在该教学材料的研发过程中，跨境电商行业的真实素材与意大利语的真实语料的应用十分普遍。

二、真实材料的理论意义与实践价值

许多语言学家对真实材料（authentic materials）的定义都发表了观点。Peacock（1997）认为，真实材料是为了实现语言社区的某些社会目的而生产的材料。而 Daskalos et al.（2005）指出，真实材料应该是指没有以任何方式简化语言和结构的书籍和文章，应该引入到课堂中。Kilickaya（2004）则认为真实材料是指接触真实的语言并在自己的社区中使用。真实材料作为外语教学中一个不断被讨论的话题，已经从教学材料中的真实材料运用、语言课堂中的真实材料、实践练习中的真实材料等各方面进行了展开，而教学材料中的真实材料是核心论题。Richard（2001）引用 Phillips 和 Shettlesworth（1978）、Clarke（1989）和 Peacock（1997）的观点，认为真实材料具有许多优点：真实材料能够激发学生对学习的积极性；真实材料能够提供目标文化相关的真实信息；真实材料提供了对于真实语言的接触；真实材料更贴近学生的需求。本文所讨论的真实材料包含了原本外语教学中所指的语言层面上的真实语料，还包含了跨境电商行业生产活动中的真实素材。

在《跨境电商意大利语》教学材料的编写中，对真实材料应用的研究具有极高的理论意义与实际意义。在理论意义方面，该研究有利于廓清意大利语在跨境电商领域的使用程度、相关难度、用语范畴；有助于提升材料选择的能力，教学经验也对教材资料的取舍有正面作用，两方面相辅相成；并希望能作为"意大利语+"相关课程的教学及教学材料编写的有效参考，揭示《跨境电商意大利语》教材研究在"意大利语+"的教材教辅研究中的实际价值和理论意义。在实际意义方面，该研究可以依托真实材料建立跨境电商意大利语相关术语体系，使学习跨境电商的意大利语专业学习者能更高效、系统地通过意大利语学习跨境电商知识，直接系统地掌握行业术语的中意对照表达；建立针对中国人用意大利语学习跨境电商知识的完整体系，该研究有助于设计出专用于在国内的跨境电商行业人士能直接使用的跨境电商理论、实操内容；《跨境电商意大利语》教学材料因采用全意大利语的形式，该研究下产出的教学材料能同时提升学习者的意大利语言专业能力和跨境电商行业知识；在国内针对"意大利语+跨境电商"的研究较少，通过该研究可以启发更多学者从"意大利语+"的角度进行探索和研究。

三、真实材料在《跨境电商意大利语》教学材料
研发中的处理与问题

基于上述双重意义，也为实现该研究的价值，在《跨境电商意大利语》教学材料的编写中，

须对真实材料的处理工作予以关注，并积极发现处理过程中产生的问题。

在《跨境电商意大利语》教学材料的编写过程中，笔者针对真实材料主要进行了以下几项处理工作：

第一，筛选和改编《跨境电商意大利语》教学材料中课文部分需要使用的真实材料。将真实材料带入《跨境电商意大利语》教学材料中时，应始终牢记一个目的，如 Senior 所认为的，我们需要有一个明确的教学目标：我们希望我们的学生从这些材料中学到什么（Senior，2005）。根据学生的学习目的，能选入该研发教材的真实材料有多种：跨境电商行业术语、知识、技术参数等中文版及意大利语版。只要符合《跨境电商意大利语》编写大纲框架要求的内容，都可以被作为编写材料。例如如何在亚马逊平台开店以及上架商品这两个环节中，都需要企业提供实际网站流程图截图，这些内容就可以被直接使用。然而，并非所有真实材料都能被直接使用，对于外语教材的编写，"在教材编写时，要尽可能地选取真实的语言材料，值得注意的是，选取绝对真实性材料是不现实的，考虑到学生的需求和现有的知识水平，经过修改的素材也可以视为真实的语言材料……"这同样适用于《跨境电商意大利语》教学材料的编写，除了真实语料部分，跨境电商行业中的真实材料因其内容覆盖面广、技术参数详尽、内容框架格式特殊等众多原因，例如企业所提供的商品相关材料中涵盖商品所有详尽的技术参数，篇幅较大，但是对于跨境电商流程的学习并没有实际用处，不应采用或应筛选信息后进行改编。这种内容并不能满足跨境电商意大利语教材的要求，无法被直接使用，因此需要研究这些真实材料如何转变成针对应用型小语种人才的跨境电商教材，进而进行改编。

第二，筛选与改编《跨境电商意大利语》教学材料中习题所涉及的真实材料。由于该教学材料的教授人是在校意大利语专业教师，或者由具有意大利语语言能力的读者购买后自学，教学材料并非企业专家授课内容，所以要考虑学习者对意大利语与跨境电商知识的双重需求，习题的类型与内容的筛选和改编应兼顾意大利语语言能力的提升和跨境电商行业知识的考查。Berardo（2006）认为，在语言学习中，当学习者使用真实材料时，觉得他们正在学习目标语言，因为所学内容是在课堂外使用的。这同样适用于学习者使用《跨境电商意大利语》进行习题演练时。学习者所进行的习题练习应为之后跨境电商行业中会真实面临的内容，因而需要筛选目前跨境电商行业中、市场上仍旧还在使用、经历的真实材料，以确保学习者所学即所用。然而企业所提供的真实材料也不能直接作为课后习题。首先，其难易程度并未系统排列划分，需要筛掉不适用的、过难的企业专家授课的内容，保留理论部分以及《跨境电商意大利语》编写大纲中的内容等操作进行改编。例如跨境电商概述、平台介绍、产品发布、物流管理、售前、售中、售后服务等内容是应在课堂上进行理论讲授并且可以进行简单实操的，需要保留，而其他内容为企业专家授课或实操课堂上习得，便无须出现在教学材料中。另外，真实材料的式样、类型往往并不能被直接用于课后习题，因而需要结合真实材料应用的相关章节的考查内容来进行题型改编，例如学习者需要掌握商品描述 listing 的撰写，但真实材料内容直接呈现无法起到训练的效果，那么题型上可能就会进行挖空、根据关键词和要求填写等改编。

第三，跨境电商行业的中文术语与意大利语术语对照校准。需要研究和学习跨境电商行业中的意大利语术语表达以及对应的中文释义，意大利语词汇释义和使用在国内尚不如大语种（例如英语）有足够丰富且更新及时的参考资料，特别是在跨境电商这样的新兴且与时俱进的行业中，意大利语术语的规范使用、中文术语与意大利语术语的正确对应是需要研究且不容出错的重要内容，在国内没有参考资料的情况下，意大利语部分需要查阅大量的最新资料，在真实材料中找到与中文对应的意大利语术语及概念。

在以上主要工作的实施中，存在着许多必须妥善解决的问题：

首先，真实材料获取困难。跨境电商行业中的真实材料是真实线上账号注册，商品上架，售前、售中或售后等环节中发生的行为的产物，因此无法仅通过人工编写的方式获得材料，还需要采集真实发生这些活动的网页截图、企业内部信息文件等资料，可能涉及隐私保护或版权等问题。另外，合作企业有限，因此资料提供也有一定的局限性，这也可能导致所筛选的真实材料本身数量基数太小，难以获得相对最佳的使用材料。

其次，真实材料加工困难。真实材料如何在教材中将知识呈现，以及如何设计相关的练习，都是需要面临的困难。真实材料中的术语、行业知识难度大，也很难系统地有序出现，如处理不得当，对教师和学生都会造成困难。Xian et al.（2012）指出，在教材中使用真实材料面临的问题有如何呈现文本以及如何根据真实材料设计教学活动和练习等。

再次，跨境电商行业规则的改变降低了真实材料的真实程度。在跨境电商企业高速发展的今天，各个跨境电商平台小语种站点行业规则日日更新。因此在运营实操过程中，任何一段操作过程一旦被提取，都会失去原先所具有的时间、地点和对象等特征，从而降低其原有的真实程度。在教学中的应用也是如此，一旦行业规则发生改变，当时提取的真实材料将失去其实时性。跨境电商行业迅速发展的现状决定了行业规则也会不断发生变化，真实材料的真实程度容易因此而下降。

再其次，语言材料形式缺陷。不同于为教学而编写的材料非常注重语言的准确性，真实材料往往与学术语言脱节。另外，跨境电商意大利语平台上的语言材料形式一般通过人工翻译，可能存在错误，影响学生对意大利语语言知识的掌握。

最后，中文术语所对应的意大利语术语准确性问题。跨境电商行业发展迅速，在术语的应用方面，意大利语可能会出现多义、新增含义或者引用外来词等多种情况，且可能对某些术语尚未确定标准的说法，给教学材料编写的严谨性带来了挑战。

四、真实材料在《跨境电商意大利语》教学材料研发中的运用与相关问题解决方法

上述在真实材料的处理工作中所出现的问题都应被妥善处理，以使得真实材料在教学材料中发挥出最大的积极作用。针对如何在《跨境电商意大利语》教学材料的研发中恰当地运用真实材料并有效地解决上述问题，在此提出以下办法：

（一）真实材料的收集与选择

在真实材料收集与选择方面，首先要做的是确定材料范围。"问卷调查法因操作较为简便，又能跨越时空，并能收集到更加深入的材料，是教育研究中经常使用的方法之一"（杨瑞勋，2020），可以采用问卷调查法进行数据收集，对应（往）届生就业去向进行统计，确定就业于跨境电商行业的毕业生所需要使用的行业知识领域，明确教材内容所涉及领域；分析与综合评价教学内容是否满足学习者实际应用所需。

在明确所需收集的素材内容后，可通过三种渠道进行素材收集：通过校企融合，由企业提供素材；专任教师进入企业培训，直接收集真实素材；通过相关行业从业人员关系提供真实素材。

（二）真实材料的安排与布局

所收集的真实材料内容往往是无序的，并不与教学计划对应，因此需要按教学计划设置各单元章节具体所需素材内容，进行合理的计划安排。且依托真实材料进行的教学与完全依靠教师编写的教材进行的教学，在教学重难点的凸显方面完全不同。将真实材料用于教学，可通过扎根理论研究法（Zenzin、Lincoln，1994），依托实践知识总结而得"应教知识"，研究如何将真实素材按照"应教知识"进行排列和分布，使得各个单元的教学目标清晰明了。

（三）真实材料的加工与处理

对真实材料的加工和处理是非常繁琐和复杂的工作，需要采用多种方法来完成。

第一，将真实材料去个性化。真实材料中往往会带有与电商知识无关的商业信息或具体公司信息，如商品所属的公司名称等，需要研究哪些内容需要删除或更改。

第二，将教材内容实用化。直接将行业知识呈现于外语专业学生面前，而无须深究其缘由，因为这并不是外语专业的目的。应直接呈现需要研究或学习的知识。例如在物流管理单元，在对跨境电商物流进行概述之后，无须对物流具体操作流程和手续进行详尽阐释，而是直接介绍可选择的物流方式及跨境电商从业者会接触到的、需要了解的操作内容。

第三，根据真实材料具体内容设计每一课的任务。许多教材的教学内容是根据知识点来设计的，而真实材料的编写却相反，是依托真实材料，采用经验总结法根据实践经验来设计的知识点。每一课材料所涉及的主题、环节和细节都不一样，要在此基础上设计合适的任务，做到课文内容与真实材料的有机结合。例如针对国内外关于跨境电商的文字介绍的材料，可设置为第一单元，作为跨境电商概述，主要介绍跨境电商的概念、特点、意义、发展和客户服务。这一章节主要需要考查的是学生是否对这些内容有全面的了解，相对偏理论一些，因而课后习题的设置也是偏理论的，设置了相关知识点的问答题、排序题、判断题等内容。而针对企业所提供的关于产品发布的真实操作流程图和网络表格，可设置为产品发布单元，涉及的内容有产品上架流程、选择正确的产品目录、管理产品发布、设置标题及关键词等流程，整体内容都是实操类的，它考查学生的不再是理论的知识点，而是具体应该怎么做。这个单元的习题及考查方式便不再是理论类习题，而是对给出的商品进行产品发布操作等实操练习。

第四，将知识可视化。赵慧臣与王淑艳（2014）在对马丁·爱普教授的采访内容中提到，知识的可视化有助于推动知识在生产者和学习者之间的传播，促进知识的创新和迁移，并呈现新旧知识间的练习，引导学习者记忆、应用知识。外语专业使用的真实素材的教材如涉及交叉学科，部分学生会在理解上遇到麻烦，必须借助企业专业或"双师型"教师，将部分知识可视化，转化为图像，用真实图片或示意图来展示相关概念。因此应当进行拟编教材中重难点内容及操作流程的知识可视化研究。例如在支付方式的介绍中，对于信用证的操作流程，单纯使用文字描述难以记忆或难以理解，容易混淆。在这种情况下，可以使用绘图明确标注出流程中出现的四大主体：卖家、买家、通知行、开证行，并用箭头的方式标明各个主体之间进行的行为动作即顺序，这样能使学习者更易于理解信用证的签发流程。

第五，严谨处理术语的翻译。在编写材料的时候需要多方查阅资料，确立现今常用的、惯用的术语用语并确定对应的跨境电商中文术语。在这个方面，不能自编与创新，而应严谨地深入了解意大利的跨境电商行业知识与相关资料，并通过产学融合，向企业专家寻求必要的帮助。

五、结语

在《跨境电商意大利语》教学材料中使用真实材料能提高学习者的学习积极性，提高外语学习者的交际能力，并使学习者所学即所用，满足企业需求。本文对在研究和开发《跨境电商意大利语》教学材料的过程中应用真实材料所遇到的问题和难点进行了讨论，并就教材开发中的真实材料处理提出了一些解决建议。本文所讨论的内容为真实材料在应用类学科教材中的应用提供了一条思路，也部分地解决了理论与技术问题，但其应用结果是否行得通，还需要教学实践的进一步检验。

参考文献

［1］茅和华. 生企双需求导向下的高职跨境电商专业进阶分流研究［J］. 苏州市职业大学学报，2021，32（4）：77-80.

［2］王春阳. 从阅读材料真实性角度分析人教版高中英语必修（一）［J］. 教育研究，2013（7）：21.

［3］杨瑞勋. 问卷调查法在教育研究应用中的问题及改进建议［J］. 现代教育科学，2020（5）：6-10.

［4］赵慧臣，王淑艳. 知识可视化应用于学科教学的新观点［J］. 开放教育研究，2014，20（2）：4-10.

［5］PEACOCK. The Effect of Authentic Materials on the Motivation of EFL Learners in English Language Teaching［J］. PELT Journal，1997，51（2）：144-156.

［6］DASKALOS K，LING J. Authentic Text or Adapted Text - That is the Question［M］. Malmöhögskula Lärarutbildningen，2006：11.

［7］KILICKAYA F. Authentic Materials and Cultural Context in EFL Classroom［J］. The internet TESL Journal，2004，10（7）：1-6.

［8］RICHARD J C. Curriculum development in language teaching［M］. Cambridge：Cambridge University Press，2001：253.

［9］SENIOR R. Authentic Responses to Authentic Materials in English Teaching Professional［M］. Atria，2005：71.

［10］SACHA ANTHONY BERARDO. The Use of Authentic Materials in the Teaching of Reading［J］. The Reading Matrix，2006，6（2）：60-69.

［11］LIXIA XIAN，HAIPING WU，HONGYIN TAO. Using authentic materials for language teaching：The oryand practice in TCSL［J］. Journal of the Chinese Language Teachers Association，2012，47（1）：135-157.

［12］ZENZIN Y，LINCOLN S. Hand Book of Qualitative Research［M］. Thousand Oaks，CA：Sage，1994：23.

Problems and thoughts about the application of authentic materials in the research and development of teaching materials:
Cases Studies of the teaching material *Italian for Cross-border E-commerce*

Ye Meng

【**Abstract**】 This paper introduces the processing of authentic materials in the process of research and development of the teaching materials "Italian for Cross-border E-commerce", and mainly focuses on the application of authentic materials, and raises some problems, such as difficulty in obtaining materials, difficulty in processing materials, industry updates cause material authenticity to drop and the form of the language material is defective, etc. Aiming at these problems, this paper gives corresponding solutions in three aspects: collection and selection, arrangement and layout, processing and processing of authentic materials.

【**Key words**】 authentic materials; italian for cross-border e-commerce; teaching material research and development

真实素材背景下
本土文化融入高校翻译教学资源建设的思考[①]

四川外国语大学成都学院英语学院　　周黎[②]

【摘　要】外语教材是外语教学内容的重要依托，是贯穿外语教学活动的重要纽带。在新时代背景下，外语教材建设需要树立"中国观"。真实素材在外语教材中具有重要的作用，本土文化是真实素材的一种重要来源，有利于培养学生家国情怀和文化自信，是翻译教学实现知识传授、能力目标、价值塑造的重要路径。面对当下真实素材在翻译教学资源建设中存在的思想认识、素材选择、素材应用等问题，本土文化融入翻译教学资源建设需要遵循外语教材建设的路径，树立正确的真实素材教材意识，构建立体化"纸数结合"的教材编写体系，优化本土文化的教学设计，从而服务于翻译教学与翻译人才的培养。

【关键词】真实素材；本土文化；翻译教学；教学资源

一、引言

高等学校外语专业的学科性质决定了外语教育具有国际性、跨文化性等特点，其教育目标既要注重培养学生成为国际化复合型人才，又要塑造新时代民族精神，以优秀传统文化厚植家国情怀。随着全球历史和国际政治、经济形势的嬗变，外语教育的属性和定位必定随之改变，从单纯

---

① 本文系中国民办教育协会 2022 年度规划课题（学校发展类）"'三进'背景下民办外语类高校国际传播人才培养模式构建"（项目编号：CANFZG22119）、2023 年四川省高等学校人文社会科学重点研究基地新建院校改革与发展研究中心项目"'三进'背景下新型本科院校国际传播人才外译能力培养研究"（项目编号：XJYX2023B10）、2023 年四川省教育厅人文社会科学重点研究基地四川外国语言文学研究中心与高教社资助项目"类 ChatGPT 人工智能技术背景下高校应用型翻译人才信息素养创新培养模式构建研究"（项目编号：SCWYGJ23-11）阶段性研究成果。

② 周黎，女，副教授，文学硕士，研究方向为翻译理论与实践、外语教育与研究等。

的工具性、交际性，进入到思想性、人文性，再到民族性、国际性或全球性的高级阶段（姜锋，2020）。2019 年 12 月教育部印发《普通高等学校教材管理办法》，不仅明确了高校教材的范围，即包括普通高等学校使用的教学用书，以及作为教材内容组成部分的教学材料（如教材的配套音视频资源、图册等），还指出要以马克思列宁主义、毛泽东思想、邓小平理论、"三个代表"重要思想、科学发展观、习近平新时代中国特色社会主义思想为指导，有机融入中华优秀传统文化，引导学生树立正确的世界观、人生观和价值观，努力成为德智体美劳全面发展的社会主义建设者和接班人①。在新时代背景下，中国外语教育要完成"新要求""新任务"，实现"新目标""新定位"，需要从材料选择、价值观引领等层面全面树立正确的"中国观"，通过教材补位"中国文化失语"现象②。

2020 年 4 月教育部颁发了《翻译专业本科教学指南》，不仅提出构建中国特色的翻译专业教育体系，主动服务国家战略和地方经济与社会发展，满足中华文化"走出去"等需求，还在"培养规格"中，把"中国情怀"提到了与"国际视野"并重的位置，在"知识要求"中，强化了学生了解中国语言文化与中国国情的重要性（肖维青、赵璧、冯庆华，2021）。可见，我们要重视母语文化，促进外语学习，从而实现文明交流互鉴。在新时代背景下，作为课程教学的中心和育人育才的重要依托，教材发挥着重要的作用，其内容要丰富、严谨，通过教材融合中西文化，增强学生的本土意识和批判意识，提升人文素养和跨文化能力。

中华文化博大精深，中华文化的理念和精髓是中华民族自信的源头，本土文化是中华文化的重要组成部分。本土文化资源作为真实素材，是培养学生家国情怀和文化自信的有效路径，是翻译教学的重要来源。因此，在"新文科"大背景下，如何将本土文化有效融入高校翻译教学资源，是一项亟待解决的重要议题。

二、真实素材在外语教学中的作用

教材是教学内容的重要载体、语言输入的重要来源、组织教学的抓手。教材包括课堂上和课堂外教师和学生使用的所有教学材料，比如课本、练习册、活动册、故事书、补充练习、辅导资料、自学手册、录音带、录像带、报刊、广播电视节目、幻灯片、照片、卡片、教学实物、计算机软件等（束定芳、张逸岗，2004）。

作为语言输入和课堂活动的基础，外语教材是外语教学的根本依托。因此，教材是决定外语

---

① 教育部. 教育部关于印发《中小学教材管理办法》《职业院校教材管理办法》和《普通高等学校教材管理办法》的通知［EB/OL］. http://www.moe.gov.cn/srcsite/A26/moe_714/202001/t20200107_414578.html.

② 从丛. "中国文化失语"：我国英语教学的缺陷［EB/OL］. https://www.gmw.cn/01gmrb/2000-10/19/GB/10%5E18578%5E0%5EGMC1-109.htm.

教育教学成效的关键因素之一（Tomlinson，2016）。外语教材是系统编写的材料，是供教师和学生教学使用的资料，是课堂教学互动时必不可少的载体，也是衔接课堂"教"与"学"的桥梁。外语教材为外语学习者提供符合外语学习规律的语言素材和学习方法（束定芳、张逸岗，2004）。而传统外语教材形式较为单一，内容较注重语言知识和语言技能层面，对思想性和文化性摄入不足，缺乏一定的时代特征，无法满足外语教育和教学的需求。

"真实素材"（authentic materials）也称为"真实材料""真实语料""真实性语料"等。近年来，教学材料的"真实性"（authenticity）与"真实素材"相关研究得到了国内外学者、专家、外语教育工作者的广泛关注。Wong、Kwok 和 Choi（1995）认为，真实素材是"在现实世界真实交际中使用的材料，而非专门为外语教学而准备的材料"。语言学家 Gilmore（2007）也认为，真实材料是真实的语言，由创作者为大众所著，旨在向大众传达某种有意义的信息，而不是为了教语言，并进一步研究证明，"与传统教材相比，真实素材能提供更为丰富的输入来源，更能提高学习者更广泛的话语特征意识"，"真实素材及相关任务更有利于语言学习"（2011）。Beresova（2015）坚信真实素材资源可以为学生提供有关外语的多种文化和语言信息。由此可见，真实素材在外语教学中具有举足轻重的作用。翻译教育作为外语教育的重要组成部分，在翻译教学过程中应当充分发挥真实素材在教学资源建设方面的作用，促进翻译教学质量的提升。

三、真实素材在翻译教学资源建设方面的现状

（一）真实素材认识问题

在真实素材的作用和价值认知方面，一部分高校教学主管部门对真实素材的使用政策不够积极和开明，将教学过程中使用的材料过分局限于传统教材，翻译教师缺乏相应的探索真实素材的积极性和创造性，导致真实素材在翻译教学中的使用严重不足。一部分教师长期以来受传统教育思想的束缚，过分重视以统编翻译教材为主的教学模式，习惯了把教材当成唯一的翻译教学资源，对课程资源和真实素材的认识存在一定偏差，认为真实素材科学性不足，缺乏系统性，思想上不够重视。这也是真实素材在翻译教学中运用不足的另一个主要原因。

"现有的教材无法全面反映丰富多彩的语言活动，教师的课堂教学也常常枯燥乏味，远离真实的语言交际活动"（束定芳、张逸岗，2004），而部分统编翻译教材内容过于陈旧，教材体系不够完善，教材内容不够丰富，较为单一，无法满足实际教学需求，加之部分教材配套翻译练习量存在一定不足等诸多因素，最终促使教师认识到引入真实素材到翻译教学中的重要性和必要性。但一些翻译教师对真实素材的认知仅停留在理想层面，对于真实素材的融入缺乏相关研究，教学实践效果并不理想。一些教师则会根据所在高校的"校情"和"学情"，大胆融入真实素材实施教学任务，探索真实素材在翻译教学中的使用情况，并自制讲义扩充教学内容，但因缺乏纲领性的

思想指导,对真实素材的认识不够深入,无法处理好翻译教学过程中统编教材和真实素材的比重,科学性、系统性和连贯性等方面还需进一步加强。

(二)真实素材筛选问题

在新时代背景下,在翻译教学过程中,一部分教师为了对接教学大纲和实现教学目标,愿意尝试引入真实素材来扩充翻译教学资源,试图增强翻译课堂的生动性和真实性。但翻译教师在真实素材资源选择方面存在一定的"矛盾困境"。一方面,一部分教师受自身资源获取能力(如网络搜索能力)所限,真实素材的获取途径较为匮乏,选择渠道较窄,在材料类型和内容方面也存在单一、杂乱、随意等问题,导致翻译教学大纲和教学目标任务无法有效完成。另一方面,一部分教师则面临内容丰富、数量庞大的真实素材资源,却因素材的难度系数不一、语言质量参差不齐以及选材的标准和原则(例如:语篇类型、话题相关度、语言难度、内容趣味性、篇幅长短等)模糊等问题,对真实素材难以恰当选择。其所采用的真实素材在翻译任务中也存在相应的评估机制缺失。

由于真实素材"语篇中的语言结构不能体现从易到难、由简入深、循序渐进的学习原则"(朱敏琪,2011),真实素材的语篇选择影响翻译教学效果,教师需要耗费较多时间和精力进行筛选、判断是否予以选取,并要针对教学大纲要求和教学任务的设置,决定选取什么内容以及多少数量的内容融入到翻译教学"前"(课前)、"中"(课堂)、"后"(课后)期等。一旦真实素材选择不当,则会影响正常翻译教学的效果,对翻译教学任务的完成起负面作用,甚至影响学生对教师和翻译素材的认可度,不利于翻译教学活动和翻译教学任务的后续开展以及学生翻译实践能力的提升。

(三)真实素材应用问题

一般而言,真实语言教学材料,语言难度总体较高(王骏,2017),其内容不一定都匹配课程教学大纲、教学目标以及教学任务的开展,因此真实素材在翻译教学中的应用也存在一定的问题。

一方面,受课堂教学的时空限制,真实素材既要能让学生在翻译实践过程有真实的翻译体验,又必须在有限的条件下完成翻译任务。部分教师对所选取的真实素材理解和挖掘不够深入,过分注重语言和翻译技巧的讲解,缺乏驾驭真实素材文本的能力,导致不能正确引导学生解读文本,无法培养学生的语篇翻译能力。因此,对真实素材教材的二次开发尤其重要。教材"二次开发"是教师在教学过程中,以课程标准、教学需求为基础,"为了改进或使教材更适合某一类学习者和特定的教学情况,进行适当的修改,包括删减、增加、省略、修改和补充等"(Tomlinson,1988),从而促进教学目标的实现。但一些教师缺乏相应的课程资源开发和改造能力,未经整理或加工,直接将真实素材融入翻译课堂教学中,导致教学内容融入较为生硬,教学效果并不理想。

另一方面,传统的外语教学更强调教师如何教,教师是教学活动的中心。而在现代外语教学过程中,人们更关心学生如何学,学生成了教学活动的中心(束定芳、张逸岗,2004)。长期以来，翻译课堂教学大多以教师讲学生听的"粉笔/PPT +翻译教材"传统方式开展，这种"一言堂"教学模式强调教师的主导地位，学生缺乏主动性和应变性，内在的学习兴趣和动机未能得到有效激发（周黎，2020）。部分教师的真实素材使用和改造能力有限，加之课堂教学设计较为生硬，真实素材的呈现形式较单一，主要以图片、纸质文本等形式为主。一部分教师无法恰当地使用现代化教学手段，一味地借助多媒体，教学活动设计粗糙（左佳弋，2019），呈现简单化、形式化、机械化的特点，教学效果不够理想。

四、本土文化融入翻译教学的路径思考

（一）树立正确的真实素材意识

翻译教材是课堂教学中的重要载体，是实现课程目标的重要教学资源，也是组织教学的重要抓手，是教师"教"和学生"学"的重要依据。翻译教材内容的编写承载着翻译教学理念、教学设计、教学方法，是贯通整个教学活动的重要纽带。为此，我们要树立正确的教材观，准确把握教材在翻译教学中的地位和作用。真实素材是一种重要的教材形式，而本土文化作为真实素材是一种本地化来源，内容亲切，既能让学生感悟到本土文化特色，又能助力本土文化"走出去"。将本土文化作为真实素材运用到翻译教学中，也应视为教材的一种类型，因此教师和高校主管部门要改变传统教材观，树立新时代背景下的真实素材教材意识。

教师在将本土文化融入翻译教学中时，必须透彻把握翻译教学的特点，结合本土文化的特征，重视本土文化真实素材的开发、改造、应用等环节。一方面要注重教材在翻译教学中的引领作用，另一方面也要积极开展对真实素材的应用的评价机制研究，开发基于真实素材的教材质量自动评估反馈体系，为真实素材的修改与完善提供参考，推动本土文化融入翻译教学的评价体系构建。教材具有鲜明的意识形态，教材建设必须要体现中国特色和中华民族风格，体现党和国家对教育的基本要求，体现国家和民族的基本价值观①。因此，在本土文化真实素材使用中也要注重政治思想站位，要符合国家教材的价值导向，以立德树人为根本目标，并且真实素材的使用和教学改造也必须紧跟教育教学研究的发展，顺应国家的教育政策，服务于国家人才培养战略，最终实现知识传授、能力目标、价值塑造的育人育才目标。

（二）构建立体化真实素材的翻译教材编写体系

Harwood（2010）认为教材包括"以书面或音视频形式呈现给学生的文本以及围绕文本所设计

---

① 教育部. 尺寸教材 悠悠国事：全面落实教材建设国家事权［EB/OL］. http://www.moe.gov.cn/jyb_xwfb/moe_176/202001/t20200121_416245.html.

的练习与活动"，既包含教师用于单一课堂的自编讲义，又包含主流出版社出版、全球发行的教科书。教材编写要体现大纲的原则、体现真实性原则，有利于互动、引导学生注重语言形式，培养学生的学习技能和方法、促进学生将学习技能运用到课外学习中（Nunan，1988）。互联网数字技术的发展给语言学习资源带来了重大的变革，翻译教学资源的来源、内容、形式、功能等方面也呈现了多模态发展趋势。因此，"新文科"大背景下的翻译教材形式要符合时代发展需求，构建基于本土文化的"平面教材+数字教材"立体化真实素材教材体系。

因此，在本土文化素材的收集、整理、编写、使用、反馈等不同阶段，要基于"教"与"学"的双重需求，通过（纸数结合）问卷、访谈、调研等活动，对翻译教学中的真实素材开展前测、中测、后测等研究，形成科学性、可行性编写方案。在翻译教学中，教师可以根据整理的本土文化素材建立翻译教学资源库，深化本土文化资源的开发与利用。这样不仅可以提升对本土文化的翻译理解准确度和译文的准确性，还可以通过建立小型平行语料库，引导学生进行词汇查询、文本共现的辅助翻译，实现译文表达和行文风格地道。在教材的形式上，要突破传统教材的范畴，从形式、内容以及应用情景等方面拓展基于本土文化的真实素材教材的内涵，构建立体化、智能化的教材形态模式。在编写过程中，要基于教学大纲、教学目的、教学设计等要求，将本土文化内容创造性地进行教学本土化二次改造，开展"纸数结合，立体化产品开发""线上线下相结合"（杨莹雪，2020）。在传统静态媒体（纸质）教材中，利用多媒体、人机交互、数据采集等技术手段，从内容选择、整体架构、呈现形式等方面，开发出融入本土文化的电子文档（PDF、WORD）教材、多媒体（资源嵌入式）数字教材、富媒体（交互式多媒体）数字教材、开放型数字活页教材等立体化教材形式。新型数字教材是新时代信息化教学活动的重要载体，具有教育属性和技术属性。电子教材可以将图、文、声、像、动画、交互、超链接、智能判断、及时反馈等融为一体（邓文虹，2011）。因此，在立体化教材编写中，要充分考虑技术手段的适配性，注重配套练习、音像材料、教学课件、学具教具以及网络支持系统等，进一步通过数字化形式凸显真实素材在翻译教学中的重要作用。

（三）优化本土文化的翻译教学设计

在新时代背景下，在外语人才培养方面，要探索中国学习者的外语学习规律，建构具有中国特色、符合中国学习者需要的教育教学模式（戴炜栋，2019）。外语教学设计包含教学目标、教学内容、教学材料、教学活动、教师角色以及学生角色诸环节（王骏，2017）。翻译教学大纲是对翻译教学目标的描述，而翻译教学所使用的教材资源是实现教学目标的手段和资源的一种重要工具和载体，能为教师和学习者提供方法。因此，在基于真实素材背景前提下融入本土文化的翻译教学中，教师更要深入解读教学大纲，以教学大纲为依据，以需求分析为基础，注重翻译教学设计的科学性、完整性、合理性、可操作性等，因为"科学的依据是保证教学设计由经验层次上升到理性、科学层次的重要前提"（王慧君，2013）。

传统的翻译教学设计以语言和技巧驱动为主,以教师为中心,学生的翻译实践能力不能得到有效提升。因此,融合本土文化的新时代翻译教学要基于教学目标,针对不同翻译学习阶段,准确定位真实素材的教材使用对象,精心设计教学任务和活动,结合本土文化资源。教师作为教学活动的引领者、推动者和监督者,要注重"学生为主体/中心,教师学生之间互相协作,学生在真实情景或真实的翻译项目任务下进行翻译实践"(周黎,2020)。教学中要注重学生"译前"(翻译任务的预处理、语料库和双语平行文本检索、原文深层逻辑解读等)、"译中"(外在逻辑框架结构的建构、译文内涵表达等)、"译后"(译文质量的评价与修改、反思总结等)等,构建创新型、合作型、任务型的"翻译工作坊"教学设计模式。"翻译专业的教学方式改革体现在转变课堂教学观念、推广研究性课堂教学、丰富专业课教学手段、倡导采用专题研讨模式等方面"(肖维青,2017),要充分关照语篇层次的翻译实践训练,有机结合微课、慕课、翻转课堂等线上线下混合式教学形式,结合语料库资源,将形成性评估和互动性评估有机结合,注重教学成效反思,形成师生共同参与、互动的新型智能化翻译教学设计范式。外语教材不仅仅是语言输入的来源,也给学生提供了如何掌握和使用这些语言材料的方法,因此对素材的分析、练习的编排以及掌握程度的评估和检查都应予以关注,其中教材的练习应该是最能体现教材编写者理论指导原则的部分,也是检阅教材实用性、有效性的重要组成部分(束定芳、张逸岗,2004)。

五、结语

教材体现了一个国家和民族的价值观念体系,关系着课堂教学、课程建设和教师的发展。因此,要充分发挥教材育人育才作用,在教材建设中要加强文化传承,自觉坚定文化自信。本土文化融入翻译教学资源建设需要遵循外语教材建设的路径,在教学资源筛选和内容、教学形式的呈现,以及教学手段的运用方面,都应体现外语教材的科学性、跨学科性、教育性等特征,要注重真实素材在教学使用中的科学性、有效性、知识性和使用效果评价等,尤其是数字教材要"运用专业的评价方法与技术,对数字教材的交互、生成性内容展开全面且系统的分析与判断"(王润、余洪亮,2022)。教材是推动师资队伍建设的抓手,在此过程中,教师也要依托先进的教学理念,设计科学合理的教学任务,主动分析、评估、优化、甄选、补充、拓展教材内容,提高教材编写的意识与能力,促进自身发展和专业水平提升。"虽然真实语料用于教学有诸多优点,但运用真实语料编写教材仍然面临不小的挑战,这里面既有实际操作中的困难,有语言研究不足带来的限制,也有与现行教学体系上的不协调。"(刘锐、王珊,2021)地方高校要充分结合院校自身的"校情"和"学情"特点,注重翻译教学中翻译教师、学生、翻译教材、教学情景的动态交互,构建符合中国特色社会主义发展要求,服务于翻译教学与翻译人才培养的教材资源体系,助力实现知识传授、能力培养与价值塑造"三位一体"的育人育才目标。

参考文献

[1] 姜锋，李岩松. "立德树人"目标下外语教育的新定位与全球治理人才培养模式创新 [J]. 外语电化教学，2020 (6)：27-31.

[2] 肖维青，赵璧，冯庆华. 推动构建中国特色翻译本科专业人才培养体系：《翻译教学指南》的研制与思考 [J]. 中国翻译，2021，42 (2)：65-71，190.

[3] 束定芳，张逸岗. 从一项调查看教材在外语教学中的地位与作用 [J]. 外语界，2004 (2)：56-64.

[4] TOMLINSON B. Materials Development in Language Teaching [M]. Second Edition. Cambridge：Cambridge University Press, 2011.

[5] WONG V, KWOK P, CHOI N. The use of authentic materials at tertiary level [J]. EFL Journal, 1995 (49)：318-322.

[6] GILMORE A. Authentic materials and authenticity in foreign language learning [J]. Language Teaching：The International Research Resource for Language Professionals, 2007, 40 (2)：97-118.

[7] GILMORE A. I prefer not text：developing Japanese learners' communicative competence with authentic materials [J]. Language Learning, 2011, 61 (3)：786-819.

[8] BERESOVA J. Authentic materials：enhancing language acquisition and cultural awareness [J]. Procedia - Social and Behavioral Sciences, 2015, 192 (C)：195-204.

[9] 朱敏琪. 真实语料在语言教学中的使用 [J]. 世界汉语教学学会通讯，2011 (3)：29-30

[10] 王骏. 对"真实性"英语阅读教学的理论探讨 [J]. 当代外语研究，2017 (6)：46-50，71.

[11] 周黎. 透视建构主义视角下的翻译专业本科翻译实践课教学改革：以四川外国语大学成都学院"翻译工作坊"实施为例 [J]. 外语教育与翻译发展创新研究，2020 (9)：11-15.

[12] 左佳弋. 高中英语阅读课中补充素材选用的现状研究 [D]. 重庆：重庆师范大学，2019.

[13] HARWOOD N. English Language Teaching Materials：Theory and Practice [M]. Cambridge：Cambridge University Press, 2010.

[14] NUNAN D. Principles in Materials Design [J]. A Periodical for Classroom Language Teachers, 1988, 10 (2)：1-24.

[15] 杨莹雪. 融媒体背景下国际汉语教材的开发：以纸数结合《中国概况》为例 [J]. 出版广角，2020 (11)：60-62.

[16] 邓文虹. 电子教材研发的思考与实践：以人教版电子教材的研发为例 [J]. 课程·教材·教法，2011，31 (12)：32-36.

[17] 戴炜栋. 服务国家战略 培养高端人才 推动外语教育发展 [J]. 外语教育研究前沿，2019，2 (3)：8-12，90.

[18] 王慧君. 科学探究教学设计：依据、实施与评价 [J]. 中国电化教育，2013 (9)：102-106，126.

[19] 肖维青. 本科翻译专业的人文化教育理念：以上海外国语大学英语学院翻译专业教学改革为例 [J]. 外国语（上海外国语大学学报），2017 (3)：108-109.

[20] 王润，余宏亮. 数字教材评价的指标体系与观测要领 [J]. 教育研究与实验，2022 (2)：77-82.

[21] 刘锐，王珊. 运用真实语料开发国际汉语教材：理论与实践 [J]. 语言教学与研究，2021 (1)：1-11.

On the Integration of Local Culture into the College Translation Teaching Materials in the Context of Authentic Material

Zhou Li

【**Abstract**】 Foreign language teaching materials, as an important carrier for foreign language teaching content, are an important link throughout foreign language teaching activities. In the new era, the construction of foreign language textbooks needs to establish a "Chinese Perspective". Authentic materials play an important role in foreign language textbooks. Local culture, as an important source of authentic materials, is conducive to cultivating students' feelings of home and country and cultural confidence, thus making an important path for translation teaching to achieve knowledge transmission, ability goal and value shaping. Given by the problems arising from authentic materials in translation teaching in term of ideological interpretation, material selection and material application, the integration of local culture into translation teaching resources are required to follow the path of the foreign language teaching materials by fostering the correct view on authentic teaching material, building three-dimensional "paper+ digital" teaching material system, and optimizing the teaching design integrated with the local culture, thereby facilitating translation teaching and cultivation of translation talents.

【**Key words**】 authentic materials; local culture; translation teaching; teaching resources

基于真实素材的联络口译课程思政路径探索[①]

四川外国语大学成都学院翻译学院　　杨阳[②]

【摘　要】本文基于对真实素材的探索，将真实素材运用于联络口译课堂教学的思政路径，结合情景教学法，研究《习近平谈治国理政》中的小故事与金句语录融入联络口译的教学路径，以提高学生的口译实战能力与跨文化交际能力，增强学生对当代中国的理解，实现译员职业能力与爱国情怀的统一，培养新时代口译人。

【关键词】联络口译；《习近平谈治国理政》；真实素材；情景教学法

当前，中华民族伟大复兴的使命和世界百年未有之大变局在同一时空下交汇，口译员再次肩负起向世界传播中国文化、讲述中国故事、彰显中国魅力的重要使命。口译课程思政有利于"让口译人才能够适应全球化的需求，具备价值识别和判断能力，能够有效地化解跨文化沟通中的困难与障碍，促进文化交流和文明互鉴"。作为全国本科翻译专业的核心课程，联络口译课程探索思政路径是很有必要的。2020 年初，《习近平谈治国理政》多语种版本进高校、进课堂、进教材（简称"三进"）开始推进，为联络口译课程思政提供了契机。本文将在联络口译的情景教学中采用真实素材并结合《习近平谈治国理政》，以实现学生口译能力与综合素质的全面提升。

一、文献综述

笔者以"口译课程思政"为主题词在知网全文检索，发现从 2020 年以来发表的论文呈逐年递增趋势，按照研究的内容大概可以分为两种：从宏观的角度对口译课程思政的教学法进行探讨并归纳总结，比如《课程思政视阈下的口译教学》（朱巧莲，2022）；以口译教学的某个单元为例，

---

①　本文是四川外国语大学成都学院第十一批校级科研项目青年项目"联络口译'三进'实践探索——结合《习近平谈治国理政》"的研究成果，项目编号：KN22LC001。

②　杨阳，女，讲师，文学硕士，研究方向为口译教学与实践。

具体展示如何进行课程思政结合，如《口译类课程思政的理念与实践——华中科技大学"交替传译"课程为例》（张易凡、许明武，2022）。而在联络口译与课程思政的结合方面目前知网上只有一篇，即《课程思政理念下的联络口译项目式教学改革与实践探究》（吴艺迪，2022）。作者从旅游院校的角度出发，采用线上线下结合的方式讲述了旅游观光项目这一单元的授课模式。《习近平谈治国理政》一书的文本较正式，内容难度偏高，目前知网上尚没有口译与《习近平谈治国理政》进行思政结合的研究。

联络口译是一门针对大二学生的基础口译课程，旨在培养能够胜任不同社会交际场景的口译人才，课程实用性强，应用范围广，满足社会对应用型口译人才的需求，有必要进行课程思政。但是由于思政文本难度较高，如果采用原文进行口译，估计绝大部分学生都无法"开口"，而且教师需要花大量的时间来向学生讲解背景知识、长难句和专业术语，从而影响口译练习的时间，因此少有在本科阶段的基础口译课程进行思政结合。本文认为本科阶段的口译课程思政可以另辟蹊径，用学生喜闻乐见的方式进行隐性结合。《习近平谈治国理政》中有古人的至理名言，有习近平总书记的金句语录，也有许多当代中国的故事，俨然一幅当代中国的画卷，彰显着中国传统文化和价值观，闪烁着中国人智慧的光芒。故事富有感染力，易于记忆传播。金句短小精悍，生动有趣。本文将尝试在联络口译教学中嵌入《习近平谈治国理政》中的故事和金句，用金句语录引入，在情景教学中融入真实故事。

二、理论框架与研究方法

（一）真实素材

联络口译又称"社区口译"或者"对话口译"，译员与交流双方处于同一时空进行面对面的交流。在联络口译的任务中，"译员不是单纯的'翻译'，而是对话交际的参与者，对交际结果产生着重要的作用"，还兼任着联络员和协调员的角色。因此，在教学中应关注译员交际协调能力的培养。

真实素材（authentic materials）最早由 Widdowson 于 1974 年提出，他指出"真实书面文字材料是唯一有可能提供真实交际的途径"。真实素材能够提供真实的交际范例，"使学生与真实的语言和内容互动，学生在课堂上变得更加清晰，反应更加灵敏，同时在学习课堂外和现实世界中使用的语言时身临其境，从而培养学生的一系列交际能力（语言、语用、社会语用、战略和话语能力）"。采用真实素材有助于培养学生的交际能力，这与联络口译的培养目标非常契合。通过真实的口译素材，学生可以更好地了解真实的口译对话，关注口译中的语言和非语言因素。真实的对话比教材的内容更加生动灵活。比如中方客户向外方员工说"辛苦了"，是否应该直译为"You've been working hard"？不同的情景下可能表达着不同的意思。如果是项目完成了，可能翻译为

"Well done" 或者 "Thanks for your hard work" 更能表达说话人的本意。如果是看到对方在加班，那么直译可能更恰当。学习真实口译对话可以提高学生的跨文化交际意识，同时学习素材内容又可以为学生进入各行各业打好基础。

真实素材在教学应用中应考虑"契合度""可教度""通用度"，符合学生的英语水平，体现地方特色，帮助学生提前掌握行业通用知识。本文将从知网上搜索适合学生水平的联络口译实践报告，截取其中反映话题特点和真实交际情景的精彩片段，分主题与课堂教学结合。

（二）情景教学法

情景教学法可谓源远流长，古今中外都有丰富的实践，比如孟母断机教子和苏格拉底的"产婆术"。在教学中创建情景，让学生如临其境，激发学生的情感，提高学习兴趣和积极性。而构建"以学生为主体"的课程教学模式，设计模拟口译实践情景，让学生积极参与情景活动，有助于培养学生的语言交际能力，符合联络口译的教学目标。"在口译情景中学习和训练可以真实映射社会对口译人才的需求现实，充分体现口译实务情景中的真实性、现场性、信息性及功能性"，有助于培养实战型口译人才，满足当今社会的需求。由此可见，情景教学法非常适合联络口译的课程教学。

在以往的教学中，情景模拟采用完全虚拟的情景，学生对情景缺乏情感上的认同和理解，在完成情景任务时，比较缺乏动力与热情，表演没有真情投入，对话也变成了背诵。不仅如此，学生在编写对话时主要依赖教材，不知道如何进一步展开，内容往往空洞单调。本文采用真实口译素材做参考，学生在编写对话时将不再是凭空设想，而是有理可依、有据可查。在情景模拟中结合当代中国小故事，学生面对的不再是完全架空的情景，而是建立在真实故事的基础上，会更加有代入感和临场感。

三、联络口译课程思政探索

（一）课程思政的路径

根据联络口译课程的特点以及大二学生的英语能力，本文认为可以从教学主题和教学内容方面与《习近平谈治国理政》进行思政结合。

首先，因地制宜，融合与创新并行。联络口译包含的主题非常广泛，有休闲购物、旅游和美食，也有较专业的体育和医疗，还包括相对较正式的商务主题，比如商务考察、会展和谈判。因此，在进行思政结合时，可以根据话题的相关性和难易程度有选择性地结合。在设置思政主题时，可选择能体现时事热点和反映区域特色的内容。比如"会展""商务考察"和"文化"结合后可以分别重新定位为"丝绸之路展销会""探访都江堰水利工程"以及"追溯四大发明的故事"。另外，教师也可以新增一些教材没有包含的思政主题，以展现当代中国风貌，比如"脱贫攻坚与乡村振兴"等。

其次，小故事，大情怀。当今中国的各个角落都在发生着翻天覆地的变化，有上天揽月的"天宫一号"卫星发射，也有发生在我们身边的点点滴滴的改变。这些小故事通俗易懂，容易理解和记忆，也便于传播，非常适合基础口译阶段的学习。比如通过"电商扶贫"，果农能够在拼多多这样的平台上去扩大销路，我们也能以更实惠的价格吃到新鲜的水果。通过"中非合作"，中国的消费者能在直播间买到货真价实的埃塞俄比亚咖啡豆，吃上肯尼亚的牛油果。让学生编写口译对话时去挖掘书中涉及的小故事，将小故事融入情景对话中，通过讲述小故事，提高学生对当代中国的了解和关注，激发学生的爱国情怀。

最后，金句语录，妙语点睛。《习近平谈治国理政》里包含了习近平总书记个人的金句语录以及许多古人的名人名言。有体现中国优秀传统文化和价值观的警句隽语，比如"大道之行，天下为公"，"天不言而四时行，地不语而百物生"和"美人之美，美美与共"等；也有体现习近平总书记个人魅力又趣味盎然的金句妙语，比如说党员要严格要求自己，他说"坚持照镜子、正衣冠、洗洗澡、治治病"，提到扶贫他说要"精准滴灌、靶向治疗"，不要搞"手榴弹炸跳蚤"，要让"有为者有位、吃苦者吃香、流汗流血牺牲者流芳"。在课堂上，教师可以与学生分享这些趣味盎然又富有哲理的金句名言。学生在体会金句含义的同时，可以共同探讨、思考如何翻译，让学生在口译挑战中获得学习口译的乐趣。

（二）课程思政的教学设计

1. 教学背景

联络口译是全国本科翻译专业培养方案的核心课程，也是口译系列课程中的基础课程。课程在第 4 学期开设，即大二年级下学期。每周 2 个课时，共 32 个课时。

2. 教学目标

在情景教学中采用真实素材并结合《习近平谈治国理政》中的金句与小故事，以实现从知识技能的角度提升学生的口译实战能力与跨文化交际能力，从思政角度增强学生对当代中国的了解，从而提升学生的爱国意识和民族自豪感。

3. 教学内容

根据教学单元的难易程度，一般 1~2 周完成 1 个单元主题。考虑到联络口译的主题涵盖面广且学生基础较弱，不适合全范围进行思政结合。本研究将在部分单元进行思政结合，具体如表 1 所示。

表1　联络口译与思政结合

单元主题	思政主题	思政目标	可用素材	
			小故事	金句
旅游	走进乡村	• 从乡村振兴的故事中体会祖国的发展和进步 • 用《习近平谈治国理政》书中的数据展示中国扶贫取得的进展，练习数字口译，从数字中看到中国经济的发展和社会的进步	十八洞村精准扶贫	"手榴弹炸跳蚤" "有为者有位、吃苦者吃香、流汗流血牺牲者流芳" "吃水不忘挖井人，脱贫不忘共产党"
教育	探访中国乡村教育	• 从张桂梅创建华坪女子高级中学的故事中学习她坚定的信念和高尚的情操 • 了解中国教育现状	点燃大山女孩的希望	"伟大出自平凡，平凡造就伟大。" "心中有信仰，脚下有力量"
会展	丝绸之路展销会	• 了解丝绸之路 • 了解"一带一路" • 了解中国人和平合作、互利共赢的精神	张骞出使西域	"建设风清气正、环境友好的新时代丝绸之路" "使者相望于道，商旅不绝于途"
当代中国（新增）	考察都江堰水利工程	• 都江堰是样本院校所在地。鼓励学生了解身边的故事，提升学生的民族自豪感 • 李冰治水的故事，展现了古人的智慧，"不仅造福当时，而且泽被后世"	李冰治水	"天地与我共生，万物与我共存" "万物各得其和以生，各得其养以成"
贸易	中非合作（人类命运共同体）	• 小网购中见大项目，直播间的卖货既是中国人民对非洲的扶贫支持，展现了中国人民的友好热情，又展现了老百姓生活水平和消费水平的提高	埃塞俄比亚外交官在直播间卖咖啡豆肯尼亚牛油果	"海不辞水，故能成其大" "红日初升，其道大光" "美人之美、美美与共"
环保	黄河治理	• 中国人不怕苦不怕累、坚持不懈的精神 • 了解中国生态文明建设的进展	黄河故事 大禹治水	"有多少汤泡多少馍" "牛鼻子" "宜水则水、宜山则山"

　　由于思政主题的教学内容相对比较复杂，计划两周完成一个主题。在课程安排上，采用知识输入与技能输出相结合的方式。根据文秋芳教授的输出驱动假设理论，学生在输出的压力下会主动学习，输出任务可以转变为学生学习的动力，加快陈述性知识向程序性知识转化。在第一周输入阶段，通过小组汇报背景知识和真实口译的实战演练，学生完成相关主题的知识和技能储备，为输出打下基础。在第二周输出阶段，教师设定场景，学生分工合作进行信息收集和对话编写，在情景模拟的演绎中应用上一周所储备的知识和技能，从而实现理论和实践相结合，促进知识向技能的转变。

4. 教学方案

现以"会展"单元为例，展示如何在教学活动中使用真实口译素材，并有机嵌入《习近平谈治国理政》中的金句和小故事。示例如下。

（1）教学目标

本系列课程教学目标包括知识、技能和思政三个方面。知识目标为以"广交会"为例，学习主题背景知识，掌握会展相关词汇和表达。技能目标则是通过实战演练，学生能胜任会展活动中的对话口译工作。思政目标是了解古今丝绸之路，学习古人的韧性和开拓精神，进一步认识中国的大国风范。

（2）教学安排

本主题的教学时长为两个课时，分两周进行。第一周为情景知识储备（知识输入）。首先采用小组汇报和讨论的方式进行语言知识和背景知识的输入。之后，以真实口译素材①为基础，进行课堂口译练习，以实现技能输入。第二周为情景模拟（技能输出）。首先采用金句导入，教师提取习近平总书记金句在课堂上进行师生互译。之后各小组分组开始情景对话表演，拍摄视频记录。

（3）情景任务

公元前 140 多年，一支从长安出发的和平使团向西域出发，打通了东方通往西方的道路，这就是众所周知的张骞出使西域。在 21 世纪的今天，"丝绸之路展销会"又来到敦煌，各国企业家纷至沓来。有来自哈萨克斯坦的，有来自巴基斯坦和俄罗斯的……他们将带来自己的产品，展示自己独特的文化。全国各地的企业家纷纷闻讯而来。这场规模空前的商业盛宴将会上演哪些精彩的片段呢？让我们拭目以待。

该情景中涉及的角色有参展商、采购商、译员和观众。要求学生根据任务选择角色，自由组队。参展商和供应商分别 2~3 人一组（包括译员），分组自编对话。对话时长 5 分钟左右。小组个数不限，非角色同学担任观众。编写对话时需融入丝绸之路上的小故事，比如习近平总书记在书中提到音乐家冼星海与哈萨克斯坦音乐家拜卡达莫夫的友谊，以及张骞出使西域的故事。

（4）教学流程

第一周情景知识储备围绕广交会和广交会的真实口译素材展开。"广交会"即中国进出口商品交易会，创办于 1957 年，是中国历史最长、规模最大、到会采购商最多的国际贸易盛会，非常具有代表性。

第一个教学环节，知识输入。安排学生课前分组收集广交会的相关背景资料和会展常用词汇及表达，课上随机抽取 1~2 个小组汇报。比如会展的参与方主要是谁？目的是什么？他们主要交谈哪些内容？展品有哪些？比如参展商的主要目的是寻找客户，主要关心价格、订单量以及付款方式；而采购商参展是为了寻找好的产品和供货商，关注点为产品质量和工厂信誉。这样一来，

---

① 由于知网的口译实践材料仅仅有文本，不便于学生进行口译练习，将使用微软 TTS（Text to speech）语音合成技术，制作成音频。

学生不仅可以学习会展常用词汇和表达，还可以对会展有更深入的理解并掌握会展的通用知识，从而能够更好地完成联络口译任务，促成双方的跨文化沟通。

第二个环节，口译技能输入。从广交会的真实口译素材入手，挑选精彩片段，进行口译练习。在完成知识储备后，学生可以立刻投入口译实战中，学以致用，通过口译练习进一步巩固所学知识。选取知网上最新的广交会口译实践材料，从中找出会展的典型对话，以及体现非语言因素的例子。比如首次见面，双方交换名片后，采购商可能会询问"Which countries have you ever exported to?""Do you have stable cooperation with each other?"，来了解参展商的实力和信誉。有时说话人也会词不达意。比如"Can we choose custom?"这里"custom"不是"习惯"或者"习俗"，而是"定制"。说话人想表达的是"Can we choose custom products?"或者"Can we choose to customize?"。说话人表达不准确或者不完整在工作中经常会遇到，充分的背景知识可以帮助译员克服类似问题（以上例句源自芦阳的第117届广交会会展口译实践报告）。通过真实口译素材的学习，让学生在对话口译中去学习交际技巧，从而提高跨文化交际能力和口译职场技能。

第二周情景模拟围绕丝绸之路和新丝绸之路的真实故事展开。第一个环节，金句导入，用丝绸之路有关金句和名人名言引入，以"PK"的方式鼓励学生提出挑战，译出不同版本的译文。之后，展示官方译文，师生共同讨论不同版本的优缺点。通过这个练习培养学生的思辨能力和翻译能力。第二个环节，情景模拟。根据会展的特点按照展位调整教室布局。为了营造会展热闹而又庄重的氛围，教师提前指定一名主持人与译员宣布会展正式开幕。情景模拟分为两个阶段，第一个阶段由学生主导，采购商和参展商自由交流，非角色同学以观众的身份旁听。第二个阶段由教师主导，挑选1~2个具有代表性的小组进行表演，之后师生讨论并点评。第一个阶段为沉浸式情景模拟，全班同学都参与其中，融入角色，体验会展的氛围，有利于激发学生的创新思维和表达欲望。第二个阶段的演绎式情景模拟便于经验总结与讨论。最后，评选最佳故事与讲述者，激发学生的学习动力和热情。

五、结语

本文尝试在联络口译教学中采用真实口译素材，并结合《习近平谈治国理政》中的故事和金句，以隐性的方式进行思政结合，更加适合基础阶段的口译课程，便于学生理解和接受，克服了过往的口译思政中直接采用思政文本难度高的问题。在情景教学中采用真实口译素材，有助于增加学生的行业通用知识和跨文化交际知识，弥补了以往教学中教学内容与实际工作脱轨的问题。通过学习《习近平谈治国理政》中的金句语录，让学生讲述当代中国小故事，提升学生的表达能力和民族自豪感，有助于新一代的年轻译员们在国际交流中发出更加自信的中国声音。另外，本文作为联络口译思政路径的初步探索，还需要在课堂实践中收集反馈，并进一步完善。联络口译作为一门实用性强且覆盖范围广的口译课程，在课程思政上还有很大的潜力和探索的空间，期待未来有更多的研究与发展。

参考文献

［1］朱巧莲. 课程思政视阈下的口译教学［J］. 上海翻译，2022（1）：70-74.

［2］张梦璐. 联络口译译员角色理论及西汉—汉西口译语境中的实证研究［D］. 北京：北京外国语大学西葡语系，2014.

［3］沈光临，何品品，等. 应用型外语人才培养视域下真实素材研究前景分析：六篇国外真实素材相关论文推介［M］//外语教育与应用. 重庆：重庆大学出版社，2022：3-12.

［4］米俊魁. 情境教学法理论探讨［J］. 教育研究与实验，1990（3）：24-28.

［5］鲍晓英. 学生口译语用能力培养模式构建［J］. 外语界，2013（1）：88-94.

［6］刘育红，李向东. 基于情境建构的口译教学观研究［J］. 中国翻译，2012（4）：45-48.

［7］文秋芳. 输出驱动假设与英语专业技能课程改革［J］. 外语界，2008（2）：2-9.

Exporation of Value Education in Liaison Interpreting Course Based on Authentic Materials

Yang Yang

【**Abstract**】This paper explores the path for value education in liaison interpreting by applying authentic materials. It employs situational teaching method, extracts stories, sayings and quotations from the book *Xi Jinping: The Governance of China* and blends in the course in a subtle way. This integrated approach aims to improve students' interpreting and cross-cultural communication skills, enhances their understanding of contemporary China and ultimately, cultivate interpreters of the new era who are patriotic, communicative and professional.

【**Key words**】liaison interpreting; *Xi Jinping: The Governance of China*; authentic materials; situational teaching method

第二部分　外语教育

略谈新文科背景和经济全球化视野下
商务英语的跨学科交叉融合

四川外国语大学成都学院宜宾校区国际语言文化学院　李远辉[①]

【摘　要】商务英语专业适时顺应、稳步发展并优质服务于融入全球化的蓬勃发展的中国经济和社会进步。在商务英语专业的长足发展中，其自身的最大特色也得以体现，那就是跨学科交叉融合。在新文科理念指导下，实现相关学科有机的、有效的、输出输入相互促进的学科交叉融合，既要认识学科输入交叉融合的现实必要性和实践性，也要明白学生知识技能的输出交叉融合，从而培养复合型、应用型、创新型"三型合一"的优秀人才，同时，还要为实现商务英语的跨学科交叉融合准备教师和教学环境。

【关键词】商务英语；跨学科；交叉融合；人才

一、前言

　　商务英语的发展经历了概念提出、磋商洽谈、成立研究会、创设专业几个阶段。商务英语的概念是在 20 世纪 90 年代中期提出的。1994 年，对外经济贸易大学黄震华和王关富牵头召开了商务英语首届研讨会。1996 年，上海外国语大学王兴孙、叶兴国牵头召开了第二届商务英语研讨会。1998 年的第三届年会的成果是成立了中国国际贸易学会商务英语研究会，这促进了商务英语的建设。2006 年，教育部批准目录外商务英语专业本科专业。2012 年，教育部以〔2012〕9 号文批准商务英语进入《普通高等学校本科专业目录》。从此，商务英语专业名正言顺。

　　汇集众智，群策群力，商务英语在其后的教学要求、课程体系、教材建设、教学研究、师资培养、竞技比赛、级别考试等各个方面都得到了长足的发展，其专业属性和学科地位已经逐渐清晰。商务英语专业教育已经成为 21 世纪中国最热门的教育种类之一，得到了社会各界的普遍认可。

---

① 李远辉，男，副教授，硕士，研究方向为英语教学、管理、跨文化交际和法律。

到 2020 年底，全国有 300 多所高等院校开设了商务英语专业，旨在培养具有扎实的英语语言基础和较系统的国际商务管理理论知识，具有较强的实践操作技能，能在外贸、外事、文化、新闻出版、教育、科研、旅游等部门从事翻译、管理、教学、研究工作的英语高级专门人才。

随着经济全球化的不断发展，商品、技术、信息、服务、货币、人员、资金、管理经验等生产要素通过对外贸易、资本流动、技术转移、提供服务等形式进行无限制的跨国跨地区跨行业跨领域的流动越来越广泛深入，使得世界经济活动相互依存度更高，相互融合性更强。适应时代发展之需的商务英语专业，更是具有了更加广阔的发展领域，其学科跨越与交叉融合，就成了事关商务英语专业长足发展应当考虑的专门问题。

二、商务英语学科专业的建设与发展

（一）商务英语专业人才培养方案显示跨学科交叉融合

《商务英语专业本科人才培养方案》规定了明确的人才培养目标：本专业培养具有扎实的英语语言基础和宽阔的国际视野、较广博的商务专业知识与技能，具备较强的跨文化交际能力与较高的人文素养，能在国际环境中熟练使用英语从事经贸、管理、金融等领域商务工作的、为国家与地方经济社会发展服务的高素质应用型、复合型、创新型专业人才。因此，商务英语是一个跨学科的专业。它涵盖了语言文学、管理学、经济学、法学和文化学。

（二）商务英语专业发展形势良好

商务英语专业发展迅速，成绩显著，可以从以下几个方面来看：

1. 在教学质量评估与标准建设方面，确定了人才培养方向

由教育部编制的《高等学校商务英语专业本科教学质量国家标准》（以下简称《国标》）在 2014 年底发布实施规定，商务英语专业旨在培养英语基本功扎实，具有国际视野和人文素养，掌握语言学、经济学、管理学、法学（国际商法）等相关基础理论与知识，熟悉国际商务通行规则和惯例，具备英语应用能力、商务实践能力、跨文化交流能力、思辨与创新能力、自主学习能力，能从事国际商务工作的复合型、应用型人才。

从实际的教学效果来看，商务英语专业培养的学生在英语语言听说读写译基本功，法律法规、商务规则与国际惯例等商务知识和实操能力，国际文化知识和人文素养等方面，实现了国际化、复合型、应用型并重，并在一定程度上培养了学生的创新能力。

2. 在人才培养层次方面，已经制度化、阶梯化

商务英语本科建设起步快，起步早，规模效应明显。自 2007 年国家教育部正式批准对外经济大学、上海对外经贸大学、广东外语外贸大学增设商务英语本科专业起，至 2020 年 3 月，全

国已有323所高校开办或由英语专业改为商务英语本科专业，700多所院校在原有英语专业下面设置了商务英语方向。

人才培养体系阶梯化已经形成，硕士博士层次教育发展良好。2008年，广东外语外贸大学设立商务英语硕士学位二级学科点，对外经济贸易大学等许多具有外国语言文学一级硕士点的学校设立了商务英语硕士二级学科点，或在外国语言学和应用语言学下面设立商务英语方向的硕士点。博士生层面也已经有13年时间。继湖南大学外国语学院2010年开始招收商务英语博士生，对外经济贸易大学、广东外语外贸大学分别于2012年、2013年开始招收商务英语博士研究生。

3. 在毕业生就业方面，基本实现高就业率、高薪酬率和高成长率

人才培养质量决定就业质量，就业质量反映人才培养质量。

商务英语专业毕业生专业水平高、综合素质强，学习新知识快，融入环境快，个人才华展示快，很受用人单位好评，形成了很好的社会声誉。

从一次性就业率来看，商务英语专业毕业生就业率一直稳定在95%以上。

从就业单位类型来看，依次是外资企业、大型民营企业、中初级教育单位、国有企业，涉及能源、外贸、跨境电商、物流、教育等领域。

从地域流向看，选择经济发达地区就业的毕业生同学占到就业人数的50%左右，选择珠三角和长三角等经济发达城市就业人数继续增加，粤、苏、沪、浙等省市成为商务英语专业毕业生就业首选区域。

从专业的匹配度来看，商务英语专业的学生就业专业匹配度比较高，达到了85%以上。

4. 在社会影响方面，适应和适用并行，能力较好，积极向上

从行业、企业和社会反馈的信息分析，商务英语毕业生在社会上有着积极的正面影响。

（1）良好的英语交际能力。商务英语毕业生在外贸行业和货代行业就业的学生比较多，雇主对毕业生的英语能力表示相当的满意。良好的沟通、书写能力，保证了英文函电能够被专业地处理，并以此与国外客户进行沟通交流。

（2）良好的持续学习能力。用人单位对毕业生的学习能力普遍给予了较高的评价。他们认为，市场瞬息万变，业务不断拓展，员工的学习能力应当不断提升。商务英语专业的毕业生确实具备了良好的学习能力，能够从分销、配送、金融、服务等各方面学习新知识，提升能力。

（3）良好的商务沟通能力。涉外企业的产品和服务，涉及许多紧密相连的业务环节和业务阶段。毕业生良好的商务沟通能力在业务达成、问题解决、提升服务等方面为货物租船订舱、价格协商、船期安排、保险办理、理赔应诉等事项处理提供了保障，从而赢得了客户的信赖，建立了长期互信的伙伴关系。

（4）良好的心理素质和抗压能力。商务英语专业毕业生大多从事涉外业务，环境不同，思维方式不同，客户需要多样，文化差异难免，意外之事较多，这都需要善于沟通，承受压力，坚定信心。各用人单位对商务英语专业毕业生这方面的能力，都表示了积极的肯定。

三、商务英语跨学科交叉融合的意义

新文科的基本要义是基于现有传统文科的基础进行学科中各专业课程重组，形成文理交叉，为学生提供综合性的跨学科学习，扩展知识和培养创新思维。新文科的理念就是要寻求知识的增量，思考与探索人的培养，在立德树人上彰显新文科建设的文化内涵。

高等学校外语专业教学指导委员会 1998 年 8 月在《关于外语专业面向 21 世纪本科教育改革的若干意见》中明确指出，过去那种单一外语专业和基础技能型的人才已不能适应市场经济的需求，而大量需要的是外语与其他学科如外交、经贸、法律、新闻等结合的复合型人才。科学技术的高速发展、新兴交叉学科的涌现、人文文化和科学技术文化之间的相互渗透和融合、社会的信息化，以及知识和信息传播技术的日新月异，更加加剧了世界各国文化的交流、碰撞和合作。

在新的时期，为适应并满足经济社会发展需要，对商务人才的知识和能力提出了更高的要求。《国标》规定了商务英语专业学生必须掌握的语言、商务、跨文化和人文社科、跨学科等系统知识。这也充分体现了商务英语专业的跨学科交叉融合特点和刚性必需。

在新的时期，能在国际商务活动中熟练使用信息通信工具，了解国际商务活动规则，参与国际商务竞争与合作，胜任涉外企事业单位、跨国公司、政府部门乃至国际组织的相关工作，作为商务英语专业的学生，其知识结构和技能必须是交叉融合的。

在新的时期，对商务人才的知识和能力提出了更高的要求，也要求高校的商务英语教学必须是交叉融合的。也就是将商务、英语、其他应用学科科学交叉、有机融合，以培养人文素养高、国际视野宽、思辨能力强、能够在跨文化环境中有效开展各类商务活动的人才。

在新的时期，对商务英语专业的发展提出了更高的要求，必须走内涵式发展的道路，实现差异化、特色化、精深化的发展。这就要求学科融合更加科学深入，学科跨越更加娴熟。

因此，商务英语专业的人才培养，就不再是简单的应试教育，而是学科深度融合与跨越交叉的复合式培养，既要立足专业，精耕细作，又要拓展外延，交叉复合；既能处理货物贸易，也能处理服务贸易；既能参加仲裁诉讼，也能进行保险理赔；既能进行招标投标，也能进行预算决算。

四、商务英语跨学科交叉融合

交叉学科是指在科学研究中，发生了两门或两门以上学科间的交叉、融合和渗透，形成具有内在逻辑的、独立的知识体系的学科。交叉学科已经成为当代科学发展的时代特征，是产生创新的沃土，是科学发展的必然趋势。

（一）商务英语专业的交叉融合学科简易图谱

商务英语的跨学科性，决定了它所涉及的学科门类相当宽泛。宽泛地定义商务，则是除开个人私密的其他任何活动，都可以称之为商务。因而，社会关系的各个方面和生产活动的各个环节，在一定程度上均可以视为商务。所以，图1就可以较为形象地对商务英语专业的学科交叉融合予以说明。

图1　商务英语专业的交叉融合学科简易图谱

由《国标》可知，商务英语专业的知识板块共分为五个大类，它们分别是：

一是语言知识类：语音知识、词汇知识、语法知识、语篇知识、语用知识等；

二是商务知识类：经济学知识、管理学知识、国际商法知识、国际金融知识、人力资源管理知识、财务管理知识、商务操作知识、信息技术知识等；

三是跨文化知识类：外国文学知识、欧美文化知识、商业文化知识、中国文化知识等；

四是人文社科知识类：区域国别知识、国际政治知识、世界历史知识、世界宗教知识、外交外事知识等；

五是跨学科知识类：交叉学科知识、学科整合知识等。

上述各类知识涉及的学科领域涵盖了英语语言学、宏观经济学、微观经济学、管理学、营销学、金融学、保险学、国际法学、文化学、文学和其他通识类知识。商务英语的学科交叉融合特点非常突出，是培养创新型、复合型、应用型实践人才的必备前提。这就要求各学校必须着力培养学生学科交叉融合的能力，也只有引导学生通过学科交叉融合的学习和训练，才能具备学科交叉融合的学习能力，才能掌握国际化商务环境中的复合能力，以立足商务实际，开展商务活动，达到商务目的。

基于商务英语专业的学科交叉融合特色，简单初略地进行学科组合，商务与上述学科的交叉融合就可以形成不同的新型学科门类。

1. 商务与英语交叉融合

商务与英语交叉融合，则形成商务英语学。

商务英语学主要包括英语知识和国际商务知识。《商务英语专业本科人才培养方案》和《国标》已经有详细的说明，大家比较熟悉，在此不再展开叙述。

2. 商务与法律交叉融合

商务与法律交叉融合，可以形成商务法律学。

商务法律学属于法律类，与强调理论研究的法学不同，商务法律更注重法律实践工作基本技能，是应用型的基础法律，培养具备法律以及必要的管理等相关知识及实践技能，能够胜任法律事务的高素质技能型专门人才。它是工商管理学科与法学学科相互融合的新型学科。

商务法律学科主要围绕涉外商务运行过程中的法律规制、知识产权保障、金融与税收法律机制等进行系统学习研究，确立法规原则，依法规制各项商务活动，发挥金融对经济的宏观调控作用，保障企业依法高效运用金融手段促进商务活动，妥善解决商务运行实践中的实际问题，为商务运行保驾护航。其研究领域主要是公司企业制度、合同制度、对外贸易制度、对外投资制度、竞争制度、市场制度、行业制度、商务纠纷解决制度、商标制度、专利制度、商业秘密、非物质文化遗产及其他知识产权制度、中外税法制度等。

3. 商务与文化交叉融合

商务与文化交叉融合，则可以形成商务文化学。

商务英语专业教学的基本要求是跨文化商务交际，为此，学生非但要熟悉传统文化，还应当了解他国的地理、文化、历史、宗教、习俗、思维方式、行为规范、语言表达、社会禁忌等，提高跨文化的敏感性，增强跨文化交际意识，提高跨文化与商务的英语表达能力。

商务文化学，专门研究商务活动中的文化现象、规律和理论，提高商务活动者的跨文化交际能力，培养商务活动者的跨社会跨文化能力，减少商务活动者在跨文化经济交往中的社会语用失误，指导商务活动的有效开展。它涉及社会学、市场营销学、广告美学、顾客心理学和市场预测学等，也是多学科交叉的科学。

4. 商务与谈判交叉融合

商务与谈判交叉融合，则可以形成商务谈判学。

商务谈判学是研究现代商务谈判活动及其规律的学科，是社会学、行为学、心理学与众多技术科学相互交叉融合的产物。商务谈判学主要讲述商务谈判的一般理论、商务谈判者素质的培养、商务谈判信息的管理、商务谈判活动的组织、交易条件的构建与契约文本结构、商务环境与商务谈判思维方式、商务谈判策略与技巧、商务谈判的语言艺术、僵局的利用与破解、谈判过程的技术分析与评价以及谈判压力管理等。

5. 商务与管理交叉融合

商务与管理交叉融合，则可以形成商务管理学。

商务管理学是以营利为目的的商务组织和自然人，对出售和购买资源或提供服务的各种活动进行全面的计划、组织、领导、控制和创新的过程为研究对象的科学。它研究商务的行为主体、作业客体、经营环境、生产手段、技术要求、管理策略、营运方式，主要包括了商务组织、人员、形象、手段、机会、商流、物流、货物贸易、服务贸易、技术贸易、融资投资、商务风险等具体内容。商务管理学具有外向性、多变性、全局性、复杂性和人本性的特点。

6. 商务还可以与其他学科交叉融合

商务与其他学科，如与历史学、传播学、政治学、外交学、社会学、伦理学等相互交叉融合，可以形成不同的研究重点和体系，如商务历史学、商务传播学、商务伦理学等，研究领域不同，重点也不一样，各自独立，相互影响，交叉融合。

综上所述，商务英语基于商务知识的培养和英语技能的提升，本身涉及或涵盖了许多学科知识，具有实践操作性、学科融合性和技能复合性。因此，商务英语的教学与研究，应当坚持并发展学科融合的观点，将跨学科融合有机地植入教育教学中，形成融合、交叉、复合、创新、实践的学科特色。

（二）商务英语专业的运用输出式交叉融合

1. 商务与语言的交叉融合

语言是交流的艺术，是沟通的工具，是事情的表达，是实现目标的手段，也是弥合分歧的桥梁。用恰当的商务语言来顺利地解决、处理与商务相关的问题，则是商务英语专业学生的必修课。作为专门用途英语（ESP）的商务英语教学，应当与商务充分契合，贯穿始终，形成商务与语言相得益彰、共同促进的良好互动情势，使学生掌握与法律事务、财务会计、保险业务、旅游会展、对外访谈、金融证券、物流运输、货物买卖、投资营运、跨境电商等紧密联系的专门用途英语，并熟练地加以运用。

因此，在教育教学人才培养上，要坚持以语言教学为基础，掌握好英语看家本领，提高遣词造句的能力，地道地使用英语进行听说读写译思辩，更加深刻地准确理解文化影响，体验外国文化，探究商务活动之中的语言规律和规范。

2. 商务与法律的交叉融合

在平等协商或第三方调停无果的情况下，积极正确地运用有关领域的商事法律规定来解决、处理与商务相关的法律实务，如法律适用、法律纠纷、法律诉讼和仲裁等，解决来自于货物买卖、技术转让、技术咨询与服务、商标使用、货物保险、价款结算、货物运输、违约理赔、产品质量责任等问题。这就要求商务英语专业的学生学习、熟悉、掌握并能够很好地运用相关的国际惯例、国际法律、协会条款、国内法律法规等适用法律、规则和规定，保护自身的合法权益，如商誉、名誉、商业秘密、专有技术等，力争将风险和损失降到最低。

3. 商务与文化的交叉融合

人们生于特定文化环境中、长于特定文化环境下，文化定义了各个国家和地区的人们。同时，文化规定了人们的商务理念、商务习惯、商务思维和商务行为，因而形成了如此多元化的现实世界，产生了商务活动中的文化障碍。对文化的误解，轻则闹出笑话，重则造成严重的商务损失，甚至发生外交事故，损害国际关系。跨文化意识和跨文化交际能力的培养，可以促进商务活动中交流参与方的思想沟通，消除文化差异形成的误解，化解矛盾。

文化，对于确定、变更、中止或终止商务关系，起到了决定性的作用。

置身于经济国际化、全球一体化的商务环境中，商务英语教学作为培养商务人才的最直接课程，应该在全面系统完成基础英语知识传授的基础上，积极培养学生的文化融合意识和跨文化交际能力。这使得商务与文化的有机融合势在必行。

因此，商务英语专业的学生，必须将商务与文化有机结合，相互交叉融合，培养跨文化交流能力，从而在纷繁复杂、瞬息万变的国际商务文化环境中，抓住机会达成目标。

4. 商务与谈判的交叉融合

谈判，就是基于获取稀缺资源的意愿，与该资源的占有者就其对价互相进行磋商，交换意见，寻求解决的途径和达成协议的过程。它涉及特定文化背景之下的谈判主体、谈判对象、谈判环境、谈判组织、谈判原则、谈判策略、谈判技巧和谈判艺术、谈判阶段以及跨文化谈判。

因此，商务英语专业的学生，必须将商务与谈判艺术有机结合，做到愿谈、想谈、会谈、能谈、谈成、谈赢。

5. 商务与管理的交叉融合

商务需要管理，管理有利商务。商务与管理二者相辅相成，商务的开展与管理的计划、组织、执行、控制相互衔接，则会更加有效率、有效益地针对目标、重视过程、整合资源、完成任务。

按照上述学科交叉融合而形成的新兴学科，则商务英语专业的运用输出式交叉融合可以用图2来加以说明。

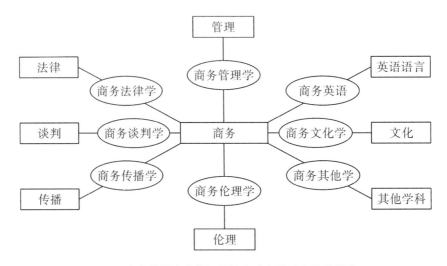

图2　商务英语专业的运用输出式交叉融合简易图谱

（三）商务英语专业育人的培养交叉融合

交叉学科教育的开展不仅是学生接受更高水平教育和更好服务社会的需要，更是学科发展和社会革新的需要。例如，美国高校自1970年开始授予多学科学位/学科交叉学位，随后政府部门积极出台相关政策支持交叉学科研究和教育的发展，很快就建立起一套完备的学科交叉研究与教育支持体系，从而确保其科技和军事水平始终处于世界领先。

1. 教师专业的交叉融合

（1）相关行业从业背景

商务英语专业的培养标准，需要从教教师有较强的专业交叉融合背景，一方面是扎实的英语语言运用能力，另一方面是较强的实践技能，特别是在外贸、外事、文化、新闻出版、教育、科研、旅游等行业部门实际从事过翻译、管理、教学、研究等工作。

（2）相应行业执业资格

教师或是持有如外贸单证、金融财务、会计审计、高级翻译、涉外律师、BEC考试资格、证券分析师、人力资源管理师、商务管理师、营销策划师、秘书、公关、物流师等执业资格证，或是相关行业的高级管理人士和相关领域的政府高级雇员，则对商务英语教学、专业发展、密切社会联系、满足社会人才需求等都有积极的促进作用。

（3）建设交叉融合学科教师团队

加快具有学科交叉融合背景的教师团队建设，在学科建设过程中成比例引进其他学科师资，实现跨学科知识交叉融合。同时，积极采取措施，以国内外高校进修、企业行业岗位实践等形式加大对专业教师的培训力度，提升专业素质，开阔学术视野。

建立并实施学科交叉融合导师机制，以多师一教、多师一生的共同指导方式，使理论知识交叉融合，思维模式多样化，研究方法多样化，从而开拓新的研究领域，实现创新突破。

2. 学校办学条件的交叉融合

（1）修订学科交叉融合下的人才培养方案

人才培养方案是指导高校实施人才培养工作的根本文件和总纲。学科交叉融合背景下的人才培养方案就是要融合较多学科，改变原有体系，调整开课比例，从而促进学生获取交叉学科的理论知识，增强实践运用能力，培养创新精神。

（2）构建学科交叉融合下的课程教学体系

如上所述，改变原有体系，调整开课比例，就会基于新的人才培养方案，立足于学科优势，特色发展，错位发展，开发相应的教材和参考书，真正实现跨学科的交叉融合。

（3）调整学科交叉融合下的管理运行机制

现代教育应当遵循教育的本质规律、经济运行规律和市场调整规律。一方面，立足自身，调整院系和专业设置，增加相关学科门类之间的交叉融合；另一方面，调整优化师资结构和实验设备实践环节，更加注重跨学科交叉融合教学，鼓励学生跨学科交叉融合学习，取得双学位，实现知识加技能、专业加技能、文凭加证书，平衡通才与专才。一方面，学校将因此而培养市场评价最具核心竞争能力的优秀商务人才；另一方面，学校将因此而吸引更多、更高质量、更具创新潜力的新兴学子。

3. 校地（企）产教交叉融合

（1）企业实践进修

教师作为知识的传播者和技能的传授者，承担了培养应用型、创新型和复合型人才的重大责任。因此，教师的理论知识与实践技能及其不断提升，直接决定了人才培养的质量。

教师的企业实践进修，是适应高等教育发展服务社会的需要，是提高教师理论与实践相结合水平，促进教育教学发展的需要，是培养现代化应用型人才的需要，是满足企业定制化人才需求，促进企业发展的需要。

（2）延引客座讲课

在学校教育教学过程中，可以聘请、延引企业高管、行业精英和业务能手到学校做客座教授，以活生生的生产、经营、业务、管理、外贸、投资、法律等案例，将理论知识融入商务实践活动中。

延引客座讲课，开启校企合作协同育人新模式，可以和企业就人才培养、协同创新等开展长期深度合作，借用业界资源助力学校专业建设、师资培育、实践教学、创新创业教育进行，推动实践教学改革，产教融合协同育人，实现应用型人才培养目标。

（3）共同开发教材

企业所需要的是素质高、技能全、能实战的人才。企业与学校共同开发教材，则能够让所教结合实际，让所学能有用武之地，使学校教育与企业需要无缝衔接，最大限度地用好共同资源。

（4）业务导师制

将产、学、教、研融合在学生培养过程中，将导师制引入教学教育过程中，实现学科交叉融合。开发科研项目，引进资源共享创新平台，建立开放式的实验基地和校企合作实习基地，建立综合性创新实验基地。这样，可以加强与新兴前沿学科的互动，推动各学科之间的交叉融合和协调发展。

4. 学生学用交叉融合

（1）顶岗实习

2019 年 7 月 10 日，教育部发布《关于加强和规范普通本科高校实习管理工作的意见》，明确要求高校加强学生实习工作。因此，各高校应当鼓励学生早实习、多实习、反复实习，获取实践能力的提升，知行合一，学用结合。

实践证明，实习（跟岗实习和顶岗实习）是高校进行实践教学培养应用型人才的重要环节和有效路径，能够有效地培养学生的实践能力和创新精神。因此，学校应当结合专业特点，用好跟岗实习、顶岗实习这样的实践环节。

（2）实践实训

教育教学中的实践实训是大学教育的一个重要组成部分，是让学生成才，为企业输才，使社会进步的有效方法。与企业所需有机嫁接的实践实训，让学生经历真实的企业营运环境、适应严格的企业管理制度、进行市场化的项目实战，从而将学生的素质、技能和经验有机结合，有效降低学生就业风险，增加企业实用员工。

（3）毕业设计

改革现行语言类毕业论文，更多地运用商务设计，以期提升学生的实践能力。如进行商务策划、市场策划、会展策划、调研报告等，这样才能做到学以致用、学用结合，更加适应商务市场的需要。

（4）定制化人才培养

定制化人才培养就是"定向、学历和就业"三合一的人才培养方式，以学科特色、专业优势、优质教育，为企业培养技术技能型应用人才，为个人成长实施完善的教育方案，如 ACCA 定制班等。

五、商务英语跨学科交叉融合的实践意义

（一）人才培养中的思考

学科交叉融合对于人才培养的意义非常突出，可以从以下几个方面加以说明：

1. 国家战略发展需要

进入 21 世纪以来，国家发展进入新的战略机遇期，国家科技、经济和社会发展更加需要多学科交叉融合的复合型创新人才。因而，响应国家教育部、财政部所启动的高等院校创新能力提升计划，加快学科交叉融合，培养具有交叉知识、复合能力、创新思维的人才，就是目前高校的人才培养模式和创新理念，以便为国家经济和社会的稳定快速发展提供人才支撑。

2. 新型人才培养需要

学科交叉融合，学生涉猎广泛，通识基础牢固，触类旁通活跃思维，极大地提高创新思维和能力。学科交叉融合，构建起师生共同学习、共同进步的新型教育模式，激发学生的科研创新思维，寻找解决问题的新方法、新途径。

3. 创新教育理念需要

学科领域的交叉融合极大地促进了学科的深入发展与创新开拓。单一学科打天下、单一技能走天下的情势已完全改变了。创新以适应迅速的变化，复合以应对错综的矛盾，复合以解决复杂的问题，需要教育理念的创新。因此，交叉融合，就是教育回应时代所需，服务社会。

4. 有利于开拓就业渠道

学科交叉融合，学生知识能力多样，良好的综合素质提升了对于社会、职业的适应性，高素质复合型人才的竞争能力显著提高。

5. 有利于推动管理创新进步

学科交叉融合，为人们提供了更多的视角来观察和分析管理活动中的各种问题，使得人们能够更好地发现活动中的新问题，尝试更多的新途径，运用学科交叉融合的新观点创新地解决问题，促进发展。

（二）学科发展中的思考

1. 建立新型学科

学科交叉融合，两个或两个以上学科之间相互交叉、融合和渗透，可以创建具有跨学科性、创造性、互补性和实用性的新兴学科，开启思维新天地。如上文所提及的不同的新型学科门类。

2. 建立新型学科群

学科交叉融合，则可以建立新型学科群，促进学科的发展创新，开创新的前沿学科，生产新的知识，服务学科发展。

当然，科学的学科交叉融合，需要各个学校基于实际情况，对自身要有明确的认识。学科如何交叉？优势资源在哪里？交叉的定位重点如何确定？这些，都需要加强顶层设计，利用自身学科优势，积极培育学科增长点，从而引领、服务学科交叉融合。

六、结语

在经济一体化、竞争全球化、程序标准化的今天，差异化创新发展是大势所趋，跨界与融合是 21 世纪世界高等教育改革发展的必然趋势。

因此，在新文科背景和经济全球化视野下，商务英语的跨学科交叉融合也是顺应发展大势之举。商务英语的跨学科交叉融合，就是基于全人教育理念，培养学科交叉、知识融合、能力复合、意识创新、思维活跃，习惯于从批判的角度灵活运用所学的新型人才。

参考文献

［1］叶兴国. 我国商务英语专业教育的起源、现状和发展趋势［J］. 当代外语研究，2014（5）：1-6，76，79.

［2］尹大家. 外语教育与应用（第五辑）［M］. 重庆：重庆大学出版社，2019.

［3］何其莘，殷桐生，黄源深，等. 关于外语专业本科教育改革的若干意见［J］. 外语教学与研究，1999（1）：25-29.

［4］葛朝阳，夏文莉，杜尧舜. 关于学科交叉与创新研究的探讨［J］. 中国高教研究，2002（10）：60-61.

［5］高磊，赵文华. 美国学科交叉研究生培养的现状及启示：以美国研究生教育与科研训练一体化项目为例［J］. 学位与研究生教育，2014（8）：54-60.

［6］王婷. 高职教师到企业锻炼的重要性和实践体会［J］. 产业与科技论坛，2012，11（4）：167.

［7］教育部. 教育部关于加强和规范普通本科高校实习管理工作的意见［EB/OL］. http://www.moe.gov.cn/srcsite/A08/s7056/201907/t20190724_392130.html.

［8］王冠凌，王正刚，顾梅，等. 多学科交叉融合人才培养模式的探讨和实践：以安徽工程大学电子信息工程专业为例［J］. 新余学院学报，2017，22（4）：110-112.

［9］颜建勇，李晓峰. 设立交叉学科学位：培养研究生创新人才的可行选择［J］. 高等工程教育研究，2017（1）：179-184.

A Brief Discussion on the Interdisciplinary Integration of Business English From the Perspective of New Liberal Arts Background and Economic Globalization

Li Yuanhui

【Abstract】 With its timely adaptation, stable development, Business English Major has been providing the steady China booming economic development and social progress with quality service and talents in the globalized world. In the rapid development of Business English Major, its own biggest feature is also reflected, that is, cross-disciplinary integration. To effectively realize the organic fusion of, between and among relative disciplines in the process of input or/and output, both the the necessity and practicality of interdisciplinary fusion and the combined output of the students knowledge and skills should be emphasized. Therefore, such talents will be well cultivated that are endowed with the spirit of creativity, are armed with the practical skills of application, and are equipped with the knowledge of interdisciplinary fusion. At the same time, the need for qualified business English teachers of interdisciplinary integration can be satisfied along with the improvement of teaching environment.

【Key words】 Business English; interdisciplinary; cross-disciplinary integration; talents

德国双元制应用型本科人才培养模式研究
——以茨维考应用科技大学机械工程专业为例

四川外国语大学成都学院中东欧语言学院　黄诗涵[①]

【摘　要】世界各国的教育模式多样，其中德国的双元制教育发展势头迅猛。双元制教育产生的校企合作不仅为行业注入源源不断的新生力量，更为国家人才储备做出了重大贡献。茨维考应用科技大学与大众汽车教育学院（公司）共同开设的机械工程专业，为汽车制造业提供了高素质专业人才，在人才支持下的技术革新，促使德国汽车产业迅速发展。目前，许多国家纷纷引进双元制教育模式，中国部分院校已经开始进行双元制教育试点工作。企业与高等院校达成深度合作或将解决我国目前的就业问题，为我国本科教育开创一条全新的道路。

【关键词】德国；双元制大学；人才培养模式；新型本科

一、德国双元制大学的历史与发展

双元制教育的历史可追溯到"学徒制"时期。中世纪德国手工业发展迅速，出于对传统手工业技艺的保护和谋生等原因，年轻的学徒跟随师傅学习技艺并进行传承。1825 年，德国成立了第一所"周日贸易学校"，在工作日全天都可进行教学。这类贸易学校的出现，反映了德国传统行会学徒制正在向现代学徒制演变。后来学徒和行会的规模不断扩大，在协会、工会、行会等的不正当竞争影响下，用工结构开始发生变化，虐徒、过度培训、学徒流失到工厂、生产工人技能下滑等消极后果出现，国家不得不出面干预，颁布了一系列法令以维护公平的市场竞争和学徒的利益。时代不断发展，德国从行业学徒制中吸取了经验，出现了中等职业培训学校，这种职业培训模式被纳入学校义务教育体系，并开始有了"双元"的形式。"一元"是学生在企业参加社会实践，

---

① 黄诗涵，女，四川外国语大学成都学院 2019 级德语专业本科生，研究方向为跨文化交际。

锻炼实际操作能力；另"一元"则是学生在指定的学校学习相关理论知识。

随着时代的发展，企业家们试图寻求更高素质的人才，不仅要求工人具备专业实践能力，在理论学习方面也对工人提出了更高的要求，双元制大学教育模式应运而生。双元制大学教育模式是将高等院校（Hochschule）或是职业学院（Berufsakademie）的大学学习与企业的职业培训融合在一起的一种学习模式。20世纪70年代，戴姆勒奔驰股份有限公司、博世有限公司、洛伦茨标准电力股份有限公司这三家位于巴登—符腾堡州的知名企业联合向州政府建议，在原有的职业培训模式下，把该模式引入高级人才培养中来，将"大学学业和职业培训"结合起来以吸引优秀的高中毕业生，并在此基础上形成了著名的"斯图加特模式"。第一所"双元制"大学——巴登—符腾堡州双元制应用科技大学（Duale Hochschule Baden-Wüerttemberg, Stuttgart）的出现，标志着德国的双元制教育已由中等职业教育向高等职业教育转变。这种职业培训并不单纯以学生上岗为目的，而是被国家保护和认同的本科阶段职业教育。实施"双元制"教学模式，在"校企合作"下，毕业生能更精准地找到本专业的相关工作。

如今，巴登—符腾堡州双元制应用科技大学先后与10 000多家企业进行了深度合作，其中包括西门子、奔驰、大众、保时捷等知名企业。

二、茨维考应用科技大学"双元制"机械工程专业概况

茨维考应用科技大学（Westächsische Hochschule Zwickau）是德国的公立大学，成立于1897年。该学校与大众汽车教育学院（公司）共同开设了六个双元制专业，分别是电机工程、机械工程、计算机科学、汽车电子、汽车工程、经济工程学六个专业，本文中主要概述其机械工程专业。

（一）机械工程专业人才培养方案概述

该专业的学制为8个学期，共240个ECTS学分，共有机械设计（Maschinenkonstruktion）、工业工程（Produktionstechnik im Maschinenund Fahrzeugbau）、材料技术（Textiltechnik）三个专业方向，学生入学的要求是：已获得文理中学毕业证（Abitur）或是高级技术学院入学资格（Fachhochschulereife），语言要求为德语达到欧洲语言共同参考框架C1级别。专业课程的设置由学校和大众教育学院共同制定。课程体系是模块化的，其中包括核心模块、专业方向模块、选修模块、实践模块和学位论文模块。其中核心模块的内容，是每个专业方向的学生都需要学习的，集中于第一到第三学期，实践模块设置于第六学期，包括长达20周的与专业相关的实习，全程得到学校的监督和评价。学位论文模块在最后一学期，学生有16周的时间来撰写论文。

在其专业学习的前三个学期中，学员主要学习机械原理、设计、材料力学、工程数学、应用信息技术、自动化技术等13门学科，目的在于夯实学生的理论综合知识，为实际操作做好铺垫。

按照培养方案，学生应在前三个学期的每个学期修满30学分。第4学期和第5学期，学校安排了一系列专业技术知识与操作课，如电力与液（气）压传动技术、材料技术、复合材料在机械及车辆制造中的应用等学科。从第4学期开始，学生可以选择专业方向"机械设计""工业工程"或是"材料技术"。第4学期、第5学期的总学分通常为60学分（在不同的专业方向，学分分布有小小不同）。第6学期的实践模块的学分是38学分，此外还有附加模块提供毕业论文指导相关课程占30学分，第7学期的毕业论文占22学分。茨维考应用科技大学机械工程专业培养方案见表1。

表1　茨维考应用科技大学机械工程专业培养方案

课程设置		
学期	机械设计	工业工程	材料技术
1~3	机械原理、机械设计、材料力学、基础数学、工程数学、实验物理、电工/电子技术、工程材料学、应用信息技术、自动化技术、测试技术、企业管理、科技英语		
4	液（气）压技术、流体力学/热力学、机械动力学、CAD（计算机辅助设计）		
	传动系统、结构计算与设计	工程管理、机械工艺	复合材料基础
5	摩擦学、机械动力学、结构设计实习、有限元分析、电力与液（气）压传动技术	摩擦学、工厂设计、工业测试、生产计划与管理、人机工程学	材料技术、复合材料应用技术、网络技术、复合材料在机械及车辆制造中的应用
6	实习		
7	选修课（复合材料、轻量化技术等）	塑料加工技术、产品生产与控制	轻量化技术
8	毕业设计		

在该专业的课程设置中，理论与实践相互结合，不过实践时间并不是均匀分布在每个学期的，而是集中于第6学期。这与其他的双元制大学如巴登—符腾堡州双元制应用科技大学的相关课程设置稍有不同。此外，该专业设置了基础模块和核心课程模块。基础模块为学生在专业领域内灵活就业或是改变专业方向打下了良好的基础。核心课程模块侧重于培养学生专业能力，促进学生的专业化发展。在课程方案中，除了专业必修课程之外，还提供了选修课程如"工程行业相关法律法规""工程质量管理"等课程，让学生能够用跨学科视角来应对未来工作中可能会出现的问题。

在第6学期，学员将不再在学校学习，而是进入茨维考汽车制造公司实习。企业将提供培训场所并安排实训内容。材料工程专业方向就读的学生有两周实习时间，制造技术和测量技术专业的学生实习一周，生产计量专业学生实习三周。在实习期间，企业每月向学员提供800~1 200欧元的津贴，以减轻学生的经济负担。最后两个学期主要以毕业设计以及选修课为主。毕业之后，毕业生可直接进入公司就职。据统计，目前德国双元制大学的毕业生就业率高达85%以上。

（二）机械工程专业与大众汽车公司校企合作模式简述

"校企合作"是指学校与企业建立的一种合作模式，以服务区域经济发展、培养高级技术人才为宗旨。机械工程专业人才不仅能够在学校学到学科知识，还能够在企业中了解到市场现状，从而有意识地对技术进行改良。茨维考应用科技大学从 2002 年起与大众汽车公司展开合作。

专业教育企业是双元制大学培养人才的主体之一，参与人才培养的全过程，并且在招生中具有主导话语权。大众汽车公司萨克森分公司承担主要的招生任务，由公司承担学生的培训费用以及发放培训津贴。在学生入学后的第 6 学期开始，学生可以进入企业进行实训。国家规定，在学生培训期间，第一年实训期间的最低报酬为 550 欧元每月。第二年将升至 585 欧元每月，第三年则为 620 欧元每月，另外还有培训津贴。企业职业培训的核心任务之一是将培训生融入企业，这意味着受训者可以发展他的社交技能，包括学习团队协作能力和批评能力。企业的另一项任务是传授实践操作内容，使学员在完成职业培训后能够独立地从事相关工作。此外，公司的任务不仅包括传授实践经验，还包括对学员在公司中学到的培训内容进行测试，即落实技术知识的具体实践。这个过程由德国工商总会（Industrieund Handelskammer，IHK）进行监督，在完成学业之后，受训者将获得职业学校的结业证书和公司的培训证书，此外还将得到来自 IHK 的培训合格证书。

（三）机械工程专业学生毕业要求与就业前景

机械工程专业学生修完 240 个学分并且提交毕业论文，毕业论文通过审核即可达到毕业要求。此外，毕业答辩不合格者将被迫延迟毕业。受企业资助的双元制专业学生在毕业之后可进入合作企业进行工作。专注于机器设计方面的人才可以进入机械工程、车辆制造以及相关产品开发等行业，可选择在合作企业中成为一名工程师、项目经理、IT 协调员或生产物流专员。

德国是一个工业化国家。德国的机械工程行业在全球排名前三，汽车行业年营业额达 4 260 亿欧元。世界著名的德国汽车畅销全球，离不开德国机械工程行业的进步。在过去几年里，在德国的机械以及汽车制造行业中就业的工程人员人数一直处于缓慢持续增长的状态。2021 年，约有 15 万名工程师受雇于车辆和机械制造企业，比 2012 年增长了 16.8%。机械工程行业的失业率仅为 2.5%，与德国的整体失业率 5.8% 相比，是比较低的。对于毕业生来说，在现代科技飞速发展的条件下，机械类人才仍然很抢手，机械工程专业也极富就业前景，未来工程行业的就业人数可能会继续增加。在职业生涯的开始阶段，机械工程师每月的收入约为 3 000~4 000 欧元。有了专业经验之后，平均工资为 4 000 欧元一个月。根据职位和责任领域不同，有的薪水会更高。在"双元制"教育模式加持下，机械工程类人才的质量也大幅度提高，更好地满足企业、行业的用人需求。

三、茨维考应用科技大学机械工程专业
应用型本科人才培养模式的特点

茨维考应用科技大学与大众汽车公司开展了校企合作，形成了机械课程学习和实际操作培训相结合的人才培养模式。在校期间，从基础理论开始着手，学习系统化的理论知识与专业技能，之后再在企业进行职业培训。一方面是机械工程专业导师对学生进行理论指导和答疑，另一方面是企业导师又为其提供实际操作的帮助，传授经验，实现了理论与实践相结合。在培训过程中，学生也可以赚钱，培训津贴逐年增加。根据联邦职业教育和培训学院（BIBB）的数据，2021 年的培训津贴平均每月为 989 欧元，42% 的人获得 1 000 欧元的培训津贴，4% 的人获得超过 1 200 欧元的津贴，35% 的人获得 801～1 000 欧元的培训津贴，而 18% 的人获得 601～800 欧元的培训津贴，有效地调动了受训者的学习积极性。

在企业进行实践培训的优势在于，与职业学校相比，对工作流程、机器、设施和技术的学习和熟悉速度要快得多。这些专业实践搭建了受训者与劳动力市场的密切联系。这种人才培养模式是"双元制"教育模式的产物，也是"双元制"教育模式成功的又一实例。

四、"双元制"教育模式本土化的可行性

（一）企业深度参与职业教育的必然性

"双元制"人才培养模式很好地适应了时代发展的需要，对现代职业教育产生了深远影响。据统计，2015—2019 年，我国高等职业专科学校增加 82 所，本科职业院校增加 15 所。2019 年，全国共有全日制中等职业学校毕业生 352.35 万人。如今，中国的职业教育主要以职业通识教育为主，忽视了专业技能与就业岗位的匹配，一定程度上导致了就业人员难以找到对口的工作。同时，毕业生也无法达到企业的招聘标准，在企业的安排下进行相应的工作培训，这大大加重了企业的负担，无法发挥人才的作用。在目前形势下，思考"双元制"教育模式本土化的可行性是必需的。

（二）"双元制"教育模式本土化过程中将会遇到的挑战

首先，中国双元制本土化人才团队缺失，直接引进德国的培养体系，价格昂贵，且易"水土不服"。若要大力推广"双元制"教育模式，须派专家去德国进行深造和学习，购买相应的教学材料，还涉及教师培训和考核证书费用。此过程将花费大量人力物力。其次，学历在社会的认可度仍然不够，在中国高等教育体系中，这种"双元制学历"存在感较低。大部分学生还是选择传统的大学教育模式，在校授课。社会对此模式了解较少，在没有制度保障和政策支持下普及性很低。最后，在德国，企业负责给受训者每月工资以及培训津贴，中国的合作企业是否愿意承担此类成本将画上问号。在校期间的学费若没有国家政策的扶持，学生的经济压力会加大，生源数量也达不到理想目标。

（三）本土化实证

山东工业职业学院在我国职业教育的基础上，引进了"双元制"教育模式，并"取其精华去

其糟粕",构建了"多企轮转、双师共育"的育人模式。该校与山东省电力企业协会合作,形成了学校与企业共培养的"321"双元人才培养方案。在此方案下,学生前三个学期在学校学习素质教育、专业技能知识、理论体系,后三个学期根据专业对口要求,学生将在相应企业进行深度实践。在实习过程中,企业导师为其提供实践经验和岗位能力培训,学校导师为其传授专业理论指导,很好地实现了"双师共育"。

成都工业职业技术学院于 2016 年与一汽—大众汽车有限公司达成合作,借鉴了德国的"双元制"人才培养模式以及现代学徒制。此次合作以"工学交替"的模式将校企合作向纵深推进,主要培养汽车制造产业相关人才。该企业将在成都建成一汽—大众最大的总装基地,成都工业职业技术学院在此次合作中将被打造成一个产教融合的特色学院。

由此可见,"双元制"教育模式本土化具有一定的可行性。"双元制"与中国职业教育相结合,将形成具有中国特色的"双元制"教育模式,有利于发挥人才的巨大作用,为企业提供更大的效益,为中国职业教育发展增添浓墨重彩的一笔。

参考文献

[1] 郑倩. 德国双元制教育的历史背景分析 [J]. 教育研究,2021,4 (2):53-54.

[2] 李梦卿,余静. 德国"双元制"大学的运行逻辑、机制与启示 [J]. 教育与职业,2021 (17):26-33.

[3] 魏召刚,常生德,赵云伟. 中国特色"双元制"的路径探索与思考 [J]. 现代职业教育,2021 (52):42-43.

[4] 徐涵. 德国巴登—符腾堡州双元制大学人才培养模式的基本特征 [J]. 职教论坛,2022 (1):121-128.

[5] BIBB. Duales Studium [EB/OL]. https://www.bibb.de/de/702.php.

[6] Berichte:Blickpunkt Arbeitsmarkt. Ingenieurinnen und Ingenieure [EB/OL]. https://bak.de/wp-content/uploads/2021/07/Broschuere-Ingenieure-2019.pdf.

[7] Datenreport zum Berufsbildungsbericht 2021 Informationen und Analysen zur Entwicklung der beruflichen Bildung [EB/OL]. https://www.bibb.de/dokumente/pdf/bibb-datenreport-2021.pdf.

[8] JOCHEN MAI. Lehrling? Das sind Ihre Rechte und Pflichten [EB/OL]. https://karrierebibel.de/duales-ausbildungssystem/.

[9] 廖红燕. 成都工业职业技术学院与一汽—大众汽车有限公司举行签约仪式 [EB/OL]. https://www.cdivtc.com/xwdt/-/articles/243017.shtml.

[10] Maschinenbau (Diplom) auf Westsächsische Hochschule Zwickau [EB/OL]. https://www.fh-zwickau.de/amb/studium/studieninteressenten/studiengaenge/maschinenbau-d/.

[11] Volkswagen Bildungsinstitut Chronik 1990 bis heute [EB/OL]. https://chronik.vw-bi.de/2000-2005.

[12] Volkswagen Bildungsinstitut [EB/OL]. https://www.vw-bi.de/duales-studium/schueler.html.

[13] 中国教育科学研究院编写组. 2020 中国职业教育质量年度报告 [EB/OL]. http://www.moe.gov.cn/jyb_xwfb/xw_zt/moe_357/2021/2021_zt10/zjsy/202105/t20210525_533422.html.

A study about the training mode of dual system application-oriented undergraduate talents in Germany
—a case study of Westsächsische Hochschule Zwickau(FH) in mechanical engineering

Huang Shihan

【Abstract】 Nowadays, the models of teaching in countries around the world are diversified, especially, the dual education system in Germany has improved rapidly. The school-enterprise cooperation produced by dual education system not only inject continuously new emerging force into industry but also make a important contributions to the national talent reserve. The Westsächsische Hochschule Zwickau (FH) and the Volkswagen established mechanical engineering, which provide high-quality personnel to the motor industry. Because of the innovation of technology and the support of talents, Germany's motor industry has developed quickly. Now, many countries are gradually introducing dual education system, some colleges in China have begun to put this system into effect. If enterprises and schools reach deep cooperation, it may solve the current employment problem and open a new path for undergraduate education in China.

【Key words】 Germany, dual education system, personnel training mode, new undergraduate

项目式教学模式下
"外语+国际传播" 虚拟教研室建设研究[①]

四川外国语大学成都学院翻译学院　高蓉[②]

【摘　要】 本文以项目式教学法为指导，引入传播的视角，从创建虚实结合的教研形态、共建共享系统化的教学资源、创新以学生为主体的教学模式、引领学生展示多样化的成果等方面入手，探讨"外语+国际传播"虚拟教研室的建设途径，旨在培养高校外语专业学生"讲好中国故事"的叙事能力，为"传播好中国声音"开辟新的路径，从而促进中外文化的交流互鉴。

【关键词】 项目式；虚拟教研室；国际传播

一、引言

2020 年 11 月 3 日，教育部发布《新文科建设宣言》，对新文科建设做出全面部署，为新时代中国高等文科教育创新发展指明了方向。"新文科"是在面对世界百年未有之大变局和实现中华民族伟大复兴的新时代和新格局下提出的，目的是要推动文科教育的创新发展，培养新时代复合型文科人才，提升国家的文化软实力。"新文科"的核心在于推动学科之间的融合创新，探索新专业或新方向的实践。

2021 年 5 月 31 日，在十九届中央政治局第三十次集体学习时，习近平总书记强调，"讲好中国故事"，"传播好中国声音"，展示真实、立体、全面的中国，是加强我国国际传播能力建设的重要任务。外语和国际传播有着天然的联系：语言是传播的媒介，决定传播的效果；语言也是文化

① 本文是中国民办教育协会 2022 年度规划课题（学校发展类）"新时代民办外语院校加强国际传播能力培养的研究"（项目编号：CANFZG22120）的阶段性研究成果。

② 高蓉，女，副教授，文学硕士，主要研究方向为文学、文化。

的载体，其本身也可以成为传播的内容。由此可见，"外语+国际传播"培养方式既符合相近专业集群研究的要求，也符合时代发展对人才培养的需要。

跨学科、跨专业师资力量的配置以及教研团队的协作等问题是传统教研室无法突破的瓶颈，而凭借信息技术和网络建立起虚拟教研室，可以在不改变原有的行政管理方式的基础上，打破时空局限，推动多学科教师协同教研，实现跨学科教师交叉融合，促进专业人才培养协同发展，推进多学科交叉的新型专业建设。

二、虚拟教研室概述

在"智能+"时代，信息技术和智能设备的快速更新给各行各业都带来了令人耳目一新的变化。在教育领域，教学设备和教学场景的智慧化推动了教育信息化，线上+线下的混合式教学打破了传统教育的时空限制，助推智慧教育高效发展。高等教育单一学科或专业的培养方式已经无法满足新时代人才培养的要求，亟须进行时代变革。而高校教学改革的关键取决于基层教学单位，也就是教研室的建设和发展。

2021年7月，教育部发布《关于开展虚拟教研室试点建设工作的通知》，指出加强基层教学组织建设，全面提高教师教书育人能力，是推动高等教育高质量发展的必然要求和重要支撑。虚拟教研室是信息化时代新型基层教学组织建设的重要探索。

虚拟教研室是依托信息技术而产生的一种新的教学形态，是跨学科、跨学校、跨区域的教学、科研和产业融合的虚实结合、协同育人的基本教学组织。运用信息技术，虚拟教研室能够突破传统教研室在学科和专业教师管理方面的局限，充分调动跨学科教师的积极性和主动性，由在某方面较擅长或对解决某问题有共同意愿的教师组成教研共同体，为高等教育的变革提供灵活便捷的新思路、新范式。

虚拟教研室分为三种类型：①面向课程（群）协同建设的虚拟教研室。它以协同开展一门课程或一个课程群的建设为目标，支持教师通过协同教研和在线课程交流实现课程内涵的丰富与教学质量的提升。②面向专业（群）协同建设的虚拟教研室。它以协同开展一个专业（群）的建设为目标，支持教师通过多学科交叉、多组织交叉联合开展新型专业建设。③面向教改新专题协同研究的虚拟教研室。它以协同开展教学改革实践形成教学改革新范式新成果为目标，支持教师通过跨区域跨校跨学院的协同教务、协同教研联合开展新范式的探索实践。

"外语+国际传播"虚拟教研室建设涉及多学科共同合作。单一学科的教师受限于自身的学科背景，无法实现多学科交叉、融合和创新，因此将采用面向专业（群）协同建设的虚拟教研室建设方案，由跨学科教师协同设计课程体系，共建共享课程资源，协同开展教学实践和完成专业培养方案。

三、项目式教学法的定义和特点

项目式教学法是在 1918 年由 Kilpatrick 首次提出的。项目式教学法以学生的兴趣和需要为基础，主张把有目的的活动作为教育过程的核心和有效学习的依据，通过实践来解决实际问题。Markham 等学者认为在项目式学习这种教学模式中，教师需要精心设计项目主题与任务，学生据此在真实情景中开展较长时间的探究活动，以此来构建知识体系并提高学习能力。Blumenfeld 把项目教学法定义为一种开放性的学习策略，认为最重要的不是项目成果，而是学生在主动参与、解决问题、完成成果的各个阶段巩固和习得知识的过程。

目前，国内对项目式教学比较一致的观点为：项目式教学是一种以学生为中心的探究式教学模式，以真实、有效的项目任务为驱动，激发学生的学习动力，在项目完成过程中不断巩固已有知识技能，并不断借助各种资源学习新的知识，在合作、交流、讨论、探索中推进项目的顺利完成，最终展示成果并分享在这一过程中的收获。

从国内外学者的观点可以看出，项目式教学法是以项目为主线、学生为主体、教师为引导的一种新型教学模式。项目式教学法具有以下特点：第一，项目式教学法往往以解决真实、复杂的问题为核心任务，这些问题涵盖多学科知识，需要学习者具备跨学科的知识和能力。第二，项目式教学法强调学生的主体作用，通过综合分析、合作学习、自主研究和设计，最终产出成果。但由于学生的知识、经验和技能不足，教师在项目进行过程中应给予必要的引导和建议。第三，项目式教学法往往耗时较长，对学生的自律性是一个极大的挑战，因此有必要设置明确的学习目标和评价机制来保障其学习效果。第四，项目式教学法要求学生从现实问题中构建知识，公开展示成果，强调知识的运用。

项目式教学法致力于解决真实情景问题、驱动学生自主学习并最终展示成果的模式完全适用于培养外语专业学生的国际传播能力。当前我国外语教育的目标已经从之前的单向度了解和学习国外转向了解中国沟通世界的双向互动。在新的形势下，外语专业的学生应该以"讲好中国故事"为核心任务，通过项目式学习用外语来描述中国现象、讲述中国故事、传播中国文化。

四、"外语+国际传播"虚拟教研室建设途径

作为"智能+"时代新型的基层教学组织，"外语+国际传播"虚拟教研室的建设要以创新、融合、共享、高效为原则，从国际传播的视角入手，综合考虑传播的内容、主体、对象、渠道和效果等因素，并以项目式教学法为指导。

（一）创建虚实结合的教研形态

虚拟教研室是"智能+"时代的新型基层教学组织，凭借信息技术和平台将跨学科、跨区域的教师建成教研共同体，通过共建共享，培养师生团队的合作性、探究性、主动性学习能力。与传统教研室不同，虚拟教研室在教研形态上是虚实结合的综合体。

虚拟教研室的成员来源于不同的学科、学校、区域，成员主要以共同的兴趣、目标和愿景凝聚在一起，以项目或任务为纽带，利用互联网开展协同创新的教研活动。成员在项目进行的过程中以个人/群组在线会议、文字、课件、短视频、技术贴吧等灵活方式分享自己的观点，发挥自身所长，以平等、民主的方式来进行对话、沟通、合作和探讨，并从其他成员的建议和反馈中反思和改进，突破自身思维的局限性，通过不断的思想碰撞来实现共同的目标，最终促进教师的专业发展，增强教师在虚拟教研室中的归属感和认同感。这是维系虚拟教研室运行的内在动力。

与此同时，虚拟教研室也要在信息技术平台上搭建起实体教研室的组织框架，发挥管理和规划项目进展的作用。"外语+国际传播"虚拟教研室成员的背景涉及翻译、传媒、不同语种、信息技术等不同学科和专业，所有不同背景的成员在统一筹划的信息交流平台上组建成为一级组织架构，便于成员在遇到跨专业和学科的问题时进行及时沟通和互动；二级组织架构按照专业、学科或特长进行划分，在项目进行的过程中主要负责解决自身擅长的具体问题；三级组织架构由二级组织架构中的群组成员推选出 1 到 2 名各自的项目负责人组成，负责统筹和规划整体以及各自的项目进展，对所在虚拟教研室师生的教研成果进行评价，并根据活跃度和贡献值对团队成员进行动态考核，设置准入门槛和退出机制，保持虚拟教研室的发展活力。通过建立不同层级组织架构和形成管理机制，虚拟教研室在信息交流平台上就具备了实体教研室组织和管理功能。

这种虚实结合的教研形态突破了传统教研室人员配置和管理的时空限制，是高校在"智能+"时代在教研领域的重要创新探索，是提升教师教学和科研水平的新思路，也是人才培养的新范式。

（二）共建共享系统化的教学资源

"外语+国际传播"虚拟教研室是成员共建共享教学大纲、教学设计、教学课件等资源的信息交流平台。

教学大纲要顺应国家对高等教育的时代要求，体现先进的教育教学理念，在培养语言能力的同时，提高与加强国际传播能力培养密切相关的跨文化能力、思辨能力等。在传统的外国文学文化课程的基础上增加中国文学文化相关内容，增设对中外文学和文化比较分析的环节。在课程内容方面，在选择经典的语言材料的同时，应该适当选用当代中国相关的动态内容，增设相关的项目主题和项目设计，将最新议题、知识、技术和方法引入教学，弥补常规教材的不足。重视对跨文化交际材料和案例的引入，理解不同文化的语境特点，注重沟通技能和方式的培养。注重实践训练，引入相关主题的 TED 演讲、辩论、戏剧表演等活动和竞赛，从中揣摩和学习以理服人+以情动人的叙事方式。此外，在"智能+"时代，数字化学习正在成为一种新常态，数字化学习资源越来越丰富和易于获得。虚拟教研室成员需要对这些分散的、无序的资源进行筛选，并对满足项目需求的资源进行系统性的加工、整理和规划，在信息工作平台上按照教学资源的类型合理设置功能板块，共建共享，与时俱进。

"外语+国际传播"虚拟教研室应合理设置理论课和实践课的比例，拟订以对外传播为主旨的教学大纲，共建共享系统化的教学资源，并根据项目的时长、难度和效果等对教学内容和形式进行动态调整。

（三）创新以学生为主体的教学模式

在传统的教学模式下，教师往往通过各种方法和策略来推动和引导学生学习，教师发挥着主导作用。而项目式教学模式以项目为主线、学生为主体，教师是项目的设计和策划者，以项目任务驱动学生去主动学习。

虚拟教研室的教学模式创新首先体现在每个项目单元都以驱动性问题引导学生去主动探索和学习。这些问题往往是依赖一定的真实情景的、能够连接自我和世界的、关联学生的知识和兴趣的，最终指向核心知识。"外语+国际传播"虚拟教研室的驱动性问题应该选择具有真实情景的国际传播话题或案例，如热点新闻事件、新兴技术或产品、中外文化交流活动、民俗民风等，以此为切入点，设定项目目标，鼓励学生主动去思考和解决问题，通过共同讨论、分工合作、查询相关资料、综合整理分析，完成项目任务。

在"智能+"时代，虚拟教研室的教学模式创新还体现在充分运用线上+线下的混合式教学模式，并以线上为主、线下为辅。信息技术的广泛应用不仅使教学手段实现了现代化、多样化和便捷化，也促使教学理念、教学内容和教学方式发生了改变，对人们的行为、思想和交际方式等产生了较大的影响。借助"互联网+教育"，"外语+国际传播"虚拟教研室成员可以使用在线教学平台及其辅助的直播、录播、会议、投票等功能进行教学，并引导学生使用权威学习网站和APP、公开课和慕课、虚拟学习社区等在线学习方式，而人工智能提供的后台反馈数据能够使教师更精准地掌握学生的学习情况，及时给与学生更加个性化的指导和建议，发挥引导学生获取知识、整合知识、重构知识的作用。

（四）引领学生展示多样化的成果

"外语+国际传播"虚拟教研室的目标是培养外语专业学生"讲好中国故事"的叙事能力，教师通过项目的设计和策划，驱动学生自主学习，引领学生展示多样化的项目成果。

在"智能+"时代，传播方式呈现出多元化、网络化的发展趋势，社交网站、视频网站、微博、微信等新兴媒体在国际传播中发挥着越来越重要的作用。这些新兴的传播媒介兼具互动性、及时性、便捷性等特点，打破了信息传播的壁垒，为普通民众利用多种媒介手段进行国际传播提供了便利，从而使普通民众也能参与国际传播。在传播载体和主体多元化的同时，媒介技术日益发达，媒介形态多样化，传播符号多元化。简明扼要的评论文章、图文并茂的漫画、短视频、动画等新兴的传播载体大量涌现，在国际传播中发挥着举足轻重的作用。

"外语+国际传播"虚拟教研室要引领学生善于运用这些新兴的媒体技术和手段，产出形式多样的项目成果，如绘制图文并茂的漫画、撰写热点话题评论文章并设计成为报纸、录制视频博客、短视频等；引领学生通过各种新兴的媒体（如抖音、微信、微博等）公开展示成果。而大数据、人工智能、云计算等新兴技术能辅助我们从投票、点击率、评论数、转发以及热度排名等方面去研究和分析传播受众的喜好、心理和逻辑等，从而对项目成果进行评价和反思，为"外语+国际传播"虚拟教研室的完善提供参考。

五、结语

本文分析了"外语+国际传播"虚拟教研室建设的背景，阐述了虚拟教研室的定义、分类和特点。虚拟教研室是"智能+"时代的新型基层教学组织，能推动多学科教师进行协同教研和实践，推进高校开展多学科交叉的新型专业建设。本文以项目式教学模式为指导，建设"外语+国际传播"虚拟教研室，围绕"讲好中国故事"这个核心目标，从创建虚实结合的教研形态、共建共享系统化的教学资源、创新以学生为主体的教学模式、引领学生展示形式多样的成果等方面进行探讨，以期开创"智能+"时代外语人才培养的新局面，促进中外文化的交流互鉴。

参考文献

［1］教育部. 教育部高等教育司关于开展虚拟教研室试点建设工作的通知［EB/OL］. http://www.moe.gov.cn/s78/A08/tongzhi/202107/t20210720_545684.html，2021-07-12.

［2］战德臣，聂兰顺，唐德凯，等. 虚拟教研室：协同教研新形态［J］. 现代教育技术，2022，32（3）：23-31.

［3］KILPATRICK W H. The Project Method［J］. Teachers College Record，1918（19）：319-335.

［4］MARKHAM T，LARMER J，RAVITZ J. Project-based learning handbook：a guide to standards-focused project-based learning for middle and high school teachers［M］. CA：Buck Institute for Education，2003.

［5］BLUMENFELD P C，KRAJCIK J S，MARX R W. Lessons learned：How collaboration helped middle school science teachers learn project-based instruction［J］. The Elementary School Journal，1994（94）：539-551.

［6］张卫静. 项目式教学模式下的大学英语教学研究［J］. 教育教学论坛，2022，3（13）：137-140.

On Construction of Virtual Teaching & Research Section "Foreign Language + International Communication" under PBL Teaching Mode

Gao Rong

【Abstract】 This paper aims to explore ways to build a virtual teaching & research section "Foreign Language + International Communication" from the perspective of communication under PBL teaching mode. The construction of the virtual teaching & research section will be focused on creating teaching and research forms with virtual and real existence, co-building and sharing systematic teaching resources, innovating student-oriented teaching modes, and leading students to exhibit diversified achievements, so as to cultivate the narrative ability of "telling Chinese stories" of college foreign language majors, open up new channels to spread the voice of China and thus promote cultural exchanges and mutual learning between China and other countries.

【Key words】 PBL; virtual teaching & research section; international communication

"三进"课程思政链教学设计与实践

——以西班牙语口译课程为例①

四川外国语大学成都学院西欧语言学院　　王友伶②

【摘　要】《习近平谈治国理政》多语种版本"三进"试点工作是高校将外语教育与思政育人紧密结合，将外语教学与习近平新时代中国特色社会主义思想的学习紧密融合的重要途径。本文基于文秋芳课程思政实施框架，构建"三进"课程思政链的教学设计思路，在教材分析与学情分析的基础上，以"西班牙语口译"课程为例，从内容链、管理链、评价链及教师言行链四个维度开展教学实践，探讨外语课堂课程思政链的构建与实践，以实现立德树人的思政目标。

【关键词】《习近平谈治国理政》；西班牙语口译；课程思政链

一、引言

《习近平谈治国理政》是习近平总书记近年来关于建设新时代中国特色社会主义的系统论述，同时为高校外语专业课程思政教学改革提供了最好的教学资源和改革动力。

2017 年，教育部提出了加强以"课程思政"为目标的各类课程的教学改革，各个高校各类专业都开始积极参与到"课程思政"的教学探索与实践中。2019 年，中宣部组织《习近平谈治国理政》多语种版本进高校、进教材、进课堂（以下简称"三进"）试点工作在北京外国语大学、上海外国语大学、四川外国语大学启动。我校作为第二批试点外语院校，积极探索将《习近平谈治国理政》的思想与内容有机融入外语类核心课程的培养目标、课程内容、教学设计和社会实践中，

① 本文是 2021 年度四川省社科规划四川省高校外国语言文学学科建设与发展项目"基于'三进'背景的《习近平谈治国理政》外语类课程链建构研究"（项目编号：SC21WY023）的阶段性研究成果。

② 王友伶，女，副教授，工程硕士，主要研究方向为西班牙语教育教学。

建构由外语专业核心课程形成的课程思政链。本文以西欧语言学院西班牙语口译课程为例，基于文秋芳（2021）课程思政实施框架四条思政链，构建口译课程思政链教学设计思路，通过知识层面的教授、能力层面的培养和价值观层面的引领，培养学生语言应用能力、跨文化思辨能力和国际传播能力，实现能力、情怀、格局的同步提高。

二、文献综述

《习近平谈治国理政》是马克思理论中国化的最新成果，是高校外语课程思政建设的重要资料来源。随着"三进"试点工作的逐步深入，有关《习近平谈治国理政》多语种版本的研究也逐渐显现，研究多集中在外宣翻译策略（祝朝伟，2020；李轶豪，2021；司显柱、曾剑平，2021）、多语平行语料库的建设与应用（李晓倩，2021）、对外传播与国家形象建构以及基于话语分析的研究（杨立学，2021）等方面。这些成果体现出《习近平谈治国理政》的丰富内涵，为有效开展我国对外政治话语研究提供了有益借鉴。但研究大多是关于英译版的研究，较少涉及其他语种，且缺乏将《习近平谈治国理政》多语种版本作为外语教学资源的实证研究。

近年来，学界围绕"课程思政"在理论层面进行了大量研究，研究包括外语"课程思政"建设的必要性及问题（汪承平，2019；邵红万，2020）、外语"课程思政"建设体系的构建（崔戈，2019；郭炜、李燕，2020）、外语教材中课程思政内容的挖掘与设计（胡军，2019；孙有中，2020）、外语课程思政视角下的四项教学设计原则（胡杰辉，2021）等方面。随着理论研究的深入，对"课程思政"课程群链的实践研究也逐渐丰富，一是通过建立三维一体课程群，提出以思政主题、思政目标、思政产出为"线"的创新设计，为外语类专业打造"课程思政"课程链打开了新的思路（赵璧、王欣，2021）；二是将理论与实践相结合，将外语"课程思政"划分为内容链、管理链、评价链和教师言行链四条具体思政链，对外语"课程思政"在实践层面上提出了具体操作建议（文秋芳，2021），这些研究集中在通过研究"群链"的课程体系构建方法（和力，2020）开展"课程思政"课程链项目建设；三是在其他非外语专业也开始进行思政链的尝试与应用，如在汉语国际教育专业"课程思政"建设中探究融入"传统文化"和"中外文明"思政主题的"跨文化践行"课程链（郑瑜，2020）。

虽然有关"课程思政"的研究逐渐增多，但现有外语类"课程思政"的相关研究主要聚焦于如何挖掘教材内容中的思政元素，即教学内容与思政元素的融合，将课程链与《习近平谈治国理政》（多语种版）"三进"相结合的"课程思政"实践研究才刚刚开始。本研究以《习近平谈治国理政》西语版为教学材料，基于四条思政链，直接将思政育人的素质目标与外语教学相融合，有利于打造更深、更广、更系统的"课程思政"体系，同时为"课程思政"的实践研究提供一定的思路和启示。

三、西班牙语口译课程思政链的构建与实践

（一）教材分析

西班牙语口译是西班牙语专业大四学生的必修课程，采用上海外语教育出版社出版的《高级西班牙语口译教程》教材。该课程要求学生能广泛涉猎不同体裁的各个时政热点话题，全面提升口译能力。《习近平谈治国理政》是习近平新时代中国特色社会主义思想的集中体现，包含报告、讲话、谈话、演讲、批示、指示、贺信等不同文体的文章，涉及社会主义制度建设、基本经济制度、外交政策、依法治国、生态文明建设、深化改革等众多主题。此外，书中还引用了大量历史典故、古代诗词、成语习语等，需要极高的口译能力和口译技巧。

因此，虽然《习近平谈治国理政》作为教学素材有一定难度，但与口译课程内容涉及范围广、话题丰富、题材形式多样的特点相符合。目前《习近平谈治国理政》西语版第一卷、第二卷、第三卷均已出版，为我们开展基于课程思政链的课程与教学改革提供了丰富的素材。通过对《习近平谈治国理政》中文章的学习，能够借助语言学习，帮助学生树立正确的社会主义核心价值观，使教学内容与思政教育同向同行，形成协同效应，实现全员育人、全程育人、全方位育人的目标。

（二）学情分析

笔者曾向所教 2 个班的学生发布了《习近平谈治国理政》进课堂调查问卷。共发布问卷 71 份（除开病假、延缓返校等），回收 65 份，回收率 91.5%。

调查数据显示，针对"您对《习近平谈治国理政》的了解程度"这个问题，有 3.08% 的学生选择了"根本不了解"，仅有 6.15% 的学生选择了"非常了解"，一半以上（52.31%）的学生选择了"一般了解"。具体见图 1。

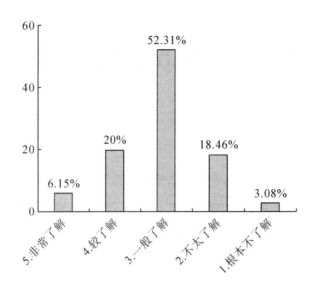

图1 "您对《习近平谈治国理政》的了解程度"的调查结果

针对"您认为专业课学习涉及党史、时政、社会热点的频率应该是多少"这个问题，选择"经常"和"有时"的分别占到41.54%和38.46%，说明学生乐意了解相关新闻时政内容，关注关心社会热点。具体见图2。

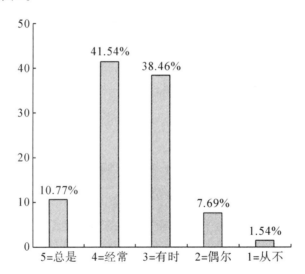

图2 "您认为专业课学习涉及党史、时政、社会热点的频率应该是多少"的调查结果

针对"您能用所学专业外语语种准确表达出时政和社会热点相关知识的频率"这个问题，有4.62%的学生选择了"从不"，有43.08%即接近一半的同学选择了"有时"，选择"经常"和"总是"的学生分别占18.46%和7.69%。具体见图3。

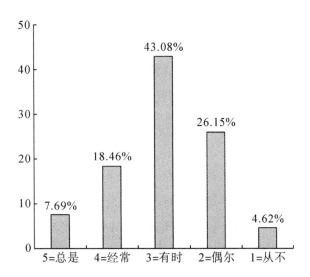

图3 "您能用所学专业外语语种准确表达出时政和社会热点相关知识的频率"的调查结果

针对"用所学专业外语语种准确表达出时政和社会热点相关知识的困难"这一问题（多选），选择"不知道对应的外语词汇"的比例高达78.46%，也就是说，绝大部分同学认为相关学术词汇缺乏是他们不能用所学语言准确表达出时政和社会热点相关知识的原因，有44.62%的学生选择自己"语言功底薄弱"，还有36.92%的学生认为自己"不了解时政和社会热点相关知识"。具体见图4。

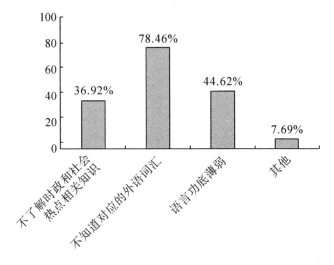

图4 "用所学专业外语语种准确表达出时政和社会热点相关知识的困难"的调查结果（多选）

上述调查问卷结果表明，大部分学生对《习近平谈治国理政》的内容不太了解，缺乏相关词汇表达的积累，是他们难以用所学语言探讨时政类话题的主要原因。可见，学生对我国社会政治、经济、文化等社会热点话题有一定的兴趣去了解，但没有足够的语言储备去阅读、去表达。因此，要将《习近平谈治国理政》多语种版本有机融入外语课堂，实现立德树人的思政目标，需要教师从术语和关键词汇入手，再到句子、段落的口译输出，以循序渐进的方式，将《习近平谈治国理政》的内容融入课堂教学，实现知识传授与价值塑造同向同行。

（三）在课程中融入四条思政链

基于对教材和学情的分析，教师应充分发挥课程实施者、课堂引导者的作用，选取合适的教学内容、灵活的课程管理方法，运用多元化的评价模式，提升育德意识和育德能力，有效运用四条思政链，将《习近平谈治国理政》内容有机地融入教学全过程。

1. 思政内容链

内容链是外语教师实施课程思政教育的起点，也是课程思政工作的主要抓手。教师需要精心设计课堂教学内容以实现教学目标。本课程的显性目标是在大量扩充口译常用的词汇、熟练掌握重点动词搭配、口语句型用法的基础上，以口译理论为基础，侧重口译实践，通过大量鲜活实例训练学生的口头表达和翻译能力，提高学生对热点话题、生活用语、场景交际中的陪同口译、交替传译能力，从而提高学生对中、西语的语言表达能力、运用能力和思辨能力。隐性目标则是通过对《习近平谈治国理政》内容的合理筛选、运用，将口译能力训练与育人目标相结合，将立德树人的根本目标自然而然地融入课堂教学任务中，达到"语言知识+专业能力+立德树人"同步提升的目标。

笔者根据《习近平谈治国理政》一、二、三卷的内容，设定了八个主题（见表1）。由于直接采用《习近平谈治国理政》文章内容有一定的难度，因此宜采用隐性融入的方式，由浅入深，按照不同主题，从热点词汇、常用短语搭配、重点句型、段落翻译的顺序，层层递进。同时，教师辅以相关主题的新闻、短视频、图片或影像资料，丰富课堂教学，并通过各种课上课下活动，结合第一课堂、第二课堂，将显性的文章以隐性的方式巧妙结合在一起，达到润物细无声的效果，实现教学目标。

表1 八大主题素材内容

八大主题	《习近平谈治国理政》
建设社会主义中国梦	《中国梦必须同人民对美好生活的向往结合起来才能取得成功》《在实现中国梦的生动实践中放飞青春梦想》《创新正当其时，圆梦适得其势》
经济发展	《提高开放型经济水平》《积极推动我国能源生产和消费革命》《实施三大战略，促进区域协调发展》《建设世界科技强国》
深化改革开放	《改革开放只有进行时没有完成时》《加快实施自由贸易区战略，构建开放型经济新体制》《改革开放四十年积累的宝贵经验》
建设法治国家	《在首都各界纪念现行宪法公布施行30周年大会上的讲话》《加快建设社会主义法治国家》《坚持依法治国和以德治国相结合》
文化自信	《提高国家文化软实力》《青年要自觉践行社会主义核心价值观》《要有高度的文化自信》《发扬五四精神，不负伟大时代》
生态文明建设	《为建设美丽中国创造更好生态条件》《努力走向社会主义生态文明新时代》《树立"绿水青山就是金山银山"的强烈意识》

表1（续）

八大主题	《习近平谈治国理政》
共建"一带一路"	《共同建设"丝绸之路经济带"》《"一带一路"和互联互通相融相近、相辅相成》《加强战略和行动对接，携手推进"一带一路"建设（2018年7月10日）》
大国外交	《推动中拉关系实现新的更大发展》《中国必须有自己特色的大国外交》《提高我国参与全球治理的能力》《努力开创中国特色大国外交新局面》

教学内容确定之后，就需要教师设计教学环节，本文以共建"一带一路"单元教学设计为例。

（1）在课前预习作业阶段，教师要求学生预习"一带一路"相关主题背景知识和相关重点词汇，查阅相关历史背景资料，如古代丝绸之路、张骞出使西域等历史。同时融入思政目标，引导学生开展文化溯源，深入了解国家重大方略，助力外语专业学生成为拥有文化自信和发展眼光的新时代担当青年。

（2）在课中教学阶段，包括热点词汇热身、关键语句演练、重点段落分析及练习、口译理论指导和口译实战五个环节。针对每个环节，教师设计相应的教学活动，通过口头问答、抢答等形式学习该主题下的热点词汇；通过小组讨论、口译练习、分析讲解等形式巩固词句表达；通过小组互译、讲解段落、口语活动、交替传译等形式进行段落和长句口译练习；通过典型例句讲解，分析文中词汇、语句和段落的口译技巧；最后通过口头翻译、会议交替传译等形式分小组进行课堂口译实战训练。在学习和练习的过程中，教师对学生的问题及时予以点评和指正，引导学生了解新时代中国"一带一路"倡议精神，有利于帮助学生理解中国和当今世界经济全球化发展概况，培养学生家国情怀和全球视野，促进增进中外文明交流互鉴和构建人类命运共同体的使命感、责任感。

（3）在课后拓展与巩固阶段，要求学生完成课后"一带一路"小短文的口译作业，并就该话题进行拓展阅读，反思、总结古代丝绸之路与"一带一路"在不同时期的历史价值，讲好当代中国故事。

在教学实践中，每个主题共学习两周，通过八大主题的学习，不仅提升了学生口译能力，也实现了教学内容和思政育人同频共振的协同效应，帮助学生树立了正确的社会主义核心价值观。

2. 思政管理链

鉴于口译课程具有一定难度，学生学习水平、学习能力也有较大差异，本课程在开学之初便设立"口译工作坊"，要求学生分组，学习能力较强的学生和学习成绩靠后的学生互相搭配，保证每组实力相当。每个小组除了完成正常的作业外，还需要从八个主题中选择一个主题，作为深入学习和研究的方向，通过课后单词积累，阅读相关文章、报道、新闻等，总结相关词汇、常用短语、句型结构等，每两周汇总一次研究性学习成果，分享学习心得和学习资料。期末以小组的形式模拟工作场景，完成各自专题的口译汇报考查。从"口译工作坊"的期末汇报也能较为明显地看到学生的进步，说明它在一定程度上促进了学生间的相互学习和团结协作精神，促进了深入学习的开展，激发了学生学习主动性，全方位提升了学生能力素养。此外，教师通过企业微信群、QQ 作业群同步管理各班学生，发布课前预习要求、布置作业，要求学生上传课后练习笔记、音视频作业等。课堂也通过随机分组、随机抽人等方式检查作业或完成课堂练习；同时，开展作业互评、教师批改等方式检查作业，并计入平时成绩。这为学生搭建了内容丰富多元的课堂，通过积极主动的参与方式和客观的评价方式，有效发挥了外语教学管理中的思政功能。

3. 评价链

评价是外语教学中不可或缺的环节。思政评价链主要应从评价方式、评价主体和评价内容三个方面来构建评价体系。目前，教师通常采用形成性评价和终结性评价相结合的评价方式。形成性评价主要体现在课堂教学过程中，在课上每个环节均需要进行评价，如在关键语句演练环节中，既可以是学生个人参与口译，也可以设计小组活动。因此，评价主体不再仅仅是教师一个人，而应该包括教师、学生、小组等不同评价主体。评价可以是公开的，也可以是匿名的，如学生每周通过 QQ 作业群上传口译音频或笔头翻译作业，可以先由学生在网上平台匿名互评，再由教师汇总后评阅，同时通过平台展示优秀作业，其他学生可以学习或观摩，起到互相学习、共同进步的作用。

评价内容不仅是指课堂上对学生产出内容的评价，要实现西班牙语口译课程与思想政治教育的全方位融合，不仅要实现教材设计、教学方法的融合，还要将思政内容融入口译考试评价体系。教师可以选取《习近平谈治国理政》、各大主流媒体、新闻资讯等体现我国社会主义核心价值观导向的内容作为考试材料，同时也将学生的临场应变能力、跨文化交际能力、心理素质、知识面等其他口译素养作为思政考评工具。

此外，注重评价反馈，有助于教师进一步改进教学方式、提升课程思政能力和课程思政效果，也可以帮助学生树立正确的价值观，促进学生思想上成长。

4. 教师言行链

教师言行链，顾名思义，是指教师应做好言传身教的典范。孔子说过："不能正其身，如正人何？""身正"，就是指教师应该"以高尚的道德和人格魅力感染学生，以模范的言行举止为学生树立榜样"。教师的一言一行、一举一动都展示着教师的精神气质和品德修养，也时刻影响着学生的健康成长与发展。

口译主题涉及我国政治、经济、文化等各个方面的内容，笔者引导学生讨论怎么从小事做起，如保护环境、节约资源，还分享了自己平时生活中的环保小妙招，让同学们意识到平时自己的一些不经意的行为可能就会浪费资源、破环环境。讲到文化自信时，笔者分享了自己在墨西哥教中文和中国文化的经历，展示外国人学习书法、剪纸的视频和图片，激发了学生的民族自豪感，为我国博大精深的文化底蕴深感骄傲和自豪。正如韩愈在《师说》中写道的："师者，所以传道授业解惑者也。"在新的历史时期，"传道"不仅要求教师传授知识，同时也应注重培养学生的人格品质，把社会主义核心价值观通过课堂教学活动以"盐溶于水"的形式沁润到学生心间。

学高为师，身正为范。作为一名人民教师，不仅要帮助学生取得学业上的进步，还要以培养有文化、有素质、有理想、有道德的社会主义新时代大学生为职业追求和奋斗目标，更应牢记习近平总书记对"好教师"提出的四点要求，即"有理想信念、有道德情操、有扎实学识、有仁爱之心"。

五、结语

将《习近平谈治国理政》融入外语核心课程的课程思政链教学设计，是将显性的教学素材以隐性的教学方式融入课堂，从内容链、管理链、评价链及教师言行链四个维度开展教学实践，是本次"三进"试点工作的有益尝试，也为外语教师课程思政提供了新的可能路径。但此次课程思政教学改革仅在西班牙语口译课上开展，希望未来能进一步优化课程设计，带动更多课程进一步探索完善《习近平谈治国理政》"三进"课程链，打造"三进"教学、教研共同体，发挥多门课程的协同育人效应，最终实现课程思政教育教学改革在全专业、全课程、全体学生的"三全覆盖"。

参考文献

[1] 周忠良.《习近平谈治国理政》英译本的翻译显化研究 [J]. 渭南师范学院学报，2021，36（8）：43-50.

[2] 郑瑜. 汉语国际教育专业课程思政建设路径探究：上海外国语大学课程改革特色谈 [J]. 国际汉语教育（中英文版），2020，5（3）：12-19.

[3] 赵璧，王欣. 外语类专业课程思政"课程链"建设：理据与路径 [J]. 外语电化教学，2021（4）：61-66，9.

[4] 文秋芳. 大学外语课程思政的内涵和实施框架 [J]. 中国外语，2021，18（2）：47-52.

[5] 和力. 基于"群链"的课程体系构建方法 [J]. 中国现代教育装备，2020（5）：71-73.

[6] 刘诗扬. 西班牙语口译课程思政教学探究 [J]. 西部素质教育，2022，8（3）：50-53.

[7]《习近平总书记教育重要论述讲义》编写组. 习近平总书记教育重要论述讲义 [M]. 北京：高等教育出版社，2020.

[8] 邓宗寿. 高等职业院校专任教师渗入学生思想政治工作管理机制研究 [J]. 教育现代化，2018，5（46）：157-158.

Curriculum Ideological and Political Chain Teaching Design and Practice of the "Three-into" Pilot Reform of Xi Jinping: The Governance of China —Spanish Interpretation as an Example

Wang Youling

【**Abstract**】The pilot project of the multilingual version of Xi Jinping: The Governance of China is an important way to integrate foreign language education with Civic and Political Education in universities, and to integrate foreign language teaching with the study of Xi Jinping's socialist thoughts with Chinese characteristics in the new era. The process builds instructional design ideas of the " three-into" Pilot ideological and political education Chains based on the framework of integrating moral education into college foreign language teaching (Wen, 2021). On the basis of the analysis of the teaching materials and the learning situation, the teaching practice of the Spanish Interpretation class is examined through teaching content, course management, assessment, and teacher's behavior. As a result, their political and virtuous awareness may be nurtured throughout the whole teaching/learning process.

【**Key words**】Xi Jinping: The Governance of China; Spanish Interpretation; ideological and political education Chains

跨文化交际视角下基础德语教材研究
——以《当代大学德语》为例①

四川外国语学院成都学院中东欧语言学院　李硕②

【摘　要】 外语教学与研究出版社出版的《当代大学德语》（1—4 册）通过丰富的真实场景及语言素材，呈现了中、德及其他德语国家不同的文化、交际特点，有利于培养学生跨文化交际能力以及思辨能力，体现了《普通高等学校本科专业类教学质量国家标准》（简称《标准》）及《普通高等学校本科外国语言文学类专业教学指南》（简称《指南》）外语学科人才培养的宗旨。本文以该教材为研究对象，从语言交际、非语言交际、价值观呈现等角度分析了教材中的跨文化内容，以期对我国德语专业教材的编写及测评等提供借鉴。

【关键词】 跨文化交际；基础德语教材；语言交际；非语言交际；价值观

一、引言

跨文化交际学作为研究具有不同文化背景的人们在各类交际活动中涉及文化相关问题的一门交叉学科，与人类学、心理学、社会学、大众传媒学特别是语言学有着密切联系。

而随着国门的打开，国内外文化碰撞越发激烈，交流也更加频繁，对具有跨文化交际能力外语人才的需求越多，从而对外语学科也提出了更多挑战。

二、跨文化交际能力在德语教学中的必要性

在 2006 年出版的《高等学校德语专业德语本科教学大纲》中，其教学原则明确指出：要注重

---

① 本文是四川省民办教育协会课题"新文科背景下民办高校就区域经济德语口译人才的培养研究"（项目编号：MBXH22YB93）的阶段性研究成果。

② 李硕，男，副教授，文学硕士，主要从事德语教学法、跨境电商研究。

培养语言交际能力和跨文化交际能力。它认为在专业课程的教学过程中，要有意识地对中、德文化的异同进行比较，培养学生对文化差异的敏感性、宽容性以及处理文化差异的灵活性，提高他们的跨文化交际能力。

2018年，教育部颁布了《普通高等学校本科专业类教学质量国家标准》（以下简称《国标》），其中针对外语类专业学生的能力提出了明确要求：融合语言学习与知识学习，以能力培养为导向，重视语言的运用能力、跨文化能力、思辨能力和自主学习能力的培养。

在此背景下，为了进一步明确定位，彰显特色，凸显优势，积极推动建构中国特色外语类本科专业人才培养体系，教育部高等学校外国语言文学类专业教学指导委员会于2020年出版了《普通高等学校本科外国语言文学类专业教学指南》（以下简称《指南》），其中再次强调了跨文化能力的重要性，并对跨文化能力进行了释义，即：通过专业学习认识世界的多样性，以开放的态度对待多元文化现象；能敏锐觉察、合理诠释文化差异；能运用适当策略完成跨文化交际任务；能帮助不同文化背景的人士进行有效的跨文化沟通。

从以上我国外语专业纲领性文件中不难看出跨文化能力的重要性。此外，我国学者也指出了在外语教学中培养跨文化能力的必要性。

杭国生（1994）指出，之所以中国学生无法自如地与德国人进行流利的交际，与当前我国外语教学当中重视理论知识讲解，忽视交际实际操作有着密切的关系。而不同国家之间差异化的文化背景是造成二者交际困难的首要障碍，中西方文化差异表现尤为明显。因此，李模琴（2000）认为，在外语教学中，只有有效融合语文与文化教学，将二者作为一个有机整体，培养二者兼具的学生，才能够更好地应对各种各样的需求，最终实现流畅的跨文化交际。胡文仲（2013）认为这种培养过程是持续的，需要长期坚持才能够实现，应该渗透到外语专业的诸多课程当中。曹欢（2022）则在此基础上从本土视角出发，从知识、态度、行为多视角搭建了跨文化交际交互性教学实践模式，强调在教学当中注重互动，综合运用线上的优势以及线下的场景性展开教学，以实现跨文化交际教学的本土化。

由此可见，培养学生的跨文化交际能力需要在外语教学中进行文化教学，而作为课堂教学的重要载体的教材，是实现课程目标、培养学生跨文化交际能力的重要教学资源。外语教学以及外语教材的目标不只是单纯地教授语言知识，更重要的是培养学生的跨文化交际能力。中国德语教学界也将培养"跨文化交际能力"视为教学目标之一，德语教学中的跨文化因素越来越受到重视。

三、《当代大学德语》简介

《当代大学德语》共四册，是高等学校德语专业基础德语课程教材，其目的是以培养学生的语言交际能力为中心，对学生进行全面、严格的训练，为其进入高年级的学习打好基础。该教材的宗旨是在语言情景、交际意向、题材和体裁等语用范围层面上，把语音、语法、词汇等语言知识的传授和听、说、读、写四项基本能力的训练有机地结合在一起，以达到有效培养交际能力的目的。在题材的确定、内容的安排和词汇的选择上，充分考虑德语国家的国情、文化特点以及社会经济和政治的现实，有助于学生在掌握语言知识和技能的同时，培养自己的跨文化交际能力。

在主题设置上，该教材每个单元都拥有一个相对统一又有发展的话题。第一册主要包括人际交往、课堂生活、德语学习、饮食购物、房屋租住以及节日风俗；第二册主要包括城市旅游、人物与事件描述、就医情况、职业理想、家庭状况、体育精神以及礼貌习俗（1）；第三册主要涉及大学生活、礼貌习俗（2）、城市与乡村、幸运标志、电脑技术、气候环境、童话故事、儿童教育等主题；第四册主要包括价值观变迁、性别差异、戏剧文化、德语国家介绍、经济与生态、文化差异等主题。不难看出，该教材的主题涵盖大学生日常生活、学习以及当今社会的经济、文化等内容，由浅入深，梯度合理，是基础德语课程的理想教材。

本文以《当代大学德语》为例，从语言交际、非语言交际及价值观呈现等角度进行梳理，重点分析教材中关于跨文化交际的内容，旨在对我国德语专业教材建设及教材使用提供参考和借鉴。

四、基础德语教材中的跨文化交际现象及教学策略
——以《当代大学德语》为例

对跨文化交际内容的研究通常可以分为语言交际、非语言交际和价值观层面的研究（祖晓梅，2015）。因此，本文将以《当代大学德语》为例，从语言交际、非语言交际和价值观呈现三个角度分析该教材中的跨文化现象。

（一）语言交际

语言交际是跨文化交际最主要的方式。语言既是文化的载体，又是文化的写照。语言的范畴制约着人们对周围世界的感知方式，语言的含义体现着特定的文化内涵，语言的使用要遵循一定的文化规则。

就语言要素与文化关系而言，词汇与文化的关系最密切。词义则更直接地体现了文化的差异性。在该教材第一册中出现的 der Student 一词作为英语外来词，其含义与英语中泛指"学生"的概念已有所出入，在高地德语中特指"大学生"；此外在第一册中出现的 der Onkel 以及 die Tante 等表示亲戚称谓的名词在翻译时却可以指代"叔、伯、舅、姑父、姨夫"以及"姑、姨、伯母、婶、舅妈"等与父母同辈亲戚的称呼。该部分内容多出现在单词表中，并未单独列出，故在授课时教师应强调该部分词汇所表示含义的跨文化差异性。

此外，英国学者 Geoffrey Leech 在《语义学》一书中将词义分为七重主要类型，其中概念意义

是语言交际中表达的最基本的意义，而内含意义作为附加在概念意义上的意义则因人而异，也因不同的文化、国家、社会以及时代而异。本教材第三册第四单元则是以"幸运标志"作为主题引入，其中马蹄钉、猪、扫烟囱的人等词汇在中文和德语中的概念含义相同，但由于欧美人赋予了其"幸运标志"的意义，则具有了与中文不同的内含意义。在讲授该部分内容时，教师应对其历史渊源与背景进行解释，以便学生更好地理解和掌握产生差异的原因，避免文化冲突。

语言交际原则不仅仅体现在语言的语音、语法、词汇等语言规则上，人们在具体使用语言时还需遵循一定的语用规则，如不同文化中有不同的称谓体系。在本教材第一册中专门指出德语称谓中尊称与非尊称的差异，需要学生严格遵守。在授课过程中，教师不仅要强调该差异性，更应该创设相关的语境，让学生真正掌握并熟练运用。

（二）非语言交际

除了语言是人们交际的一个手段之外，人们还使用其他很多手段表达自己的思想和感情，传递各类消息。一切不适合用语言进行的交际活动统称为非语言交际，包括眼神、手势、身体姿势、面部表情、服饰、时间观念、双方距离等。

该教材在第一册第六单元中，指出了在德国餐厅中召唤服务员时应尽量避免称呼而是通过打响指等手势，而该行为在我国则被视为不礼貌、轻浮的表现。而在第一册第八单元中专门以相同手势在不同国家代表的含义区别作为引入，让学生了解到非语言交际在跨文化交际中的重要性。在处理该部分内容时，教师除了帮助学生鉴别中、德两国的手势差异外，还可以通过德语呈现其他国家手势代表的含义，以提升学生跨文化交际能力的宽度。

此外，在该教材第二册第十一单元，以中国主人公"我"赴德国人 Kern 一家用餐为交际背景，突出构建了众多非语言交际场景：如中、德两国人的时间观念——在受邀去德国人家用餐时，应稍晚于约定时间，而文中的"我"却准时按响门铃，导致德国家庭还未做好迎接客人的准备；如中、德两国的餐桌礼仪——文中德国女主人在询问"我"是否要添加饭菜时，"我"出于中式礼貌回答"不需要"，而德国女主人则以为"我"已经吃饱并不再主动给"我"添饭，导致"我"半饥半饱地回了家。在授课时，笔者认为，对于故事性或叙事性较强的文章，可采用情景再现或相似情景文化表演的方式来加深学生对于文化冲突的感知。

（三）价值观呈现

价值观决定了文化的精神实质，也是其最需要表达和呈现的部分，同时也直接影响了跨文化交际的内核。对于如何解释文化差异，荷兰心理学家霍夫斯泰德（G. Hofstede）指出，文化可以划分为具有差异化的多个层次，而价值观作为核心，直接影响了人们的思维和行为。当背景存在差异的人群走到一起时，如果想深入了解其行为逻辑，则最佳路径是了解其价值观的底层逻辑，这样才能够更清晰地了解其所思和所想，并尊重他们的信仰，适应异种文化。

在该教材第二册第六单元中有针对中、德青少年对于职业选择的差异描述，由课文分析不难看出，中国青少年在选择职业时较重视职业的稳定性以及职业形象，而德国青少年则更偏重职业的技术性以及可实现性，这一内容体现了中、德青少年在择业方面的不同价值观。

在该教材第四册第一单元专门设置了以"价值观变迁"为主题的单元。其中 2006 年谢尔研究（Shell-Studien）在德国进行的"最重要的教育目标"调查结果显示，"独立、个性"遥遥领先，而在中国人眼中较为重要的教育目标如"责任、秩序"等则排名第十，位于后半段，也体现了中、德两国在"个人与集体""秩序与自由"等价值观上的差异。

五、对我国基础德语教材编写与使用的建议

（一）拓展文化内容深度和广度

文化冰山模式认为，如果将文化比喻成一座冰山，露出水面的如衣、食、住、行等显性文化只是冰山的一小部分，而文化中更为重要的基础部分如权力距离、时间取向、个体主义与集体主义等隐形部分往往是支撑显性部分的更为重要的基础。该教材第一册、第二册偏重于对于中、德显性文化的对比，而第三册、第四册对中、德两国的价值观、文学艺术等进行深入讨论，加深了探讨的深度和广度。

因此，在具体教学过程当中，教师不仅要从表层给学生讲解学习内容，更要挖掘其背后的价值体系，帮助学生了解国外的人们的行为模式、思考方式等，让学生能够客观、包容地理解不同文化的特点，思辨而理性地接受其中好的地方。

（二）以真实交际情景呈现多元文化内容

跨文化交际教材及外语教材过于理论化是不可取的，需要融合交际内容才能够让教材适用性更高，例如增添真实交际情景以及该情景下的表达手段等。多维度多视角设计教学情景，更要以生活为基础，因为生活是最丰富的土壤，是交际发生的场所与源头，很多交际场景正是基于生活应用场景的需要而产生的。

该教材场景的设计主要围绕中、德两国，相较而言其他地区涉猎不足。因此应考虑更多地覆盖世界其他地区的多元文化，以便丰富学生的知识储备，打破目标语文化的限制。与此同时，真实性的场景设计能够让学生有真实体验感，一方面学生容易沉浸其中，另外一方面学生能够通过实际操作找出语言交际的不足，加深学生对于不同文化的理解。此外，在任务形式上，案例的来源可以基于丰富的多元文化来创设，不要拘泥于文化知识测试要求。

（三）结合时代特点，融合思政意识

与时俱进是教材改进的必要条件，跨文化交际教材的编写也不例外。当前世界飞速发展，日

新月异，变化极快，需要教材具有全球视野，与世界文化接轨；与此同时，教材是服务于应用的，学生不仅通过教材的阅读学习了相关交际知识，同时也通过教材领略了中外文化，应向世界传递中国声音，展现中国智慧。

因此，基础德语教材在进行内容设计时不能够脱离中国国情，不能超脱于现实的生活，应结合时事热点，将富有中国特色的东西引入教材，让世界认识中国。在此方面，该教材有所欠缺。该教材虽然有意识地将教材人物以及情景本土化，但所探讨的问题较为浅显，不能很好地反映时代特色。此外，激发学生家国情怀和使命担当、增强文化自信和制度自信等方面的思政素材十分有限。在教材编撰过程中，应反映新素材，传递新理念，通过不同国家的文化主题呈现出不同的文化特点，在对比和比较本国文化的同时，加深学生对本土文化的理解与认同。

（四）提高自身跨文化交际敏感度

由前文分析可知，该教材跨文化交际部分多通过引入部分图片来表现课文对话情景，而过于含蓄的表达方式会影响跨文化交际表达的呈现，因此需要透过表层的语言信息去挖掘或延伸。这对教师也提出了更高的要求，需要其具备更强的敏感度和洞察力，去挖掘教材背后的文化差异，找寻新的解读点，引发学生进行更为深入的思考。

六、结语

在外语教学中，培养学生的跨文化交际能力是十分重要的目标。在《国标》《指南》中均对其提出了明确的要求，希望在提升学生的跨文化能力的同时，也能够借助学习过程，完成对于学生思辨能力的培养。这也是外语教材编写的初衷。基于此，本文从语言交际、非语言交际和价值观呈现三个方面梳理了《当代大学德语》这套系列教材的内容，通过认真研读，仔细分析，有针对性地提出了诸多可行的建议，并希望以此为范本，促进我国德语专业教材编写的改革，为教材内容优化提供借鉴。

参考文献

[1] 曹欢. 外语教学中跨文化交际交互性教学模式的构建研究 [J]. 湖北开放职业学院学报，2022，35（5）：164-166.

[2] 傅蜜蜜. 论外语教学中跨文化交际能力的培养 [J]. 外国语文，2018，34（5）：155-160.

[3] 胡文仲. 跨文化交际能力在外语教学中如何定位 [J]. 外语界，2013（6）：2-8.

[4] 李模琴. 跨文化交际与外语教学 [J]. 重庆工学院学报，2000（4）：95-98.

[5] 杭国生. 跨文化交际能力与跨文化交际法德语教学 [J]. 外语界，1994（4）：52-56.

A Study of Basic German Textbooks from the Perspective
of Intercultural Communication
—Taking Contemporary College German as an Example

Li Shuo

【**Abstract**】 "Studienweg Deutsch" (1−4 volumes) published by FLTRP presents the different cultural and communicative characteristics of China, Germany and other German speaking countries through rich real scenes and language materials, which is conducive to cultivating students' intercultural communication ability and speculative ability, and meets the purposes of the National Standards and the Guidelines for the cultivation of foreign language disciplines. Taking the textbook as the research object, this paper analyzes the cross−cultural content of the textbook from the perspectives of verbal communication, nonverbal communication, and value presentation, with a view to providing reference for the compilation and evaluation of English major textbooks in China.

【**Key words**】 cross−cultural communication, basic German teaching materials, language communication, non−verbal communication, values

浅谈认知隐喻视角下
高级英语课程中的跨文化教育①

四川外国语大学成都学院翻译学院　　黄梦倩②

【摘　要】 在人类发展过程中，语言和文化相辅相成。而人们对于新事物的认识较多采用隐喻的方式，借由自己熟悉的语言来描述新事物，语言、隐喻和文化三者互相融合和作用。学习语言则必然需要了解语言背后的文化，而文化中又包含了大量的具有民族特色的隐喻。高级英语作为英语专业高年级课程，其教学重点在于通过对文章的鉴赏，结合词汇、文化背景及修辞等方面全面提高学生的语言使用能力。因此，本文从高级英语中的文化教学入手，结合隐喻认知思维，探索如何通过中英文化中隐喻思维的相似性和相异性引导学生思考并理解两种文化之间的异同，以此达到更好地进行跨文化交流的目的，同时也依据新文科对于中国文化输出的大目标，更好地进行课程教学，探索高级英语课程的教学改革。

【关键词】 高级英语；隐喻；文化；教学改革

　　语言往往被认为由人类创造并独有。在生理层面上，人类的发音器官可以视为语言产生的基本物质基础；在心理层面上，人类在进行社会交流中会产生语言动力，再加以人们心理层次方面的认知思维，将人们发出的声音和社会活动中的需求结合，由此逐渐形成了人类所独有的语言活动。在语言形成的基础之上，文化由此而来。由于地域、群体等不同形成不同的语言，而依托语言而产生的文化也由此形成了差异。语言意义是受不同文化语境深刻影响的，而很多时候不同文化的语言表达形式与真实意义之间并不是完全一一对应的关系。因此，作为语言学习者，想要成功掌握所学语言，除了掌握基本词汇和语法等基础内容外，对于该语言相关文化的学习也必不可少。

---

　　① 本文是四川省民办教育协会 2022 年科研课题"隐喻认知理论指导下民办高校本科高级英语教学现状与改革研究"（项目编号：MBXH22YB76）的研究成果。
　　② 黄梦倩，女，文学硕士，讲师，研究方向为英语教育教学。

以英语专业高级英语课程为例，传统的高级英语教学往往只注重词汇和语法的讲解，教师在课堂上承担了主要输出的角色，和英语专业学生在低年级学习的综合英语课程并无太大区别。但随着时代的发展，新文科的概念被提出，科学技术不断进步，网络技术普及以及后疫情时代的大环境要求，高级英语教学也在传统教学的基础上不断完善，充分利用线上资源，结合新时代新文科的总体要求，高级英语课程在英语基础技能输入的基础上，同时需要在文化、思维等方面进行深入教学。教师引导学生对英语文化和概念系统有充分了解，运用英语思维来思考问题以及鉴赏文章，同时结合新时代课程思政的要求，将中国文化灵活引入，通过英语文化和中国文化互相对比进一步加强学生自身的文化认同感和自豪感。因此，文化教学在高级英语的教学中应占有较大比重。

从隐喻认知的角度来看，语言中存在隐喻，这使得文化和隐喻之间存在密切关系。隐喻概念意识的提高可以帮助学生更好地理解文化差异，提升学生的跨文化意识，进而进一步增强教学中的文化输出和对比效果。

一、英汉隐喻中文化的相似性和差异性

在形成语言的漫长过程中，人们通过自身积累的知识、想象和联想，发现不同事物的相似之处，从而形成语言中的隐喻，而作为语言的产物，文化自然也被打上了隐喻的标签。除去文化中共同认知的部分之外，不同的文化差异也使得语言中的隐喻各不相同。

（一）隐喻中的文化相似性

在不同的文化中，人们的一些生产、生活经验以及部分思维模式是相似的，因此，尽管中、英之间存在文化差异，但人们对于相似语言中的隐喻也有基本相同的认知，这可以理解为文化共核现象。以高级英语课文中出现的一些表达为例：My brain, the precision instrument, slipped into high gear. （我那精密如仪器般的大脑开始高速运转。）Mark Twain commented on the final release from earthly struggle. （马克·吐温评价了人类从尘世束缚中的最终解脱。）在第一句话中，大脑作为人的重要器官，代表着人的思想和思考，因此两种语言中都可以将之比喻为"精密运转的机器"，表示大脑的高速运转。在第二句话中，人们普遍恐惧死亡，因此在中、英文中对此多采用委婉的表达方式。

（二）隐喻中的文化差异性

一般来说，一个民族长期形成的思维方式决定了民族文化中的核心部分，即隐喻的内涵。英、汉两种语言隐喻的不同和差异体现出其文化差异性。由于价值观、文化习俗和心理、视角以及自然环境等多种因素的差异，英、汉在语言用词、语句、文章上都展现出了较大不同。在高级英语课文 Face to Face with Hurricane Camille 中，一家人在为飓风的到来做准备工作时，祖父说了一句："We can batten down the hatches and ride it out." 将这句话运用于暴风雨中汪洋上的一条小船封好船舱以应对暴风雨的意象来比喻当时在飓风中的房子。而在相应的中文翻译中，则可以直接理解为"未雨绸缪"。这便体现出英国作为岛国，隐喻喻体多采用与海相关的事物；而我国主要是内陆国，陆地上很多事物被用于隐喻的喻体，如未雨绸缪中"绸缪"表示修缮房屋。

在高级英语课文中，一篇关于肯尼迪的就职演讲（Inaugural Address），当中提到"To those people in the huts and villages, we pledge our efforts to help them help themselves." 此句是从英语中的习语"God help those who help themselves"中演变而来的，展现了在西方文化中对于个人主义的崇尚。而在中国文化中，集体高于个人，所以中文中的一些表达，如"一日为师，终身为父"将教师比喻为父母的隐喻，表现了在中国文化中尊师重教的传统。而英语和汉语中的这两种表达在彼此的文化中并不互通，两种表达都体现了各自民族思维方式的特性。

二、英汉隐喻的跨文化特征

莱柯夫在《我们赖以生存的隐喻》一书中提出，隐喻不仅存在于语言当中，同时也存在于人们的思维过程中。也就是说，我们不光借用隐喻来说话，同时还借用隐喻来思考。而基于人们对大部分事物的体验感是相同的，因此隐喻思维模式会在具备不同文化背景的人们之间共享。比如在高级英语课文中关于丘吉尔的演讲 Speech on Hitler's Invasion of the USSR，其中一句"He hopes to bring back the main strength and hurl it upon this island...", 此句中的 hurl... upon 的基本含义表示"把某物抛掷于某物之上"而英、汉中"上下"的概念均能对应"强弱"，因此这句话通过"hurl"一词就能充分展现德国纳粹邪恶势力的强大，并采用此势力对英国展开攻击。从这个角度看，隐喻在不同文化中是具有普遍性的，也由此进一步说明了隐喻的跨文化性。

（一）隐喻框架下意义内涵的展现

在隐喻中，人们把自己熟悉和了解的事物与陌生的新事物进行对比，通过二者之间的相似性来加强对新事物的理解。以高级英语一篇课文标题 Love is a Fallacy 为例，在这个隐喻句中，love 可以视为抽象的一方，即目标域，具体的一方为 fallacy，即源域。在理解这个隐喻时，我们通过源语的具体内容（谬论即为不合逻辑的错误推论）映射到目标域上（爱情就如同谬论一般没有逻辑，是一种情感而非理智）。而结合课文中的西方大学生择偶文化，此处的 fallacy 除了理解为"一种不合逻辑的情感"外，还包含了"年轻女孩比较注重外在物质而忽略了内在人格的重要性"的意思。由此可以看出，投射是人共有的能力，但在投射的大框架下，其中蕴含的意义内涵则需要根据不同文化中的侧重做不同的理解。

（二）隐喻中的概念混合及跨文化研究

上文中提到的映射以及在其框架下的意义内涵理解体现了具体概念和抽象概念的互相解释并辅助理解。这些概念大多数都隐藏在各自相应的语言文化体系中，在跨文化理解的过程中比较顺畅，不易遇到障碍。然而，有些隐喻则是作者本人在特定的语境下临时拼凑而成的，这些隐喻不属于相应的语言文化体系，大部分是基于作者的个人创意和文思，在这种情况下，就产生了隐喻中的概念混合。以 Everyday Use 这一课中黑人母亲描述自己和白人聊天时的身体姿势为例：It seems to me I have talked to them always with one foot raised in flight. 在教学中，笔者通过对学生的抽问发现，对于本句中的"raised in flight"，学生能够理解到的层面大部分在于"母亲和白人聊天时一只脚抬着"。但这个理解没有反映出来该隐喻最关键的一点，即母亲在和白人交谈时极不自然，焦虑不安，因此身体前倾，随时准备结束谈话，起身离开。对于"in flight"，大部分学生的理解都是"悬在空中"，但"悬在空中"并无法直接映射到母亲的个人感受上。由此可见，对于高级英语课文中出现的包含作者个人想法和感受的混合隐喻在跨文化过程中遇到的理解障碍会更大，对于这一类隐喻的翻译研究有待笔者在以后的进一步研究中进行探索。

三、隐喻在高级英语课程文化教学中的应用

在高级英语课程中，隐喻修辞占据了课文的很大比重，与传统的用简单的语言解释出修辞的含义相比，从隐喻认知思维的角度来分析所用隐喻，利用英、汉语言文化中隐喻的相似性来理解隐喻，能够让学生加强对语言的鉴赏能力，进一步理解文章作者的写作意图和文采特色，同时也能够让学生通过两种文化中类似的隐喻来丰富自身的语言表达，加强语言输出能力，使写作和翻译的用语更具备可读性和高级感。而对于英、汉语言文化中隐喻的差异性，则可以进一步加强跨文化学习和研究，通过相关的文化教学理解语言的相关规则，辅助高级英语其他教学目标的达成。

（一）隐喻在高级英语文化教学中重要性

一个民族在发展过程中，通过对语言的长期使用形成具有民族特色的文化积累，而语言的文化背景很多时候都是通过隐喻来实现的，因此以语言技能培养作为重点目标之一的高级英语课程中的文化教学需要结合有效的隐喻教学。

语言和语义不是一成不变的，都会随着语言环境的变化而发生变化，不同的语境形成不同的认知思维，从而构成词语的隐喻意义。在教学过程中，教师引导学生思考语义的发展规律以及词语本意和隐喻含义之间的关系能够有效地扩展学生的词汇量，增强对词义的理解，从而加深对文

化的了解。同时，教师可有意利用一个隐喻概念来表达另一个概念，以此让学生充分理解和使用所学语言的文化。而经过长期的隐喻思维的培养，学生在平时学习过程中对于英、汉语言文化之间的相似隐喻便会较为敏感，从而找出规律，达到更好的学习效果。

对于英、汉两种语言的隐喻比较，除了可以让学生更好地理解语言和文化之间的关系外，还能强化学生对双方文化的认识，形成相应的文化意识。对于两种语言中同一个事物在两种文化中所产生的不同的隐喻象征，学生若能理解这一差异，那么在文化交流和传播中就占据了非常大的优势，不光能够准确地了解英语文化中隐喻的内涵，同时也能够采用和中华文化中相对应的隐喻概念对其加以解释，借此达成跨文化有效交流的目的。同时，根据新时代新文科建设的要求，也能让中国文化的输出更为高效和精准。

（二）隐喻在高级英语文化教学中的教学方法

文化教学是一个长期而缓慢的过程，由简单到复杂，由浅显到深入。对于英语专业的学生来说，教师在教学中应结合学生的实际水平，从简单的文化背景、词汇隐喻含义的分析到英汉对比，同时可以结合相应的文化习俗，关注英、汉隐喻的差异性以及差异形成的原因。而到最高层次，则可以涉猎隐喻知识的系统化学习，对隐喻、思维和文化三者的关系进行深入研究。就目前笔者教书经验结合英语专业学生水平来看，达成高级阶段目标略为困难，更多的则是从基础阶段向学生渗透隐喻思维，再结合英、汉语言中相似和相异的文化进行隐喻对比。根据笔者自身授课心得，以下四点可作为日常隐喻和文化教学结合的方法参考。

1. 学生隐喻思维的培养

在高级英语教学课堂中，通过对学生课堂抽问中口语表达和课下写作的批阅，不难发现英语专业的学生大部分都可以进行流利的口语交流并且写作中相应的语言错误也不多，行文基本达到通顺流畅的水平。但若仔细观察学生的用词和语句，则会发现很多表达不够地道，甚至在写作中有较多中式表达。而造成此问题的原因在于学生的思维仍然是汉语的概念结构。因此，培养学生的隐喻思维能力，鼓励学生采用目标语隐喻进行表达，并将英语思维融入日常表达句型中，可以成为课程教学的重点之一。同时，在培养隐喻思维的过程中，进一步透过语言表面现象加强学生理解深层文化本质的能力，深挖两种民族文化的异同点，将两种文化中的隐喻差异作为重点内容讲解，有助于学生在学习中形成批判性思维，正确看待中西方文化差异，借此形成正确的价值观和世界观。

2. 鼓励学生使用及创造隐喻

高级英语教材中基本每一课课后都有专门的隐喻解释练习。一般情况下，教师教学中只注重对于隐喻词汇的解释（paraphrase），并未要求学生对其进行模拟和再使用，这也使得学生对于很多文章中的经典隐喻仅仅停留在字面理解上，不利于真正提高语言水平。以 overwhelm 一词为例，课文中的含义理解为"势不可挡"，而借由此含义则可以进一步延伸为"击溃""水淹""让人无法承受"等隐喻含义，因此对于这个词，教师在课堂上可以鼓励学生基于以上的延伸含义进行造句，创造性地使用隐喻，由此增加学生的学习成就感，进一步激发其学习英语的兴趣。

3. 将隐喻的文化差异与教学融合

对隐喻的运用与创造，不仅可以改变学生思维，同时还可以让教师反思教学以更加专业化。高级英语每一篇课文都有丰富的文化背景，而与隐喻有关的文化背景可以作为教师授课时的重点讲解内容，让学生进一步体会中西方文化的异同，借此加深对两种文化的了解。以课文 Everyday Use 中母亲把小女儿比作"a lame dog"为例，通过中西方文化中对于狗的形象的不同理解便会出现不同的隐喻表达，而隐喻包含的感情色彩也不尽相同。隐喻对比式的教学，不但可以使学生加深对语言规律和文化背景的了解，同时学生对于语言的学习兴趣也能极大地提高。

4. 将隐喻文化教学与语言教学融合

从现阶段来看，英语专业学生的教学较少结合隐喻教学，其中原因主要在于语言评分准则大部分情况下还是在于语法规则以及大部分英语专业对于学生的考查还是基于考试体制。基于上述两个框架，隐喻中的一些不规则性以及语言的不规范性，使得教师和学生均无法大量使用隐喻。但英语学习的基础在于文化学习，要真正掌握一门语言首先需要了解其文化，而掌握文化的一个重要前提就是掌握隐喻的使用。因此，文化、语言和隐喻的有机结合是英语专业教学改革和发展的方向之一。以现在学生使用的外语教学与研究出版社出版的张汉熙主编的《高级英语》教材来说，其中采用隐喻的文章较多，并且课后也有大量与隐喻相关的练习和翻译，这些都可以作为教师授课中重点关注和使用的素材。把隐喻与具体的语言环境结合，使学生更加形象地理解语言，了解语言文化环境，从而全面掌握语言。

四、结语

隐喻是一种语言认知现象，其本质在于本体和喻体之间的相似性，而这些又与人认知的相似性和语言的文化背景密切相关。通过比较英、汉语言中隐喻的相似性和相异性，结合双方文化的差异，在教学中让学生形成并发展隐喻思维，同时鼓励学生自主创造隐喻思维，由此在高级英语课程教学中将隐喻、语言和文化三者有机融合，培养出真正符合新时代要求的英语专业学生。而在此过程中，文化和语言都是不断变化的事物，也为高级英语课程教学的改革提供了更为广阔的探索空间。

参考文献

［1］谢之君. 隐喻认知功能探索［M］. 上海：复旦大学出版社，2007.

［2］杜惠玲. 认知视角下的隐喻理论探索与英语教学［M］. 南京：东南大学出版社，2019.

［3］钱冠连. 从文化共核看翻译等至论［J］. 中国翻译，1994（2）：14-16.

［4］莱考夫，约翰逊. 我们赖以生存的隐喻［M］. 杭州：浙江大学出版社，2011.

［5］王明英. 大学英语教学融入中国文化的困境与对策［J］. 吉林农业科技学院学报，2021，30（6）：90-95.

［6］文秋芳. 在英语通用语背景下重新认识语言与文化的关系［J］. 外语教学理论与实践，2016（2）：1-7.

［7］王守元，刘振前. 隐喻与文化教学［J］. 外语教学，2003，24（1）：48-53.

The Cross-cultural Education in Advanced English from the perspective of Cognitive Metaphor

Huang Mengqian

【**Abstract**】Language and culture are complementary in the process of human development. Meanwhile, people tend to comprehend new things in a metaphorical way, describing them with the familiar language, thus to form a combination and multi-function of language, metaphor and culture. Language acquisition requires an understanding of the culture, which contains many metaphors with distinctive national features. As a course for the junior students of English major, the Advanced English course focuses on the overall enhancement of students' language skill through the appreciation of the passage, words, cultural background as well as figures of speech. The article, under the guidance of metaphorical cognitive thinking, starts with the culture teaching in Advanced English and aims to explore the ways to lead students' thinking and comprehension by means of comparing the similarities and differences in Chinese and Western culture. Therefore, a better cross-cultural communication can be achieved. At the same time, the article also provides some suggestions for the teaching and explorations on the reform of Advanced English teaching based on the grand target of Chinese culture output in the new era of liberal arts.

【**Key words**】*Advanced English*; metaphor; culture; teaching reform

民办高校商务英语专业本科生
跨文化敏感度调查研究[①]

四川外国语大学成都学院国际商学院　　杨志翔[②]

【摘　要】对四川省4所民办高校商务英语专业高年级本科生的跨文化敏感度调查分析表明，民办高校商务英语专业本科生整体跨文化敏感度不是特别高；在跨文化敏感度要素中，差异认同感与交际自信心、交际愉悦感与交际专注度之间无显著相关关系，而其余因子间的两两关系均存在显著的中低度相关关系，偏相关分析确认了交际参与度与差异认同感之间的中度正相关性；商务英语专业的大三学生和大四学生在交际参与度、交际自信心、交际愉悦感上表现出显著性差异。

【关键词】跨文化敏感度；商务英语；民办高校；跨文化交际能力

一、引言

教育部在2018年初正式发布了《普通高等学校本科专业类教学质量国家标准》，其中明确提到，跨文化交际能力是商务英语专业本科学生应具备的5种能力之一。2020年发布的《普通高等学校本科外国语言文学类专业教学指南》在描述商务英语专业本科学生的培养目标、知识要求、能力要求、课程体系构建时，也多次提及"跨文化交际能力"这一概念。可以看出，学生跨文化交际能力的强弱是衡量商务英语专业人才培养质量高低的重要指标之一。由于跨文化敏感（intercultural sensitivity）是跨文化交际能力的重要组成部分之一，因此测量交际参与者的跨文化敏感度是跨文化交际能力研究中的一项重要任务。而对交际参与者的跨文化交际能力进行有效的测定，

---

①　本文是四川省民办教育协会2021年科研课题"四川省民办高校商务英语专业本科生跨文化敏感度研究"（项目编号：MBXH21YB193）的研究成果。

②　杨志翔，男，副教授，管理学硕士，研究方向为应用语言学、外语教学理论与实践。

可以为我们制订教学大纲和开发培训课程提供重要的理论依据（彭世勇，2007）。因此，对民办高校商务英语专业本科学生的跨文化敏感度进行调查，不仅有助于全面了解这些学生的跨文化交际能力现状，也有利于今后改进教学，提高商务英语人才的培养质量。

二、跨文化敏感研究简述

"敏感度"（sensitivity）这一概念最早由 Bronfenbrener、Harding 和 Gallwey（1958）提出，他们认为交际能力的两个核心要素包括对本国文化和对个体差异的敏感度。之后，国外学术界开始研究"跨文化敏感"的内涵并提出了一些相关理论。Chen 和 Starosta（1998）将"跨文化敏感"定义为人激发自己理解、欣赏并且接受文化差异的主观意愿，是了解、欣赏和接受文化差异的积极动机。Bennett（1986）从建构主义和认知心理学的角度分析了跨文化敏感，提出了跨文化敏感发展模型（Developmental Model of Intercultural Sensitivity，DMIS）。Chen 和 Starosta（2000）研究认为，跨文化交际能力由认知（cognitive）、情感（affective）和行为（behavioral）三个层面组成。认知层面体现的是相关文化知识，也就是跨文化意识；情感层面体现的是理解和接受文化差异的积极动机，也就是跨文化敏感；行为层面体现的是实现跨文化交际目标的行为方式，即跨文化技巧。跨文化意识、跨文化敏感、跨文化技巧三者之间既有区别又有联系。只有具有了积极、正确地理解和接受文化差异的意愿，才能更好地培养出跨文化意识，也才能恰当地运用各种交际技巧来完成跨文化交际目标。为有效测量跨文化敏感度，Chen 和 Starosta 共同开发了 IS 测试量表（Intercultural Sensitivity Scale，ISS），反映了跨文化敏感的 5 个因子：交际参与度（interaction engagement）、差异认同感（respect for cultural differences）、交际自信心（interaction confidence）、交际愉悦感（interaction enjoyment）和交际专注度（interaction attentiveness）。并且，Fritz 和 Möllenberg（2002）验证了该量表具有良好的信度和效度。

21 世纪初，国内学者也开始了对跨文化敏感度的理论思考和实证研究。彭世勇（2007）对汕头大学英语专业本科生进行的调查表明，跨文化敏感度的 5 个因子之间具有较强的相关性。周杏英（2007）对英语专业学生跨文化敏感水平的测评结果显示，其跨文化敏感度总体处于中等水平，构成跨文化敏感的 5 个因子从强到弱依次为差异认同感、交际参与度、交际愉悦感、交际专注度、交际自信心。胡艳（2011）对山西大学本科生的跨文化敏感度调查表明，学生的差异认同感水平最高，其余依次为交际愉悦感、交际专注度、交际自信心、交际参与度，跨文化敏感度多个因素间存在正相关关系，差异认同感和交际愉悦感两变量的偏相关分析表明其呈强相关关系。刘安洪、谢柯（2013）对重庆文理学院英语专业学生的调查表明，其跨文化敏感度 5 个因子水平从高到低依次为交际专注度、交际信心、差异认同感、交际愉悦感、交际参与度，学生的跨文化敏感度整体水平不高，英语专业商务方向学生的跨文化敏感度整体水平明显高于英语专业师范方向的学生。

但相比之下，国内研究在深度和广度上还需进一步拓展，特别是对民办高校学生的跨文化敏感研究关注度低，对商务英语专业学生的跨文化敏感度研究还需加强。笔者在中国知网上对2000—2021 年的中文文献进行检索，得到篇名中含有"跨文化敏感度"的中文文献共计192 篇，其中探讨英语专业大学生"跨文化敏感度"的有22 篇，探讨非英语专业大学生"跨文化敏感度"的有23 篇，而分析商务英语专业大学生跨文化敏感度的论文仅有4 篇。其中，杨文健（2017）调查分析了商务英语专业大学生短期文化交流前后的跨文化敏感度变化。宋春梅（2020、2021）调查分析了商务英语专业高职专科学生的跨文化敏感度，还研究了如何在商务英语课程教学中提高学生的跨文化敏感度和商务英语应用能力。冯巧丽（2010）探讨了提升高职商务英语专业大学生的跨文化敏感度的多种途径。可以看出，现有的研究中针对商务英语专业学生的跨文化敏感度研究还很少，且多以高职类商务英语专业为主。鉴于此，本研究专门对民办高校商务英语专业本科学生的跨文化敏感度进行调查研究，以期更好地了解目前商务英语专业本科学生跨文化敏感度的整体水平、跨文化敏感度 5 个因子之间的相关性以及大三学生和大四学生在跨文化敏感度上的不同表现，为国内的跨文化交际研究学者提供更多的实证分析结果。

三、研究设计

（一）研究对象

本次研究以四川外国语大学成都学院、成都东软学院、成都银杏酒店管理学院、绵阳城市学院这 4 所民办高校的商务英语本科专业大三和大四学生为研究对象，以确保本研究获得足够数量的样本。并且，这些高年级本科生已经完成了本校商务英语专业人才培养计划中的多数课程，基本了解了中外文化的特点，具备了一定的跨文化交际能力，因而对本调查研究的效度提供了一定的保障。

（二）研究目的

本研究拟讨论下列 3 个问题：

（1）民办高校商务英语专业本科学生的跨文化敏感度整体情况如何？

（2）跨文化敏感度 5 个因子的两两相关性如何？

（3）商务英语专业大三和大四学生在跨文化敏感度上是否存在差异？

（三）研究工具与方法

本研究借用 Chen & Starosta 开发的跨文化敏感度量表（2000）作为研究工具。此量表由 24 个封闭式问题组成，涉及跨文化敏感度的 5 个因子：交际参与度、差异认同感、交际自信心、交际愉悦感和交际专注度。此表的每个题项采用李克特量表 5 分制，即 1 = 非常不同意，2 = 不同意，3 = 不确定，4 = 同意，5 = 非常同意，其中 2、4、7、9、12、15、18、20、22 这九个题项是反向设置的题项。

笔者于 2021 年 10 月和 11 月使用问卷星网站向上述的 4 所民办高校的商务英语专业高年级学生发放了电子问卷，共回收问卷 253 份，筛选出有效问卷 241 份。在对量表中 9 个反向题的反向计分进行数据转换后，使用 SPSS 22 软件进行统计分析。

四、研究结果与分析

（一）可靠性分析

对所收集数据的可靠性分析显示，跨文化敏感度量表的 Cronbach's α 值为 0.765，说明问卷具有较高的可靠性。

（二）描述性统计分析

表 1 的统计结果显示，受试学生跨文化敏感度 5 个因子的均值介于 2.951 0 和 3.935 0 之间，说明学生具有一定的跨文化敏感度，但整体水平并不是特别高。在这 5 个因子中，均值最高的是差异认同感（3.935 0），其后依次为交际参与度（3.663 9）、交际专注度（3.546 3）、交际愉悦感（3.293 2），而均值最低的是交际自信心（2.951 0）。差异认同感均值最高，说明这些学生对文化差异的认同感较强，能够较为容易地理解和尊重异域文化的价值观和行为规范，能较好地包容不同的文化习俗。交际参与度均值排第二位，说明学生有相对明显的跨文化交际的意愿，愿意和具有不同文化背景的人进行交流，去了解不同的文化。交际专注度均值排第三位，说明受试学生能积极努力地投入跨文化交际中，在交际时没有敷衍了事。交际愉悦感均值排在倒数第二位，说明虽然学生理解文化之间的差异，也积极认真地参与跨文化交流，但交流中并没有获得足够强烈的愉悦感。交际自信心均值排位在最后，说明学生在跨文化交际中对如何处理好文化差异和冲突自信心不足，这应该也是导致跨文化交际愉悦感不强的原因。此外，标准差数值偏高的是交际愉悦感（0.684 99），说明相较于其他 4 个因子，在这个因子上学生的内部差异更为明显一些。

表1　商务英语专业本科生跨文化敏感度5个因子的描述统计（N=241）

因子	极小值	极大值	均值	标准差
交际参与度	2.71	4.86	3.663 9	0.410 02
差异认同感	2.50	5.00	3.935 0	0.551 65
交际自信心	1.60	4.80	2.951 0	0.513 58
交际愉悦感	1.00	5.00	3.293 2	0.684 99
交际专注度	2.33	4.67	3.546 3	0.465 27

（三）因子的相关性分析

本研究使用皮尔逊相关分析法探讨了5个因子之间的两两关系，分析结果如表2所示。

表2　商务英语专业本科生跨文化敏感度各因子之间的皮尔逊相关系数（N=241）

因子关系		交际参与度	差异认同感	交际自信心	交际愉悦感	交际专注度
交际参与度	Pearson 相关性	1	0.496 **	0.188 **	0.196 **	0.324 **
	显著性（双侧）		0.000	0.003	0.002	0.000
差异认同感	Pearson 相关性		1	−0.034	0.319 **	0.181 **
	显著性（双侧）			0.601	0.000	0.005
交际自信心	Pearson 相关性			1	0.377 **	0.250 **
	显著性（双侧）				0.000	0.000
交际愉悦感	Pearson 相关性				1	0.121
	显著性（双侧）					0.060
交际专注度	Pearson 相关性					1
	显著性（双侧）					

注：** 表示在 0.01 水平（双侧）上显著相关。

皮尔逊相关分析结果显示，除了差异认同感与交际自信心呈极弱负相关外（−0.034），其他因子两两之间均呈正相关关系。其中，呈极弱正相关关系的有：交际参与度与交际自信心（0.188）、交际参与度与交际愉悦感（0.196）、差异认同感与交际专注度（0.181）、交际愉悦感与交际专注度（0.121），呈低度正相关关系的有：交际参与度与交际专注度（0.324）、差异认同感与交际愉悦感（0.319）、交际自信心与交际愉悦感（0.377）、交际自信心与交际专注度（0.250），呈中度正相关关系的有：交际参与度与差异认同感（0.496）。

具体来看，交际参与度与差异认同感、交际自信心、交际愉悦感、交际专注度相关系数分别为 0.496、0.188、0.196、0.324，所对应的 p 值均小于 0.01，表明在 0.01 的显著水平上达到了统计意义。这说明学生的交际参与度越高，其差异认同感、交际信心、交际愉悦感、交际专注度也越高。这表明，学生是否具有较强的文化差异认知和认同感与他们在实际交际中参与的程度是有关系的，也说明即便学生英语表达能力各不相同，但只要在情感层面上积极主动地参与到跨文化交流中，就能感受到跨文化交际所带来的成就感、愉悦感，交际专注度也会有所提高。

差异认同感与交际愉悦感和交际专注度之间的相关系数分别为 0.319 和 0.181，p 值均小于 0.01，具有统计学意义上的显著性。这说明差异认同感越高，交际愉悦感和交际专注度也越高。或者说，学生在交际时如果不能认同中外文化差异，甚至对文化之间的差异产生误解，那么交际时的愉悦感和专注度就会明显偏低。差异认同感与交际自信心之间的相关系数所对应的 p 值大于 0.01，表明在 0.01 的显著水平上不具有统计意义，说明差异认同感与交际自信心相关性不显著。

交际自信心与交际愉悦感之间存在显著的正相关关系（r=0.377，p<0.01），说明学生交际时自信心越强，越能获得愉悦感。交际自信心与交际专注度之间也存在显著的正相关关系（r=0.250，p<0.01），这表明跨文化交流中自信心越强，跨文化交流过程中的专注度也越高。

交际愉悦感与交际专注度之间无显著相关关系（r=0.121，p>0.01），这说明学生在交际中所获得的交际愉悦感的大小与他们在交际时投入的专注度的大小没有什么直接关系。

为进一步确定交际参与度与差异认同感两者之间的中度正相关这个结果是否受到了其他因子的影响，需要通过偏相关分析来获得这两个因子在消除其他因子影响后的确切相关系数。

从表 3 可知，在控制交际自信心、交际愉悦感、交际专注度 3 个因子的影响后，交际参与度与差异认同感、差异认同感与交际愉悦感之间的相关系数值为 0.473（p<0.05），这表明在控制其他变量的情况下，二者之间表现为中度正相关关系。由此看来，在学生的跨文化敏感度各因子相互影响关系中，交际参与度和差异认同感的关系较为紧密。

表 3　商务英语专业本科生交际参与度与差异认同感偏相关分析

控制变量			交际参与度	差异认同感
交际自信心 交际愉悦感 交际专注度	交际参与度	相关	1.000	0.473
		显著性（双尾）		0.000
		df	0	236
	差异认同感	相关	0.473	1.000
		显著性（双尾）	0.000	
		df	236	0

（四）年级与跨文化敏感度关系分析

为进一步了解这些商务英语专业高年级本科生不同年级间的跨文化敏感度差异情况，本研究根据年级将样本学生分为大四组和大三组，使用独立样本 t 检验法来分析大三和大四的学生在跨文化敏感度 5 个因子层面上是否存在差异，得到数据结果如表 4 和表 5 所示。

从表 4 可以看出，商务英语专业大四学生 110 人，其交际参与度、差异认同感、交际自信心、交际愉悦感、交际专注度均值分别为 3.561 0、3.859 1、3.080 0、3.445 5、3.603 0，标准差分别为 0.369 05、0.536 72、0.474 83、0.632 58、0.454 89；大三学生 131 人，其交际参与度、差异认同感、交际自信心、交际愉悦感、交际专注度均值分别为 3.750 3、3.998 7、2.842 7、3.165 4、3.498 7，标准差分别为 0.423 91、0.557 96、0.521 54、0.703 32、0.470 27。分组描述统计说明，大四学生在交际参与度、差异认同感的均值上要略低于大三学生，但在交际自信心、交际愉悦感、交际专注度的均值上要略高于大三学生。此外，数据也表明两个年级在 5 个因子上的标准差数值相差不大。然而，这些数据均值是否具有显著性差异，还需要运用独立样本 t 检验来进一步分析。

表 4　商务英语专业大四与大三学生分组描述统计

因子	年级	N	均值	标准差	均值的标准误差
交际参与度	大四	110	3.561 0	0.369 05	0.035 19
	大三	131	3.750 3	0.423 91	0.037 04
差异认同感	大四	110	3.859 1	0.536 72	0.051 17
	大三	131	3.998 7	0.557 96	0.048 75
交际自信心	大四	110	3.080 0	0.474 83	0.045 27
	大三	131	2.842 7	0.521 54	0.045 57
交际愉悦感	大四	110	3.445 5	0.632 58	0.060 31
	大三	131	3.165 4	0.703 32	0.061 45
交际专注度	大四	110	3.603 0	0.454 89	0.043 37
	大三	131	3.498 7	0.470 27	0.041 09

如表 5 所示，5 个因子方差齐性检验对应显著性概率值（Sig.）均高于 0.05，说明方差呈齐性，没有违反独立样本 t 检验的方差齐性假设。检验结果显示，大四学生和大三学生在交际参与度、交际自信心和交际愉悦感这三个因子上有显著差异（$t = -3.660$，$df = 239$，$p < 0.05$；$t = 3.663$，$df = 239$，$p < 0.05$；$t = 3.223$，$df = 239$，$p < 0.05$）。和大三学生相比，商务英语专业大四学生的交际参与度不如大三学生（$MD = -0.189\,23$），但表现出稍好一些的交际自信心（$MD = 0.237\,25$），也更容易获得交际愉悦感（$MD = 0.280\,06$）。而差异认同感和交际专注度的独立样本 t 检验统计量对应的双尾概率 p 值分别为 0.050 和 0.083，均大于或等于 0.05 的显著水平，因此可以认为大四和大三学生在差异认同感和交际专注度这两个因子上无统计学意义上的显著差异。综合以上统计结果来看，商务英语专业大四学生尽管在交际参与的情况上略逊于大三学生，但显示出的交际自信心和获得的交际愉悦感却要更高一些。同时，虽然大四学生和大三学生在差异认同感和交际专注度上存在不同，但并不存在显著差异。

表5　商务英语专业大四与大三学生分组独立样本t检验

因子设定		方差方程的 Levene 检验		均值方程的 t 检验					差分的 95% 置信区间	
		F	Sig.	t	df	Sig.（双侧）	MD 均值差值	标准误差值	下限	上限
交际参与度	假设方差相等	2.883	0.091	−3.660	239	0.000	−0.189 23	0.051 71	−0.291 09	−0.087 38
	假设方差不相等			−3.704	238.677	0.000	−0.189 23	0.051 09	−0.289 87	−0.088 59
差异认同感	假设方差相等	0.167	0.684	−1.969	239	0.050	−0.139 64	0.070 92	−0.279 34	0.000 07
	假设方差不相等			−1.976	234.603	0.049	−0.139 64	0.070 68	−0.278 88	−0.000 39
交际自信心	假设方差相等	0.405	0.525	3.663	239	0.000	0.237 25	0.064 76	0.109 67	0.364 83
	假设方差不相等			3.694	237.415	0.000	0.237 25	0.064 23	0.110 71	0.363 79
交际愉悦感	假设方差相等	1.402	0.238	3.223	239	0.001	0.280 06	0.086 90	0.108 87	0.451 25
	假设方差不相等			3.253	237.851	0.001	0.280 06	0.086 10	0.110 44	0.449 68
交际专注度	假设方差相等	0.271	0.603	1.741	239	0.083	0.104 30	0.059 92	−0.013 73	0.222 34
	假设方差不相等			1.746	234.245	0.082	0.104 30	0.059 74	−0.013 40	0.222 01

五、结论及启示

本研究通过描述统计、皮尔逊相关分析法、偏相关分析、独立样本t检验分析了民办高校商务英语专业本科学生的跨文化敏感度，得到以下结论：

（1）民办高校商务英语专业本科生的跨文化敏感度5个因子的得分均略高于中值水平，其跨文化敏感度总体处于中等水平。5个因子中得分最高的是差异认同感，最低的是交际自信心，说明这些学生在进行跨文化交际时能较好地理解和认同文化之间的差异，但整体表现得还不够自信。

（2）在民办高校商务英语专业本科生的跨文化敏感度5个因子中，交际参与度与差异认同感、交际自信心、交际愉悦感、交际专注度之间均具有显著的正相关性。差异认同感与交际自信心无显著相关性，但差异认同感与交际参与度、交际愉悦感、交际专注度之间分别具有显著的正相关性。交际自信心与交际参与度、交际愉悦感、交际专注度呈显著正相关关系，但交际自信心与差异认同感则没有显著相关性。交际愉悦感与交际参与度、差异认同感、交际自信心存在显著相关性，但与交际专注度无显著相关性。

（3）大四和大三学生在交际参与度、交际自信心和交际愉悦感上存在显著差异，而在差异认同感和交际专注度上没有显著差异，说明民办高校商务英语专业不同年级的学生在跨文化敏感度上存在一定的差异。

本研究结论对于进一步改进民办高校商务英语专业的跨文化交际教学具有积极的启示作用。

为了提高民办高校商务英语专业学生的跨文化敏感度，根据以上的研究结论，教师除了通过讲授文化差异知识来提高学生对各国文化差异的理解和包容之外，还应注意多组织一些互动性强的教学活动；同时，应控制活动的难度，太过简单或者太过复杂困难的教学活动都会使学生很难真正参与到跨文化交际活动中去，其交际参与度自然也很难提高。此外，跨文化交际活动本身并不能让学生获得交际自信心，因此教师在活动中应给予学生更多的鼓励与关爱，以确保学生参与活动时获得更多的愉悦感，更好地保持专注度，有利于提高这些学生的交际自信心。

由于时间与精力的局限，本次研究主要进行了定量分析而缺少深入访谈的定性研究，缺少民办高校商务英语专业学生与其他类型高校商务英语专业学生的跨文化敏感度的比较分析，也未分析造成大四与大三学生在跨文化敏感度上存在差异的原因，这些都有待今后做进一步的研究。

参考文献

［1］BENNETT M J. Towards Ethnorelativism：A Developmental Model of Intercultural Sensitivity ［C］//R M PAIGE. Cross-cultural Orientation：New Conceptualizations and Applications. New York：University Press of America, 1986.

［2］BRONFENBRENNER U, J HARDING, M GALLWEY. The Development and Validation of a Scale to Measure Affective Sensitivity (empathy) ［J］. Journal of Counseling Psychology, 1958 (18)：407-412.

［3］CHEN G M, W J STAROSTA. A Review of the Concept of Intercultural Awareness ［J］. Human Communication, 1998, 9 (2)：27-54.

［4］CHEN G M, W J STAROSTA. The Development and Validation of the Intercultural Communication Sensitivity Scale ［J］. Human Communication, 2000 (3)：1-15.

［5］FRITZ W, A MÖLLENBERG. Measuring Intercultural Sensitivity in Different Cultural Context ［J］. Intercultural Communication Studies, 2002 (11)：165-176.

［6］冯巧丽. 浅谈高职商务英语专业大学生跨文化敏感度的提高：基于湛江市国际海洋城市形象提升的角度 ［J］. 广西教育, 2010 (27)：102-103.

［7］胡艳. 大学生跨文化交际敏感度调查 ［J］. 外语界, 2011 (3)：68-73.

［8］刘安洪, 谢柯. 地方性本科院校英语专业学生跨文化敏感度和跨文化交际能力调查 ［J］. 考试与评价（大学英语教研版）, 2013 (2)：20-25.

［9］彭世勇. 英语本科生跨文化敏感多层面间相关系数对比 ［J］. 西安外国语大学学报, 2007 (2)：82-85.

［10］宋春梅, 肖学农. 商务英语专业学生跨文化敏感度调查研究：以江西经济管理干部学院为例 ［J］. 湖北开放职业学院学报, 2020, 33 (6)：156-157.

［11］宋春梅, 肖学农. 课程思政理念下跨文化敏感度发展模式在商务英语教学中的应用研究 ［J］. 海外英语, 2021 (20)：161-162.

［12］杨文健. 论短期文化交流与商务英语专业学生跨文化敏感度培养 ［J］. 纳税, 2017 (28)：179-181.

［13］周杏英. 大学生跨文化敏感水平测评 ［J］. 山东外语教学, 2007 (5)：62-66.

A Survey and Analysis of Intercultural Sensitivity of Business English Undergraduates of Non-government Colleges

Yang Zhixiang

【Abstract】Intercultural sensitivity is one of the most important indicators to measure intercultural communication competence. The cross-cultural sensitivity survey of the juniors and seniors majoring in business English at four non-government colleges in Sichuan province of China reveals that business English majors of non-government colleges have moderate cross-cultural sensitivity and that the factors of cross-cultural sensitivity are moderately or weakly correlated except that there is no significant correlation between Respect for Cultural Differences and Interaction Confidence, nor is there between Interaction Enjoyment and Interaction Attentiveness. The partial correlation analysis indicates that Interaction Engagement and Respect for Cultural Differences have a moderate positive correlation. In addition, there exist significant differences in Interaction Engagement, Interaction Confidence, and Interaction Enjoyment between the third-year business English majors and the fourth-year business English majors.

【Key words】intercultural sensitivity; business English; non-government colleges; intercultural communication competence

应用型民办高校外语专业
"有效教学模式"之构建
——以四川外国语大学成都学院为例

四川外国语大学成都学院英语院　宋莹[①]

【摘　要】民办高校外语专业在应用型转型建设过程中，应实施基于"以人为本、聚焦应用、关系导向"的有效教学模式，来提升应用型人才培养质量，凸显应用型特征，以更好地服务于国家和社会在新时代的发展。

【关键词】民办高校；应用型；有效教学

一、引言

为适应"十四五"时期高等教育事业改革创新的新形势，四川外国语大学成都学院开启了应用型转型建设，注重各学科专业的交叉融合，突出人才培养的应用型特色，以主动服务和精准对接国家、社会的需求。而要实现学校在"十四五"时期的高质量发展，本文认为，通过推动"有效教学"来提升人才培养质量当是重中之重。

二、"有效教学"理念溯源

崔允漷教授（2009）认为，"有效教学"的理念源于 20 世纪上半叶西方的教学科学化运动，特别是受美国实用主义哲学和行为主义心理学影响的教学效能核定运动之后，这一概念频繁地出

---

① 宋莹，女，副教授，文学硕士，研究方向为英语教学、翻译理论与实践。

现在英语教育文献之中。美国学者 S Yong 和 D Shaw（1999）指出："虽然在教师有效性方面已经进行了大重研究，但对什么是有效教学、怎样去定义、如何去评估之类的问题仍然悬而未决，到今天为止，这些问题也尚未形成公认的答案。"

国外对于"有效教学"的研究类别较多，主要包括对有效行为的研究、对有效教学技能的研究、对有效教学风格的研究、对有效教学模式的研究、对有效教师的教学艺术的研究，以及对有效教学的构成、特征、影响因素和多维性的研究。

国内最早对于"有效教学"的研究见于陈琦、刘儒德主编的《当代教育心理学》，此后陆续有学者展开相关研究。孙亚玲（2008）建构了具有操作性的课堂教学有效性标准体系，认为应为每一个学生提供参与的机会，获得与教师近距离接触与互动的机会。袁振国（2002）认为所谓有效教学是学生真正发生了什么样的变化，而不是教师教了多少以及学生学了多少。近些年关于有效教学的研究，渐渐突破了有效教学是"有效率的教学"的视野，越来越关注教学对于人的全面发展的影响。魏清（2012）将有效教学置于"全人教育"的视野中思考，回归了教育的本质即关注人的发展，认为"在'基于人、适于人和惠于人'的教育世界里，有效教学的最主要、最基本特征是以学生发展为本，教学生态和谐平衡，教师充满热情，促进学生学习，融洽的师生关系，激发学生的主动性。这些特征可以成为判断有效教学的依据，也是教师要达成有效教学的重要支撑"。

三、应用型民办高校"有效教学模式"之构建

在我国众多高校踏上创新改革、谋求发展的应用型转型之路的背景之下，我校在致力于培养具备核心竞争力的应用型人才的过程中，更强调大学的社会服务职能，以服务经济和社会发展需要为导向，注重学生专业知识、专业技能的培养和训练，以培养专业应用型人才为目标（王硕旺，2016）。但同时需牢记，对学生行业知识和岗位应用能力的培养一定是以在专业核心课程中夯实学生的专业知识和专业能力为前提的，因此专业核心课程教学的有效性显得尤为重要。"新文科"建设强调，在注重复合专业知识教学和应用能力培养的同时，应同等甚至尤为重视在价值观层面的心智训练与品格塑造，培养勇于承担社会责任的公民，以帮助学生成"人"。因此，我校外语专业核心课程不仅肩负着打牢外语专业学生语言基础的基本职责，还应丰富学生作为人的社会本质、文化本质和精神本质（郭元祥，2021），从而助力其成长为社会主义新时代的建设者和接班人。

（一）"有效教学模式"之内涵

结合我校应用型特色以及"有效教学"相关研究中对于"全人教育"和"师生关系"的关注，本文认为，在应用型民办高校人才培养过程中，应实施基于"以人为本（Whole-Person Centered)、聚焦应用（Application Focused）、关系导向（Relationship Oriented）"的教学模式（WAR Teaching Mode）（可音译"我"教学，凸显对"人"的关注）（见图1）来增加教学有效性，以此为基础来提升人才核心竞争力。也就是说，教学尤其是专业核心课教学，想要达成一定有效性，应同时关注学生的认知、情感、意志等方面的整体发展，对真实情景下学生解决问题能力的培养，以及对合作协商式师生关系的构建。

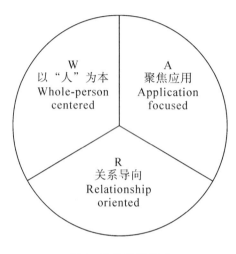

图1 有效教学模式

1. 以"人"为本（Whole-Person Centered）

这里的"人"是"全人教育"理念下同时关注认知发展、情意陶冶和技能养成而培养出来的人才。因此，教学中教师应带领学生从社会、文化、历史等视角，进入知识所隐含的多维背景，开展理解性的学习，培养学生"尊重其他文化的意识和态度，形成对自己文化的认同感与自豪感；使学生有能力从不同的文化视角来审视和理解同样的事件和经验，提高对文化差异性的欣赏能力"（夏正江，2007），从而实现有效培养"学生应具备的适应终身和社会发展的必备品格和关键能力，突出强调个人修养、社会关爱、家国情怀"，使学生成为真正意义上的"人"。

2. 聚焦应用（Application Focused）

真实情景创建应该可以说是应用型外语人才培养的最重要特征和元素之一。传统的外语教学一直将重心放在纯语言知识的输入上，忽视对语言输出能力以及在不同行业岗位的语言迁移运用能力，导致大多数外语专业毕业生获得的仅是聋哑外语，听不懂也说不出，最多只能脑子里想一想，更不用说能利用外语解决工作实际问题了。而当今社会亟须的是不仅会外语，而且还具备具体行业和岗位能力的复合型人才，这就更需要在教学中聚焦知识能力的迁移和应用。简单来说，聚焦应用的教学至少应能围绕选定的一个或几个问题，以事实为素材来编写成对某一实际情景的客观描述，来达成一定的教学目的（张家军、靳玉乐，2004）。同时，案例中涉及的真实事件凸显了真实情景的实用价值，让学习者像某一特定领域的"专业人员一样思考问题、分析问题、解决问题"（郑金洲，2002）。结合我校应用型民办高校性质，真实情景应围绕聚焦相关行业岗位要求来设置。聚焦真实情景的应用性教学即使不能即时看出有效性，但从长远来看，学生能在未来的工作岗位上自如地解决工作问题，那么这样的前期教学就应该是有效的。

3. 关系导向（Relationship Oriented）

这里的关系是指师生在教学中的互动与协商。师生间的互动必定是存在于教学活动中的。一些国外研究表明，有效教学本质上取决于教师建立能够实现预期教育成果的学习经验的能力，而每个学生都参与教学活动是实施有效教学的前提（孙亚玲，2008）。同时，教师应根据学生在教学活动中的表现和需求来即时调整教学内容、教学方法和评估方式，从而更有针对性地在教学中解决学生的问题。而学生觉得学习内容能解决自己的困难，必然会对后续教学充满期待，也就不会存在教师在课堂上唱"独角戏"的情况，教学效果自然也能得到提升，即在师生间形成的这种互为生成的协商关系与教学效果呈现一种正向关系。

（二）"有效教学模式"视角下我校部分课堂教学有效性之评鉴

鉴于综合英语是英语专业基础阶段的核心课程，承载着帮助学生赢得语言知识、国际视野、创新思辨、协同合作以及跨文化能力多重提升的职责，因此该课程是相对比较容易通过有效教学模式三要素来衡量和评判教学效度的课程。下述分析便是围绕综合英语的教学来展开的。

1. 现状分析

笔者制定了一个简易的有效教学评价表（表1），作为走访听课时的评价依据，用数字0、1、2、3、4分别对应"无""较少""一般""较多"和"充分"。由于听课课时有限，评价表的完备性、科学性还有待验证和提升。此外，由于是单独听课，导致缺少客观的同行意见支持，因此该统计结果仅具有一定程度的参考性，不完全具备结论性。但由于评价的三个指标是在借鉴已有的相关研究理论基础上结合校本实际而生成的，且结合了一定量的听课实证材料，因此本研究仍具有一定效度。

表1　有效教学评价表

姓名（教龄）	Whole-person Centered					Application Focused					Relationship Oriented					总分
	W0	W1	W2	W3	W4	A0	A1	A2	A3	A4	R0	R1	R2	R3	R4	
教师1（2y）	0					0								3		3
教师2（4y）	0						1						2			3
教师3（4y）	0						1							3		4
教师4（11y）				3				2				1				6
教师5（12y）		1					1							3		6
平均分	0.8					1.0					2.6					4.4

从统计数据来看，完成相对较好的指标为师生协商互动，真实情景运用居中，最弱的为全人教育。

从个人得分来看，满分12分，得分最高为6分（未及格），最低仅为3分。平均分为4.4分，远远谈不上教学有效性。

结合五位教师教龄来看，教师1教龄为2年，教师2、教师3为4年，教师4、教师5为11~12年。可以看出，教龄与教学有效性基本成正比，但也有例外，如教师2。

就全人教育项来看，得分较高的教师4、教师5都开展过思政教学理念的学习，但也有分值高低差异，得分较高的教师4教授大二，得分较低的教师5教授大一。教师5表示，虽然深知思政教育的重要性，但大一教材文本思想深度偏低，难以挖掘思政切入点，因此更多地偏向对语言知识本身的传授。而教师1、教师2、教师3则几乎没有接受过系统的思政教学训练，教学中也几乎没有融入思政元素。

就真实情景运用项而言，得分为0的教师1教授大一，同样教授大一的还有教师5，但得分高于教师1，主要原因在于教师5曾长期教授高级英语，在对学生知识迁移能力的培养上相对重视。但教师5表示，由于大一学生语言能力的限制，对于真实情景的创设和能力的运用相对难以开展。教师2、教师3、教师4同教授大二，但仍然是教龄较长的教师4得分较高，教师2、教师3或许还是由于教龄较短、经验积累不足，导致不太重视对学生知识迁移运用能力的培养。

就师生互动协商而言，五位教师基本都能在教学中设置讨论等环节，要求学生参与阐释、讨论和分享，但教龄较长的教师5反而与学生的互动活动较少。该教师认为是该班学生本身不够活跃所致。笔者听课观察发现，该班学生的确比较安静，但教师似乎也并没有对此采取对策。教龄相仿的教师2、教师3在此项得分也有些许差异，得分偏低的教师2在对学生表现的反馈方面做得相对欠缺。

2. 现状反思

综上可见，教龄不是影响教学效果的关键因素，还有教师个体差异，如教师本身的教育观念、思维层次、教学态度和教学能力等。因此，为提升教学效度，校院层面应：①增加对教师"思政教学"意识提升和教法学习的培训；②推动专业课教师参与行业岗位的走访实践，以增加应用情景创设的真实性和实用性；③增加校院层面的教学技能类比赛频次，让更多的教师站上竞技舞台，因为只有面对竞赛的压力，教师才能真正沉淀提炼教法、优化教学流程、关注师生互动。

当然，综合英语课堂教学中呈现的问题很有可能在其他课型的教学中同样存在。鉴于近年就业形式严峻，提升学生就业竞争力尤为重要。抛开具体行业岗位要求，一个具备基本就业素质的毕业生，想要真正胜任工作并在职场上走得更加坚实和长远，除了拥有扎实的专业知识能力外，恐怕还需加强在价值观层面的心智训练与品格塑造。但调研表明，有的教师并没有在教学中关注对"人"的教育，即使有关注，也只是浮于表面，如为完成某些研究项目而为之，项目完结可能也就意味着教学中对育"人"的抛弃。教师应关注如何在科研与教学之间找到平衡，教研互相推动，助力提升教学有效性，最终达成师、生、院、校共同高质量发展的和谐状态。

（三）"有效教学模式"之外延

该"有效教学模式"是结合校本特色针对外语专业核心课程的一个基础设计，但针对某些特定课程的教学可能还需要在该基础模式上增加其他必要要素。也就是说，有效教学模式是一个开放的模式，可以根据课型、校情、学情等因素在该基础模式上做加法，增加相应的附加要素1、附加要素2……"有效教学模式"呈现形式如图2所示。

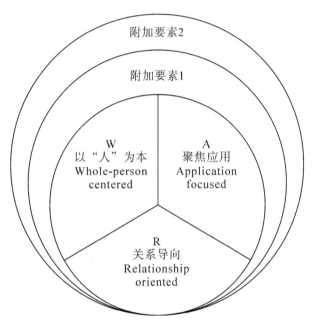

图2 开放式有效教学模式

以我校听力课程为例，对其教学有效性的关注还应扩大到教师教学策略的使用上，比如教师是否贯彻执行校内推行的"结构整体视听教学法"（Structurally Integrated Listening Teaching，SILT），是否在学生听之前采用语音形式做了充足的语法、词汇、句型和内容上的铺垫，是否采取了合理的评价方式根据评价结果即时进行调整和补救。也就是说，当某具体课程的教学已有此类校本教学法指导时，该教法的执行度也应被纳入教学有效性的考量中。听力课程的有效教学模式则可尝试结合"结构整体视听教学法"扩展为"WAR-SILT Teaching Mode"，其教学模式可呈现为图3。

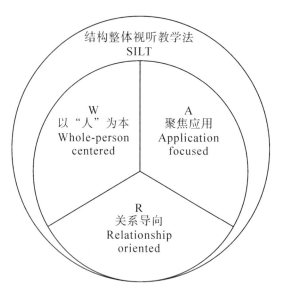

图3　听力有效教学模式

三、结语

总之，有效教学是促进学生发展的基本要素和根本前提。专业核心课程教学在关注传递专业知识本身的同时，应关注对学生思想层次、文化涵养、道德水平的提升，且合理适度地设置真实情景教学活动以发展学生的知识迁移运用能力，同时积极构建教学活动中师生之间的互动协商关系。良好的师生互动关系既是教师关注学生学习效果的体现，也是学生真正投入学习的反映。只有师生都全情投入到教与学中，有效教学才能是真正的有效，否则一切都不过是空谈和摆设。

参考文献

［1］崔允漷. 有效教学［M］. 上海：华东师范大学出版社，2009.

［2］YONG S, SHAW D. Profiles of effective college and university teachers［J］. The Journal of Higher Education，1999（70）：670-686.

［3］孙亚玲. 课堂教学有效性标准研究［M］. 北京：教育科学出版社，2008.

［4］魏清. 全人教育视野下的有效教学［M］. 北京：社会科学文献出版社，2012.

［5］王硕旺，蔡宗模. 应用型大学的缘起、谱系与现实问题［J］. 重庆高教研究，2016（2）：22-29.

［6］郭元祥. 深度教学：促进学生素养发育的教学变革［M］. 福州：福建教育出版社，2021.

［7］夏正江. 简析文化回应性教学：兼评文化与教学的关系［J］. 全球教育展望，2007（3）：54-62，71.

［8］教育部. 教育部关于全面深化课程改革 落实立德树人根本任务的指导意见［EB/OL］. http://www.moe.gov.cn/srcsite/A26/jcj.kcjcgh/201404/t20140408-167226.html.

［9］张家军，靳玉乐. 论案例教学的本质与特点［J］. 中国教育学刊，2004（1）：48-50，62.

［10］郑金洲. 案例教学：教师发展的新途径［J］. 教育理论与实践，2002（7）：36-41.

On the Effective Teaching Mode for Foreign Language Majors in Application-Oriented Private Universities
—A Case Study of Chengdu Institute Sichuan International Studies University

Song Ying

【**Abstract**】 Private universities, in the process of transforming into application-oriented ones, should consider adopting an effective teaching mode centered on people, application and T-S relationship to enhance the quality of talents and to highlight application orientation, so as to better serve the needs of our country and society in this new era.

【**Key words**】 private universities; application-oriented; effective teaching

新文科建设背景下民办高校英语专业
"三型能力一体化"人才培养模式探究①

四川外国语大学成都学院国际商学院　　曹朝洪②

【摘　要】文章介绍了新文科背景下民办高校英语专业人才培养面临的挑战，分析了改革的必然性与必要性，对民办高校英语专业"三型能力一体化"的人才培养模式进行了解读，以期推动民办高校英语专业的内涵式发展，培养符合时代需要的外语人才，有效提升民办高校学生的专业技能和综合素质，助力国家和地区文化与经济建设。

【关键词】新文科；民办高校；英语专业；"三型能力一体化"；人才培养

一、序言

根据教育部公布的数据，截至2023年2月6日，全国民办普通高校共计762所③（含独立学院），占全国普通高校（762所民办+1 982所④公办）的27.77%，成为我国高等教育的有力补充，培养出了大批有用人才，为地方经济建设和相关行业的发展做出了积极贡献。但民办高校依然面临诸多问题，如：相比于公办高校，绝大多数民办高校办学历史短、底蕴浅，在资金支持、生源、师资、社会影响力等方面与公办高校存在不小的差距。

2018年9月，全国教育大会召开，以此为契机，我国高等教育掀起了新一轮的改革浪潮，随

① 本文是中国高等教育学会外语教学研究分会"外语教育研究"课题资助项目"新文科背景下民办高校英语专业人才培养模式研究——以四川外国语大学成都学院为例"（项目编号：21WYJYYB10）的研究成果；四川省高等学校人文社会科学重点研究基地新建院校改革与发展研究中心项目"新建民办院校'三型（应用型+复合型+创新型）合一'人才培养模式研究"（项目编号：XJYX2021B11）的研究成果。
② 曹朝洪，男，汉族，硕士，副教授，研究方向为英语教学与实践和人才培养。
③ 教育部. 全国普通高等学校名单［EB/OL］. https://www.dxsbb.com/news/1396.html.
④ 教育部. 全国普通高等学校名单［EB/OL］. https://www.dxsbb.com/news/55492.html.

后诸如"新文科""新工科""新农科""新商科"等概念被提出。作为新文科有机组成的高校英语教育该何去何从？（向明友，2020）在当前社会普遍流传英语专业人才过剩说法的情况下，民办高校的英语专业人才培养面临着更加艰巨的考验和挑战！为何？正如前所述，与公立高校相比，绝大多数民办高校的英语专业历史短、底蕴浅，其知名度和社会影响力完全无法与公立高校、老牌高校的英语专业相比！新文科背景下民办高校英语专业该如何生存与发展？这是相关民办高校必须要面对和解答的问题，这也是本文的研究背景和研究意义所在。

二、改革的必然性与必要性

面对挑战，民办高校英语专业要想生存和发展，必须在人才培养上下功夫。为何？

（1）目前民办高校英语专业培养目标绝大多数定位于应用型人才的培养，而随着时代的发展，单纯的应用型人才已远不能满足市场的需求。比如，随着"一带一路"建设的深入推进和时代的新发展，市场对既懂外语又懂经济或商务这类复合型人才的需求与日俱增，因此，民办高校英语专业要在做好应用型人才培养的同时，注重复合型人才的培养和创新型人才的培养。在新文科建设背景下，民办高校要从理论上、机制上和模式上进行创新，培养出创新型、复合型、应用型外语人才（覃春华，2020），以满足社会对人才的需求。

（2）培养应用型+复合型+创新型人才不仅是时代的需求，更是国家的政策设计。2018年5月24日，全国普通高等学校毕业生就业创业工作电视电话会议在北京召开。会议指出，要"创新人才培养模式"，"培养更多适应社会需要的创新型、复合型、应用型人才"。2018年9月10日，全国教育大会在北京召开，习近平总书记指出，"积极投身实施创新驱动发展战略，着重培养创新型、复合型、应用型人才"。根据国务院2017年1月19日印发的《国家教育事业发展"十三五"规划》（国发〔2017〕4号）精神，要"培养学生创新创业精神与能力"，要"提高应用型、技术技能型和复合型人才培养比重"。2000年版《高等学校英语专业教学大纲》指出，英语专业要培养"具有扎实语言基础和广博文化知识并能运用英语在相关行业从事翻译、管理、研究等工作的复合型人才"。

上述重要讲话、国家相关文件规定，以及专业教学大纲要求等，为民办高校英语专业人才培养模式的改革提供了政策和理论依据。

在新文科建设背景下，民办高校英语专业人才培养宜在发挥应用型人才培养优势的基础上，注重人才的应用型能力、复合型能力、创新型能力的兼顾与整合，构建"三型（应用型+复合型+创新型）能力一体化"的英语人才培养模式（见图1）。

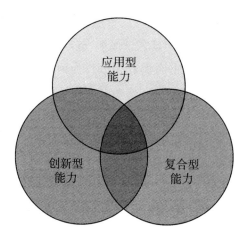

图1 "三型能力一体化"英语人才培养模式

三、"三型能力一体化"英语人才培养模式内容解读

"三型能力一体化"（以下简称"三型"），既是民办高校英语专业建设的核心指向，也是英语人才培养规格达成度的重要标识，对于培育和提升民办高校英语专业学生的核心应用能力，增强其就业和创业能力十分重要。

（一）基于"三型"的人才培养方案的制定与完善

对应用型人才的培养是民办高校的优势，本文不在此赘述。关于复合型能力的培养，各校可依实际情况结合自身优势专业进行复合试点，如：学生在进入大学二年级或三年级时，可依据个人意愿和实际情况进行分流复合，比如英语+管理类专业（酒店管理、会展管理等）的复合，英语+其他外语的复合，如英语+韩国语（法语、日语、西班牙语等），同时，针对不同的复合项目制定对应的人才培养方案。另外，加强与国外高校合作，采取2+2（国内2年、国外2年）双文凭，或3+1+1.5（3年国内、1年交换、1.5年国外硕士学位课程）本升硕等项目形式，培养具有国际视野的创新型人才。民办高校宜充分发挥自身机制灵活的优势，顺势而为，主动对接市场需求，加快自身转型建设。

（二）基于"三型"的课程体系的构建

完善和再造"三型"模式下的英语专业特色课程体系，邀请用人单位、行业专家、学者共同开发课程，建立多元的课程结构，尤其应提高实践性课程的比例。专业教师应主动参与市场调研，确保课程讲授内容的更新。重视课程评估，实行企业与学校双向标准构建，并按学生个性的发展和职业适应性的需要进行课程调整，为学生提供更灵活、多样化的分流式教育。

（三）信息化背景下的英语教学范式改革

目前民办高校英语专业的课堂多采用"以教师为中心"的传统教学模式（郭艳红，2014）。在新文科建设背景下，英语课堂倡导采用任务教学法、案例教学法、模拟教学法、项目教学法、多媒体网络教学法等教学方法，充分调动学生的学习积极性和兴趣，最大限度地让学生参与学习的全过程（陈准民 等，2009），激发学生的学习动机，发挥学生的主体作用，打造以学生为主体、教师为主导的课堂教学模式。特别是案例教学法，它能将语言教学真实化，将课堂社会化，用真实的案例教学，使学习者接触错综复杂的不同情景的商务活动（傅琳，2013），是实践教学的一种具体体现。同时，案例教学能将英语语言学习、商务知识和人际交流有机结合，能提高学生分析问题和解决问题的能力，激发学生的思考能力和创新能力，并通过与同学间的交流与辩论，提高学生的语言交际和沟通能力。在新文科建设背景下，民办高校英语专业要以培养学生"三型能力一体化"为出发点，推行以问题为导向的项目型教学法和以目标为导向的任务型教学法，推动以慕课、微课、翻转课堂等为主的信息化背景下的英语教学范式改革，创新英语专业课堂教学方式方法，重塑教学流程，着力培养学生的沟通能力、批判性阅读能力、团队协作能力和解决实际问题的能力。

（四）有效实践育人体系的构建

首先，可建立相关语言实训室。实训室是英语专业开展实践教学的重要场所，是实践育人的重要途径和手段。

其次，丰富第二课堂。第二课堂能促进学生的专业学习，锻炼学生的参与能力和实践能力，丰富学生文化生活，提高学生的综合素质。第二课堂活动形式多样、丰富多彩，如阅读比赛、演讲比赛、辩论赛、读书报告会、戏剧表演、报刊编辑、校园广播电台主持、影视配音大赛、翻译大赛、歌舞晚会等。

最后，加强校企合作，实质性推进校企合作、产学合作，使行业、企业深度参与专业建设、课程设置、人才培养和绩效评价等。探索和健全校企合作的双赢机制，以需求为导向，准确对接产业和市场需求，构建校企深度融合的协同育人机制，解决传统实践育人环节中学生参与不足和缺乏长效机制等问题。

实践育人在英语人才培养中有着十分重要的作用，构建有效的实践育人体系，能全面提升学生的实践能力和综合素质，以实现"三型"人才培养目标。

（五）优秀师资队伍的建设

民办高校在办学初期多有借用公办高校师资的情况，为长远计，民办高校须努力打造自有师资队伍，掌握更多的主动权，以有利于民办高校自身的发展。针对民办高校专业教师年轻化的情况，学校应创造条件促进教师理论素养和业务水平的提高，特别强化教师到企事业单位、外贸公司等返岗进修或挂职锻炼，打造"双师型"教师队伍。

基于英语专业"三型"人才培养模式的发展思路，建立以学科带头人、"双师型"教师、中青年骨干、企业兼职教师等共同组成的优秀教学团队，完善教师培养、聘任和考核机制，不断优化教学团队，以交流培训、合作讲学、兼职任教等多种形式强化师资队伍建设。

四、结语

在新文科建设背景下，民办高校英语专业人才培养宜紧密结合产业和市场需求，聚焦国家经济建设，与相关产业链、行业圈和岗位群紧密对接，发挥应用型高校的优势，践行"三型能力一体化"的人才培养模式，以培养出具备通用英语能力、相关专业能力和特色岗位能力的新外语人才！

参考文献

[1] 陈准民，王立非. 解读《高等学校商务英语专业本科教学要求》[J]. 中国外语，2009，6（4）：7.

[2] 傅琳. 高职院校商务英语专业实践教学的优化与创新研究 [J]. 海外英语，2013（3）：139.

[3] 郭艳红. 应用型本科商务英语教学改革路在何方 [J]. 海外英语，2014（3）：87.

[4] 覃春华. 新文科背景下地方应用型高校英语专业人才的培养研究 [J]. 校园英语，2020（36）：54.

[5] 向明友. 新学科背景下大学外语教育改革刍议 [J]. 中国外语，2020（1）：20.

A Research on "Three-ability Integration" Talent Training Mode for English Major in Private Colleges under the Background of New Liberal Arts

Cao Chaohong

【**Abstract**】The paper introduces the challenges faced by English major in private colleges or universities under the background of new liberal arts, expounds the inevitability and necessity of reform, and it mainly discusses the "Three-ability Integration" talent training mode for English major in private colleges or universities. The research aims to promote the connotative development of English major, improve the professional skills and comprehensive quality of English major students in private colleges or universities, expecting to assist national and regional cultural and economic development.

【**Key words**】new liberal arts; private colleges or universities; English major; Three-ability Integration; talent training

第三部分　外语教学

"讲好中国故事"视角下
高校英语专业听力教学新探索①

四川外国语大学成都学院　何晶晶②

【摘　要】"讲好中国故事""传播好中国声音"是我国外语高等教育肩负的新使命。英语专业听力教学在强调技能训练的同时，还应注重培养学生主动传播中华文化的意识和能力。本研究遵循外语课程思政教学理念，从教学目标、教学内容、组织流程、效果评价四个层面探索英语听力教学框架，在教学实践中有机融入《习近平谈治国理政》（英文版）专题内容，贯穿本国文化与目的语文化的双向导入，通过新媒体平台发布学习成果，传播中华文化与价值理念，为英语专业听力课程教学改革与创新提供参考。

【关键词】"讲好中国故事"；听力教学；语言能力；跨文化传播能力

2020年，教育部印发《高等学校课程思政建设指导纲要》，提出推进习近平新时代中国特色社会主义思想进教材、进课堂、进头脑（"三进"），并将中华优秀传统文化列为课程思政的教育重点。党的二十大报告指出，加快建构中国话语和中国叙事体系，"讲好中国故事"，展现可信、可爱、可敬的中国形象。"讲好中国故事"是习近平新时代中国特色社会主义思想的重要组成部分，对塑造国家形象、增强对外宣传能力、建构中国特色话语权有着重要价值（李倩楠，2020）。外语课程基本以目的语讲授，注重口头表达策略与语言知识的传授，所使用材料大多是国外学习、生活及社会场景内容，贴近外国文化语境。《习近平谈治国理政》（英文版）蕴含着丰富深厚的中华文化，集中体现了中国特色话语体系，是培养英语专业学生"讲好中国故事"的宝贵资源，可有机融入英语专业课程教学。鉴于此，本文以习近平新时代中国特色社会主义思想为引领，基于外语课程思政理念设计英语专业听力教学，使学生形成兼收并蓄的多元文化观，在跨文化交际中"讲好中国故事"，传递中国价值理念。

---

① 本文系2021年四川省哲学社会科学规划项目"基于'三进'背景的《习近平谈治国理政》外语类课程链建构研究"（项目编号：SC21WY023）的阶段性研究成果。

② 何晶晶，女，四川外国语大学成都学院副教授，研究方向：英美文学、外语教学。

一、文献综述

外语教学多注重对目的语文化的灌输，长此以往将导致外语学习者对中国文化及其外语表达的欠缺。从丛（2000）首先提出"许多有相当英文程度的中国青年学者，在与西人交往过程中，始终显示不出来自文化大国的学者所应具有的深厚文化素养和独立的文化人格"。他将我国外语学生的这一突出问题称为"中国文化失语症"。继而有学者认为，在跨文化交际中"忽视跨文化的二元性或多元性，把文化对比等同于外来文化的单纯灌输，是平等有效跨文化交际的大忌"（赵军，2012）。对本土文化的重视并不等同于排外，而是"对本土文化和外国文化进行客观公允的评价和鉴别，在比较学习中发现和理解中外文化的表层和深层异同"（孙有中，2016）。学者们已对外语课程负有传授本国文化、弘扬优秀传统的责任达成共识，但仍需进一步探索实施路径与方法。

《习近平谈治国理政》是中华优秀传统文化的集萃之作。袁北星（2020）阐释了《习近平谈治国理政》第三卷中的文化观。赵文能（2021）指出，深入研究和学习习近平治国理政思想中的传统文化意蕴，对于更好地传承和弘扬中华优秀传统文化、学深悟透习近平治国理政思想具有重大意义。史怀刚（2022）提出《习近平谈治国理政》一至三卷中所引用传统典籍来源多元，既有儒、墨、道、法等诸子百家学说，也有广为流传的经典诗词歌赋，还有民间谚语、俚语。学界关于治国理政文化观的研究成果为外语课程思政提供了重要参考，但将其与教学实践融会贯通还有待研究。综上所述，本文研究问题如下：①如何设计"讲好中国故事"视角下的英语听力教学框架？②怎样在该框架下开展教学实践，融入治国理政主题内容，培养学生用英语"讲好中国故事"？

二、英语专业听力教学框架设计

教学设计是一种专业教学决策，缘起于教育理论指导下的学习要素分析，落脚于实践中教学问题的合理解决，是连接教育理论和教学实践的桥梁（盛群力，2010）。做好外语课程思政教学设计，需要突出教学目标的精准性、内容设计的体系性、组织流程设计的渐进性和评价反馈的整合性（胡杰辉，2021）。教学目标的精准性指教学目标要基于语言素材的深度挖掘提炼而成，思政教学目标应当与语言教学目标有机衔接。内容设计的体系性体现为学科内容和思政内容的有机融合。组织流程设计的渐进性表现为教师通过一系列活动任务的设计，为学习者搭建动态的支架。评价反馈的整合性意味着课程思政教学评价要整合到语言知识与技能的评价中。本研究借鉴外语课程思政教学设计理念，对英语听力教学进行整体规划。本框架主要从教学目标、教学内容、组织流程、效果评价四个层面进行微观教学设计（见图1）。相关阐释如下：

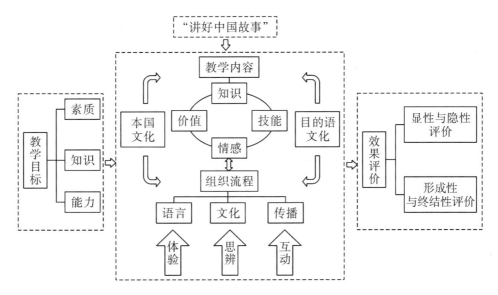

图1　英语听力教学框架

教学目标分为素质、知识、能力三个方面，以达到价值引领、知识传授、能力培养的统一。素质目标培养学生具有文化自信、家国情怀、全球视野；知识目标注重培养学生具备扎实的外语语言基本功和厚实的专业知识；能力目标提高学生的英语语言运用能力、思辨能力和跨文化传播能力。教师在教学中要深挖育人元素，找准文化切入点，分层达成学科、课程、单元的育人目标。

教学内容是课程的灵魂与核心，也是课程思政的起点与抓手（文秋芳，2021）。内容体系注重知识、技能、情感、价值四个模块的有机融合。知识模块包含英语听力词汇句法语篇知识、本国文化知识、外国文化知识。技能模块指各项听力微技能和综合技能。情感模块指增强本土文化意识和对多元文化的包容与欣赏，保持开放的态度理解和接受文化差异，尊重其他文化。价值模块融入社会主义核心价值观的输入与传播，坚持立德树人。

组织流程即教师通过一系列活动任务的设计，为学习者搭建有关语言、文化、传播的动态支架。语言学习支架聚焦听力学习任务和语言艺术策略。文化支架促成语言教学与跨文化教学的融合，启发学生探索和描述不同文化之间的差异与影响。传播支架体现为教师组织开展的系列跨文化传播活动，并在活动过程中给予学生帮助和指导。教学流程遵循最近发展区（Zone of Proximal Development，ZPD）原则，考虑学习者当前水平和潜在发展水平（学习目标）之间的距离，基于学习者当前状态和学习任务细化学习活动设计和学习步骤设计（Vygotsky，1978）。因此，支架的动态性要求任务难度逐渐提升，通过体验、思辨、互动式教学活动来实施。学生在体验式的交流对话中倾听、描述、沟通；在思辨式活动中展示自己的观点并给出原因，针对其他同学的观点提出质疑或进行新的补充；在互动式教学任务中根据课堂教学主题完成短视频的制作，并发布到新媒体平台上。

效果评价紧密对接教学目标，分为显性评价与隐性评价，以及形成性与终结性评价。显性评价包括有关语言和文化的知识技能评价，可采用教师评价、同伴互评、自我评价，实现评价主体多元化。隐性评价指融入语言与文化中的课程思政教学评价。隐性评价具有情感因素和价值导向，涵盖价值观塑造，最终效果需要长期评价。形成性评价关注听力教学的发展过程，促进学生更深层次的学习，有效帮助教师开展持续的教学改进。终结性评价关注教学结果，通常使用期末测试或自评量表。

三、英语专业听力教学实践

本研究以四川某高校英语专业听力课程为例，阐释英语听力教学框架的应用。研究对象为英语学院大三年级本科班的 142 名学生。研究依托《英语听力入门 3000》（第四册）和《习近平谈治国理政》（英文版第一册），课程教学案例设计主要依据第一单元和第八单元。

教材第一单元"Opting for a Slower Pace of Life in the 21ˢᵗ Century"是关于生活态度的主题听力。教师以"中国传统制茶技艺及其相关习俗"列入人类非物质文化遗产的新闻报道为话题，设计对话热身活动，即学生带外宾体验茶园采摘，同时介绍茶叶种类、炒茶和煮茶技艺，完成该任务须掌握的相关文化知识和话语表达。学生在对话体验活动中意识到语言表达的欠缺，产生学习动力。教师设计渐进性的教学任务，为学生搭建学习阶梯。首先，聆听 TED 短视频"The History of Tea"，要求学生记录茶叶种植、食饮、传播的时间以及对日本茶道和英式下午茶的影响，训练听力速记与缩写技能，补充语言文化知识。继而展示博物馆"三才盖碗"蜀地茶文化的中英文图片，体验交际语境中的词汇与文化。其次，学生完成教材听力填空练习，辨别听力提纲结构层次，教师启发学生辩证地思考生活节奏与方式。再次，练习科普讲座听力材料"Drink Your Green Tea"，训练学生讲座听力的条理性和组织性，掌握关于茶叶的外文表达。最后，教师引申出《习近平谈治国理政》"坚定文化自信"章节的用典"落其实者思其树，饮其流者怀其源"，重温饮水思源、感恩回报的中华民族传统美德，使学生水到渠成地领悟中华文化思想精髓。课后开展"讲好中国故事 弘扬巴蜀文化"短视频大赛，学生基于课堂所学知识，以团队的形式录制关于巴蜀文化的英语短视频，选择常用的社交媒体发布。教师把好语言关和内容关，推选优秀的作品发布到学院微信和微博公众号上，并进行评奖。反馈结果见表1。

表1 部分学生心得体会

学生 A	这个主题离我们很近，于我们而言，更像是一次深入的文化体验，丰富了大学生活。通过文化与语言的结合，再以新媒体平台为媒介来进行传播，为弘扬巴蜀文化贡献自己的力量
学生 B	这次活动使我真实体验并深入了解本地的茶馆民俗，对生活的观察更加细致。同时也学习收获到很多新的知识，例如素材的选取和翻译、视频的转场和衔接、口语的发音。见到了很多优秀的作品，值得我学习
学生 C	我们认识到了团队协作的重要性。组内同学分工明确，各司其职，才有了最终的完美作品。我们的视频剪辑能力和口语表达能力都有了大幅度提高

教材第八单元"Seeing Both Sides"的听力练习涉及中国"龙"在西方被误解的新闻报道。教师在引入环节展示中世纪欧洲宗教名画《圣乔治屠龙》以及南宋画家陈容的《九龙图》，请学生表述直观感受，分析产生差异的原因。西方的 dragon 大多为"恶龙怪兽"形象。而龙在中国是"神兽"，青龙主木、主春天、主生发，对应生生不息、吉庆有余。在听力练习中，教师依照教材内容着重训练学生辨别讲座结构，以及对语义标记词的敏感度，并记录关键词。例如学生在听力过程中会关注表示对比的语义标记词，包括 but、however、on the other hand、on the contrary，运用缩写符号记录标记词后面的实词，更易于记录材料中的关键信息，帮助理解"龙"在中西方文化中的意义。听力任务结束后，教师组织学生阅读 CNN 和 *China Daily* 关于译"龙"为"Loong"的报道，并展开讨论。最后，教师基于《习近平谈治国理政》（英文版第一册）"文明因交流而多彩，文明因互鉴而丰富"的演讲，转录成听力音频，要求学生听后依照框架逻辑，归纳讲座提纲，梳理文明"交流互鉴"的三原则。课后，教师推送该演讲中蕴含的中英文典故及术语，引导学生鉴赏英文译文，学习"讲好中国故事"的话语结构及叙事艺术。

完成教学实验后，笔者对实验组开展了问卷调查，共收回 142 份有效问卷。问卷包含课程满意度调查，以及项目实施过程中的收获、问题、建议三个开放式问题。结果表明，97.2%（138人）的学生表示对本学期的听力教学感到满意，希望能够延续目前的教学模式。98.6%（140 人）的学生认为"课程学习提高了听说能力，增长了跨文化知识，提升了文化自信"。24.6%（35 人）的学生表示现存问题主要在于课程难度，"听力材料难度和练习强度增大，新内容的词汇句法结构复杂"。31.7%（45 人）的学生对课程提出了具体建议，希望"课堂增加视频内容"以及"推荐治国理政专题的阅读材料，促进理解"。经过教学效果的检验，该框架的合理性、适用性得到了教学实践的验证。但在实施过程中，教师需要兼顾学生的明显差异，根据学生的知识水平和能力合理规划教学，并将听与说、听与读、听与写等活动结合起来。

四、讨论与结语

该教学框架能够提升学生思想素质、拓展知识体系、培养综合能力，实现以文化人、以文育人。但在实施过程中需要注意以下几点：

第一，准确把握教学目标，细致掌握《习近平谈治国理政》（中文版和英文版）的语言材料特点，设计融合价值、知识、技能的演讲听力练习。首先，教师按照高校英语专业八级考纲对讲座听力的要求，将演讲材料转录成英文听力素材，适当控制语料长度和难度，使之符合听力训练材料的特点。转录音频要注意语速和不同地区口音的多样化结合，例如美音和英音。教师还可以将演讲视频、相关英语新闻报道与练习搭配使用，精听与泛听相结合，将讲座、演讲和新闻等不同体裁的听力材料有机结合，使学生接触到真实的语言材料，增强外语教学的真实性和多样性。

第二，授课过程循序渐进，润物无声地融入价值、知识、技能的传授。教师可以将教材单元主题与《习近平谈治国理政》（英文版）章节内容相关联，将听力微技能项目与演讲材料相融合，将课堂练习与课后任务相链接，不仅指导学生掌握技能要领，也要引导他们领悟价值意义，知行合一。例如将演讲材料设计成笔记记录练习、讲座填空练习、提纲概要练习，训练学生记关键词、同义转述、识别主旨大意、辨别主旨大意与支撑细节、梳理逻辑框架等技能。对于隐含价值观的重要表述，可请学生听后复述并翻译成中文，教师再结合实例进行阐释，促使学生入脑入心。

第三，教师要与学生保持良好的互动沟通，不断调整教学进度，预测学生听力学习难度并给予指导。例如通过测试的方式对学生语言能力进行分析，了解学生听力学习难点，制定具体的、切合学生程度的听力计划。教师可同时运用自上而下和自下而上的听力理解策略，灵活处理教学难点问题。自上而下将听看成解码过程，偏重词汇和语法能力，即辨认句子各要素之间的关系；自下而上包括背景知识、内容图式和意义推断（Nunan，2004）。《习近平谈治国理政》涵盖政治、经济、文化、教育、国防、外交等多重主题。教师依据学生对话题的熟悉度，交替使用两种策略，以获得有效预期结果。

本文探索了"讲好中国故事"视角下的英语专业听力教学，从教学目标、内容、组织流程和效果评价设计教学框架，各个环节相互观照，有机协调。教学目标强调语言学习、文化传统、家国情怀，教学内容兼顾本土文化与目的语文化，教学流程通过体验、思辨、互动式教学活动为学生搭建语言、文化、传播的动态支架。在外语专业听力教学中，教师应提升教学的技术、课程思政的艺术、文化教学的学术，在使学生掌握语言技能的同时，在了解外国文化的基础上学习本国文化，成为中国故事的讲述者、中国文化的传播者。

参考文献

［1］李倩楠."讲好中国故事"的研究综述与未来展望［J］.克拉玛依学刊，2020（6）：73-79.

［2］从丛."中国文化失语"：我国英语教学的缺陷［N］.光明日报，2000-10-19.

［3］赵军.跨文化交际：认知差异与文化语言习得［M］.北京：北京大学出版社，2012.

［4］孙有中.外语教育与跨文化能力培养［J］.中国外语，2016（3）：17-22.

［5］袁北星.《习近平谈治国理政》第三卷中的文化观［J］.湖北社会科学，2020（11）：35-53.

［6］赵文能.习近平新时代治国理政思想中的传统文化意蕴研究［J］.大庆社会科学，2021（6）：39-43.

［7］史怀刚.《习近平谈治国理政》用典中的文化"两创"论略［J］.国学学刊，2022（1）：1-6.

［8］盛群力.现代教学设计论［M］.杭州：浙江教育出版社，2010.

［9］胡杰辉.外语课程思政视角下的教学设计研究［J］.中国外语，2021（2）：53-59.

［10］文秋芳.大学外语课程思政的内涵和实施框架［J］.中国外语，2021（2）：47-52.

［11］VYGOTSKY L S. Mind in Society：The Development of Higher Psychological Processes［M］. Cambridge，M. A.：Harvard University Press，1978.

［12］NUNAN，DAVID. 体验英语教学［M］. 北京：高等教育出版社，2004.

New Exploration of Listening Teaching for English Majors in Colleges from the Perspective of "Telling China' Story to the World"

He Jingjing

【**Abstract**】Telling China's story to the world and spreading the voice of China is a new mission undertaken by our foreign language higher education. While emphasizing skill training, listening teaching for English majors should also pay attention to cultivating students' awareness and ability to actively spread Chinese culture. Based on the concept of political and virtuous awareness in foreign language teaching, this research explores English listening teaching framework in the four aspects of teaching objective, teaching content, organizational gradualness and effective evaluation, with the integration of the content of *Xi Jinping: The Governance of China* (English version) in teaching practice. Besides, it implements the two-way introduction of native culture and target language culture in teaching practice, releases cross-cultural learning achievements through new media platforms, and disseminates Chinese culture and values, so as to provide reference for the reform and innovation of listening course for foreign language majors, as well as cultivate new generations who can tell China's story to the world.

【**Key words**】telling China's story to the world; listening teaching; linguistic competence; intercultural communication competence

日语专业教材和等级考试的关联性研究

——从《新编日语》与国际能力二级、专业四级的语法谈起①

四川外国语大学成都学院亚非语言学院　　石荷花②　　康艳梅③

【摘　要】本文从日语教学的观点出发，对2015—2020年日语能力测试二级、专业四级试题的语法题进行统计，分析该部分各自的考点，并分析与《新编日语（修订版）》语法的重合情况以明确考试与教材的关联性，以期能够更好地利用考试对日语教学的反拨作用，为教师教学和学生备考提出建议和参考。

【关键词】专业教材；等级考试；语法；相关性

一、引言

　　等级考试是考核日语专业学生的语言知识和运用能力的重要方式，同时也能够促进日语教学的不断改进。提及日语等级考试，最重要的当属日语能力测试和专业四级、专业八级考试。能力测试是世界范围内一项大规模的水平考试；专业四级、专业八级考试分别是针对日语专业基础阶段、高级阶段学生的水平考试。两项考试的内容都包含了文字词汇、语法、阅读、听力，考试结果的权威性体现在日语教学、企业就职、日本留学、升学考研等各个方面，是衡量专业学习者日语水平的一个重要标准。对于专业学生来说，基础日语（或称为精读课、综合日语）是以词汇、语法、阅读为主的综合性基础课程，对于全方位培养学生日语能力起着举足轻重的作用。《新编日语（修订版）》是众多高校日语专业使用的教材，它提供了基础日语的主要教学内容，是教学活动中的重要依据。分析专业教材与等级考试的相关性，对于推进课程教学改革、完善教师教学方

---

　　① 本文是四川外国语言文学研究中心2020年度一般课题"日语专业精读教材与等级考试的关联性研究——围绕《新编日语（修订版）》与专业四级、国际能力二级谈起"（项目编号：SCWYH20-20）的研究成果之一。

　　② 石荷花，女，副教授，文学硕士，研究方向为日本语言文学。

　　③ 康艳梅，女，副教授，文学硕士，研究方向为日本语言文学。

式和学生学习策略等方面有着重要的意义。

到目前为止，在探讨教材与考试相关性时，日语专业常用教材《新编日语》《综合日语》普遍结合日语专业四级、专业八级考试进行；第二外语、培训机构常用的非专业教材如《大家的日语》《中日交流标准日本语》等普遍结合能力考试进行，有关日语专业教材和能力测试相关性的研究数量较少，并且大多通过词汇进行考查，从语法角度出发的研究更是鲜见。现有的研究如李娟（2011）以《日语能力考试2级 文字词汇》为基准，对《中日交流标准日本语》和《新日本语》文字词汇进行了分析。日语专业学生普遍在基础阶段学完《新编日语（修订版）》1~4册时，参加专业四级（以下简称"专四"）和能力测试二级（以下简称"能力二级"）考试，因此本文的重点是围绕此四本教材与两项考试的语法部分进行关联性分析，并对考试的题型特点、考查重点等进行总结。

二、研究目的和研究内容

《新编日语》与时俱进，先后于2009年、2017年重新改版推出了修订版，此教材涵盖了日语言语知识和文化生活交际知识，包含单词、句型、课文、练习等内容，涉及学习者"听说读写译"各个方面的培养，尤其是语法讲解比较系统，包括了语法、句型以及某些词组和惯用句，贴合了等级考试的新大纲要求。与此同时，随着专业考试的不断成熟、能力考试规模的不断扩大，市面上相关的考试辅导书也是琳琅满目，更是细分为各个等级的词汇、语法、阅读、听力单项训练。部分专业学生单纯为了追求过级，不重视教材，占用课堂时间死记硬背备考书，脱离了语言学习的最终目标，也严重扭曲了等级考试的初衷。将专业教材和等级考试进行相关性分析，让学生能够从课本上找到考点，明白考试是"万变不离其宗"的，课本上的基础知识是一切测试的"源头"，这有助于让学生回归教材，重视课堂上的日积月累。

本文的研究内容主要包括三个方面：

（1）分别统计2015—2020年专四和能力二级真题中语法题所考查的语法项目，并从惯用句型、助词、补助动词、授受、敬语等方面进行细化统计分析；对两者的题型特点、考查重点等进行总结。

（2）将（1）中统计得出的语法项目与教材进行对比，确认两者的重合情况，并进一步弄清重合语法在教材各册中的分布情况。

（3）梳理未被教材收录的语法项目，为教师的教学补充与学生备考时的查漏补缺提供参考。

三、数据来源及分析

从试卷结构来看，两项考试的语法部分都涉及客观选择和完型填空，此外专业四级（以下简称"专四"）还有补充句子，能力二级有连词成句。选择以外的语法题不仅考查应试者对句型和语法规则的运用，还体现出对语言组织、衔接上下文、理解文章思想等各方面的考查，其考核方向接近阅读理解。由于本文篇幅受限，只将重点放在选择题上，共收集 2015—2020 年能力二级真题 11 套共计 132 题、专四真题 6 套共计 90 题。① 在此要特别说明的是：能力二级考试和专四考试的题型不尽相同，且考试频率和出题数都存在明显差异，所以从严谨性出发，本文的重点不在于这两项等级考试的横向比较，而是分别与教材做对比，以理清各自的考点、与教材的重合率为重心。

（一）能力二级与专四语法题考查项目的分析

董杰（2011）将日语专业四级 2002—2006 年考查的语法项目分为"形式名词、助词、助动词"等 7 种，康静纯（2017）则将专业四级 2010—2015 年的语法项目细分为"格助词、接续助词、副助词、补助动词"等 9 种。但是本文在分类统计时发现，有些题同时涉及多个语法项目，关于这一点，先行研究没有交代清楚其处理方式。如：

例 1：言いたいとこが____さっさと____どうだ？（有想说的就赶紧说吧？）（专四 2020 年第 58 题）

A あったら/言うなら B あるなら/言ったら C あると/言ったら D あるなら/言うと

此题不仅考查"なら、と"的区分，还涉及句型"たらどう"，所以记为助动词"なら"和句型两个语法项目。

此外，有的题解题关键在于题干，如：

例 2：この町では子供の数が____一方で、幼稚園の経営が難しくなっている。（这个镇上孩子的数量不断地减少，幼儿园的经营变得很困难）（专四 2016 年第 60 题）

A 減った B 減りそう C 減る D 減ろう

虽然乍一看，四个选项是动词的四个不同的形态，但实际上考点在于题干中的"一方"，考查的是它的接续。此类题在分类统计时也不计为动词的形态，而是划分为惯用句型。

近六年来，能力二级和专四都考查到的语法项目有 8 项：惯用句型、敬语、助词、授受、补助动词、助动词、动词形态（时体态）、词汇。四级考试中的"形式名词"以及其他题型中包含的"惯用句"和"こ·そ·あ·ど"系列没有出现在能力二级中。各项目的出题数目占该考试语

---

① 专四考试每年举行一次，语法选择题每次 15 题；能力二级考试每年举行两次，语法选择题每次 12 道。但是受疫情影响，全国 2020 年 7 月、部分地区 2021 年以来的两次能力二级考试被取消，故只收集到 11 套真题。

法题总数的比例如图 1 所示。

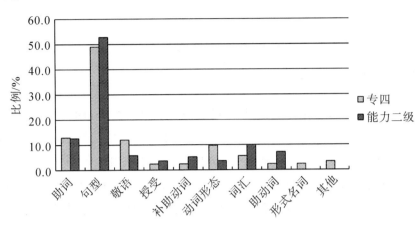

图 1　2015—2020 年等级考试中语法题的考查项目分析

专四语法部分考查项目中，比例最高的 4 项分别是：句型（48.9%）、助词（12.7%）、敬语（11.8%）、动词形态（9.7%）。

能力二级语法部分考查项目中，比例最高的 4 项分别是：句型（52.9%）、助词（12.6%）、词汇（9.8%）、助动词（6.9%）。

惯用句型在两个考试中都占了大部分，专四语法题统计，句型总计 46 道题，其中"ずにはいられない、にかぎって、とされている、たところ、ものなら"等 12 个句型重复出现 2 次以上。能力二级语法题统计，句型总计 92 道题，其中"おきに、にしては"等 11 个句型重复出现，专四中句型的重复率为 20%，明显高于能力二级约 12% 的重复率。并且，对比先行研究可以看出专四考试的变化趋势。董杰（2011）指出，从助词出题比率始终保持第一的统计结果来看，助词无疑是专业四级考查的重点。但康静纯（2017）和本次新的统计结果显示，惯用句型已成为专四每年最多的考点。

助词是专四和能力二级都常考的内容，专四每年出现 1~2 题，格助词的比例最大，除区分使用"は、が""川で泳ぐ、川を泳ぐ"外，也常结合动词形态考查，如 2015 年第 46 题"雑事に毎日振り回され"。能力二级考查的助词种类更多，其中副助词、终助词、接续助词比较常见。专四极少考查的"形式名词"也没有出现在能力二级考试中，选项中的"こと、ところ、もの"都是结合句型"ことにする、たところ、たものだ"等进行的。

自 2016 年开始，能力二级 12 道语法题中敬语每年出现 1 题，难度较低，多锁定在尊他和自谦的区别上；敬语是专四每年的必出项，比例由 2015 年的 15 道题中出现 4 道到近五年降为 1~2 道，除区分尊他和自谦外，最常与形态相似的表达放在一起考查，如"~ていただける"与"~させていただく""お持ち致しましょう"与"持ってあげましょう"。

除开词汇题外，语法部分也出现了部分词汇考查。在能力二级考试中，副词占绝大部分，考查重点是结合题干的语法点构成固定搭配，如"まさか~とは、たとえ~ても、おそらく~だろう、どうやら~か、いまにも~そうだ"等；也涉及少量的近义区分，如自他动词"落とす、落

143

ちる"；动词的不同用法等。相比较而言，专四该部分词汇的内容效度偏低，总计出现 5 道题，但"いままでにない"就出现过三次，所以为了提高专四的内容效度，有必要进行调整。此外，补助动词、助动词、授受、能动、意志、被役等动词形态都略有涉及。

（二）能力二级与专四语法题的特征

从近六年的出题情况来看，能力二级和专四的语法选择题都有各自的特征。

（1）以情景对话的形式进行命题，一定程度上避免了单纯的语法概念的考查，重视语言的实际交际能力。能力考试的确在此方面加强了考查力度，语法题共出现 37 个对话形式，约占总数的28%；专四在 2018 年才开始出现对话形式，至 2020 年一共出现过 5 道题，占总数的 5.56%。正如董杰（2011）指出的，如果仅仅停留在表达形式上，语法学习应该没有太大的难度。但在某种场合，面对特定的对象，使用各种语法形式进行生活交际时，更重要的是需要具有对语言整体的语感或运用语言进行交际的能力。专四也应该是对这样的交际能力的测试，特别是考查敬语或时体态时。如 2018 年的一道题：自分ひとりだけでするのではなく、できるだけほかの人に＿＿くださ
い。（不要自己一个人做，请尽量＿＿）

因为没有上下文的提示，所以容易有两种理解：一是不要光自己做，也请尽量帮助他人；二是不要自己一个人做，尽量请人来帮忙。

（2）专四常考单个的语法项目，偶尔会根据题干中的表达选择固定搭配，如题干中的"いまにも"选择"~そうだ"。能力二级常考查多重句型或助词叠加的运用例：

例 3：レストランハヤマのランチは、AランチかBランチの2 種類（　）選べないけどとても美味しい。（虽然 HAYAMA 餐厅的午餐只能从 A、B 两种里面选，但是很美味）（2018 年 12 月第 38 题）

1 にしか　　2にだけ　　　3からしか　　　4からだけ

结合句意，同时涉及表示限定的"しか~ない"和表来源的"から"的双重考查。此类一题考查多种语法形式的共有 40 道题，约占总数的 30%。能力考试更偏向于语法的综合运用，提高了考试难度也更贴合实际生活需要。

（3）专四考试在选项中常常涉及与答案项的近义辨析或形态相近，除非是固定句型，否则很难光从句意锁定答案。如考"までに、したところ、たばかり"等就会出现对应的干扰项"まで、するところ、たところ"。能力二级仅有两道题单从动词接续考查语法"~かける、~にしたがって"，也鲜有选项间的近义辨析，只出现过区分假定"なら、では"、动词"見える、見られる"、意愿"たがる、たい"、原因限定"だけで、だけ"、目的"ように、ために"、事先"ておく、てある"，绝大多数题的解题关键在于读懂句意和语气，找到题干中对应的表达。由此可见，专四考试对于专业学生掌握语法的要求不仅是"知道"，还需要能够区分近义表达。

（三）能力二级、专四语法与《新编日语（修订版）》的相关性

由于在考查固定句型时，除答案项外，其他可能是错误的语法形式；如例 2 所示，解题关键

在于题干的语法点；如上面（二）（3）所述，答案与其他选项存在近义辨析，如：

例4：彼は日本に10年住んでいるんですって？それなら日本語がうまい＿＿＿ですね。（听说他在日本住了10年？这样的话，他的日语<u>应该</u>挺好的）

Aこと　　Bはず　Cもの　　Dわけ

Bはず、Dわけ都译成"应该"，所以此类题要区分两者才能选出正确答案。

所以，在考查语法项目与教材的相关性时，将答案项、近义辨析项和解题关键的题干语法纳入统计，重复出现的不累计，我们共收集到能力二级语法176项、专四语法117项。

据笔者统计，《新编日语（修订版）》1~4册在"言葉と表現"部分收录多义词、接头·接尾词、句型、助词等语法项目共计665条。将能力二级和专四的语法与上述665条、词汇与教材单词表进行对比，能力二级重合数为153项，重合率86.9%；专四重合数为106项，重合率为90.56%。

能力二级的难度仅次于最高级别一级，专四是大二下期学完教材第四册后举行的考试，但如图2所示，两项考试语法选择部分与教材的重合率高达8成以上，且大多集中在第一册、第二册。这是因为考试必考的动词各种形态、助词、敬语、助动词、补助动词都和一部分句型等集中在教材第一册、第二册，第三册、第四册是相对零散的、各自独立的句型。因此日语入门阶段虽然相对更难，但是必须加以重视，形成清晰的语法系统。

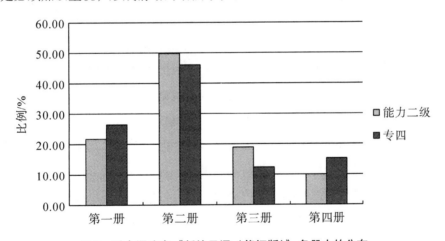

图2　重合语法在《新编日语（修订版）》各册中的分布

由于教材中的句型不仅体现在本次统计的665条中，例句、课后练习里也涉及部分新句型，如"ことはない""てならない"等就曾多次出现。如学生将该部分也重视起来，那么真题和教材句型的重合率还应上升。并且，《新编日语》是专业学习者句型、词汇学习的主要来源，却不是唯一来源，听力、阅读、写作各课程全面培养，因此该部分对专业学生应该没有什么难度。

教材未收录的语法有如下三种情况：

（1）虽然在教材中有相同形态的语法，但用法、意义和考试不同。

专四：たところ（继起，发现）、にかぎって（偏偏）

能力二级：たところ（继起，发现）、~あまり（由于太过于）、こと（规定、命令）、の

（定语句的主语）、に備える（防备）

（2）虽然未被收录，但如括号内所示，教材有形态不同的同义句型。

专四：てならない（てたまらない）、からすれば（にしてみれば、に言わせれば）

能力二级：てならない（てたまらない）、てばかりだ（てばかりいる）、なきゃ（なければならない）

（3）相关表达没被收录。

专四：ものなら、いままでにない、目に触れる、ことだから、名词が同一名词だから、できるかぎり、がゆえ

能力二级：ものなら、ことはない、ないことには、ずにおく、おきに、に次いで、にしては、~かけ、というだけで

我们通过整理分析发现，"たところ（继起，发现）""てならない""ものなら"虽然未被教材收录，却是两项重要考试的考查内容。

四、结语

通过上述的统计分析可知，教材《新编日语》与专四和能力二级考试都存在高度的关联性。专业学生应该回归课堂，清晰认识到考级应该是水到渠成的事情而不可一蹴而就，将考级作为阶段性目标和检测学习成果的重要手段，重视教材，夯实基础，提高听、说、读、写等方面的语言综合运用能力；教师日常教学中合理地利用考级真题，将教材和考点紧密联系起来，让学生能够从教材上找到考点，使其明白尽管考试形式上变化多端，但绝大多数都源于教材，我们需要做的是将考级辅导书籍当成补充资料而不可与教材本末颠倒。再者，能力考试尤其常见结合多个语法点进行考查，这对考生的基础知识与运用能力提出了综合性要求，所以在课堂学习外还要重视阅读材料的补充，扩大知识面，培养语感；要多注重相似表达、近义辨析、书面与口语的区分等重难点的总结归纳，并将书本中分散的知识进行梳理使其系统化。

参考文献

［1］李娟. 日语能力二级考试中教材的适用性［D］. 长春：东北师范大学，2011.

［2］裴永蕾. 试论日语能力考试改革对日语教学改革的启示［J］. 乌鲁木齐职业大学学报，2011（3）：90-92.

［3］董杰. 大学日语专业四级考试语法试题的内容效度分析［J］. 日语学习与研究，2011（1）：121-127.

［4］康静纯. 综合日语教材与日语专四考试相关性的研究：以《新编日语》与《综合日语》为例［D］. 重庆：西南大学，2017.

Study on the relevance between textbooks and Grade examination
—Talking about the new Japanese and the grammars of JPT-2、NSS-4

Shi Hehua　　*Kang Yanmei*

【**Abstract**】 In this paper, from the viewpoint of Japanese teaching, collects the grammar part of JPT Level 2、NSS Level4 from 2015 to 2020, analyse the examination points of this part, and clarifies the correlation between the two through the crossover of the grammars with the new Japanese, so as to put forward suggestions and strategies for the basic Japanese language teaching, student preparation for the test and the improvement of the textbooks.

【**Key words**】 textbooks; grade examination; the grammars; relevance

日语教学中的本土文化失语问题及对策探讨
——以高级日语教学为例①

四川外国语大学成都学院亚非语言学院　李响②

【摘　要】在传统日语教学模式中，重点大多集中于日语这一目的语的语言及文化的导入过程上，而忽略了与本土文化的双向互动问题，导致很多学生对中国本土文化知之甚少，且不能用日语进行有效的传达，这一现象不利于新时代外语人才的培养。本文以高级日语这一课型为例，探讨在日语教学中引入本土文化的必要性，并研究如何依托教材从古典文献、传统文化、巴蜀文化等方面融入本土文化的具体路径。

【关键词】日语教学；本土文化失语；双向互动

我国日语教学经历了从单纯重视词汇、语法教学到重视培养学生跨文化交际能力的过程。日语教学中的文化导入研究也开始出现从单向关注日语语言文化学习，转向关注和本土文化的双向互动问题。相关研究主要集中在下述几篇文献中：任萍（2010）以浙江省部分高校日语专业为例，从教学大纲、课程设置、教材内容等方面对高校日语教学中本土文化失语现象的原因进行了较为深入的调查与分析，并结合日语语言与日本文化的特点，对日语教学中导入本土文化的途径进行探讨。刘曼（2019）从日语教学中文化的导入内容、教材中文化内容的选定及文化导入的教学模式等方面探究了日语教学的中国文化导入模式。董莲莲（2020）主要从近年来兴起的文化生态学理论入手，运用文化多样性、动态平衡等观点来系统分析高校日语教学中"中国文化失语症"现象产生的原因，并从教学环境的生态改善、教师生态教学观的建立、学生生态学习观的贯彻三方面提出了解决对策。

在当前课程思政的大背景下，本土文化进课堂也是其中一个重要的环节。习近平总书记在中

① 本文是四川外国语大学成都学院第十二批科研项目"日语教学中的本土文化失语问题及对策探讨——以高级日语为例"（项目编号：KN23LB010）的研究成果。

② 李响，女，讲师，日语语言文学硕士，主要研究方向为日语语言文学、日语教学法。

共中央政治局第三十次集体学习时也提到，"积极推动中华文化走出去，有效开展国际舆论引导和舆论斗争，初步构建起多主体、立体式的大外宣格局。要着力提高国际传播影响力、中华文化感召力、中国形象亲和力、中国话语说服力、国际舆论引导力"。"要更好推动中华文化走出去，以文载道，以文传声，以文化人，向世界阐释推介更多具有中国特色、体现中国精神、蕴藏中国智慧的优秀文化。"① 高校外语教育的目的在于培养具有坚定"四个自信"，有扎实的外语专业本领的复合型外语人才。要用外语讲好本土故事，对外塑造"可亲、可敬、可爱"的中国形象。

一、在日语教学中融入本土文化的必要性

（一）为目的语文化与本土文化的双向互动奠定基础，构建跨文化交际的前提

跨文化交际能力的培养是高校外语教学的主要目标，"跨文化交际能力不仅包括对目的语国家语言及其文化的了解，还包括对本土语言及其文化的掌握。这是跨文化交际的前提。只有如此，才能实现交流的双向进行，即在文化输入的同时，也进行文化的输出"②。如果对本民族的文化都不了解，在对外交际中就无法准确地对自身的文化进行宣传，这样就会导致文化输出过程不能顺利完成，失去了文化双向交流的本质和意义。这样不仅不能很好地宣传和介绍中国优秀文化，而且还会造成外国人对中国文化认识的偏差和误解。

（二）发扬本土文化，增强文化自信

我国自改革开放以来，受到西方各种思潮的影响，一直只注重"输入"西方文化；"哈韩""哈日"风潮也一度在年轻人群尤其是学生群体中蔚然成风。这种现象的产生究其本质是对于本土文化的不自信，而现在这种现象已经有了很大的改观。中国经济飞速发展，国家实力显著提高，各类国际赛事在中国举办，对外展示我国优秀本土文化的机会越来越多，文化弱势的局面得以改善。现在，越来越多的年轻一代重视并热爱中国传统文化，并乐于在国际舞台上进行宣传。中国现代主体文化正在逐步形成。在这样的新时代背景下，高校外语教育的目标是培养一支能适应文化全球化挑战的高素质的外语人才队伍。他们既要具备扎实的外语语言功底，对东西方文化也要有深刻的认识与了解，才能担负起对外沟通交流的任务。

（三）弥补日语教学中本土文化导入方面研究的短缺

目前日语教学中对于文化导入问题的讨论，大多数还主要是针对日本文化导入中的重要性及

---

① 习近平. 加强和改进国际传播工作 展示真实立体全面的中国［J］. 经济导刊，2021（5）：35.
② 任萍. 高校日语教学中的本土文化失语现象［J］. 浙江树人大学学报（人文社会科学版），2010（3）：80.

意义，而对本土文化重视程度远远不够，在课堂上对本土文化的导入还比较欠缺。尤其是在高年级阶段，在完成了基础教育阶段对日语语言知识的储备后，学生用日语介绍本土文化的能力还有待提高。另外，虽然日语教学中的文化导入研究开始出现从单向关注目的语文化学习转向关注目的语文化和本土文化的双向互动问题，但这些讨论大多局限于理论研究层面，如何将理论与实践相结合，尤其是如何在课堂中依托教材，在日语教学中有效导入本土文化，推动日语教学改革，仍任重而道远。

二、高级日语课型特色及教学重点

高级日语开设在本科阶段的三、四年级，是高年级日语教学的主干课程。我院日语专业使用的教材是由上海外语教育出版社出版发行的《日语综合教程》（以下简称《教程》），该教材选用的文章体裁丰富多样，有小说、随笔、论文等，均出自名家名篇，语言表达规范，遣词造句自然优美，可读性极强。文章内容涉及日本语言文化、文学、社会等不同领域，力求使学生通过学习，在原有的基础上得到进一步提高，并对日本的社会风土人情有更深的了解。

就此阶段的学生日语水平来说，经过了低学年对日语语言基础知识的系统学习后，已经具备独立阅读相关日语文章以及用日语进行基本表达的能力。在这样的前提下，高级日语课堂教学的重点应该从低学年单一的对日语单词、语法等语言知识的学习转向对文章内容的理解，尤其是对文化内涵的深入探讨上。在以往的教学模式中，往往只重视对日本文化的学习，却忽略了本土文化的植入。而文化教学的重要组成部分是培养学生的跨文化意识，只有把日本文化和本土文化有机地结合起来，在重视"文化输入"的同时，也不忽略"文化输出"，才能实现两种文化的双向良性互动，真正达到文化教学的目的。

三、在高级日语课堂教学中融入本土文化的具体路径

教材是日语教学的工具，也是教师进行课堂教学的重要手段，课堂教学的内容必须以教材为依托。因此，在具体教学环节中引入本土文化内容时不能脱离教材本身，而恰恰要以教材相关内容为切入点，适时地加入本土文化元素。从中、日两种文化体系出发进行教学，侧重主体差异性，最大限度提高学生的日语表达能力、理解能力以及思辨能力。笔者结合我院日语专业高级日语课型所使用的教材，将在该课堂教学环节中本土文化的具体融入路径大致分为以下三类。

（一）古典文献类

众所周知，日语与汉语的关系密不可分，日本古代只有语言没有文字，到我国隋唐时代，随

着汉字大量传入日本，日本才开始系统地利用汉字记录自己的语言。当时的官方文字为文言文，因此，现代日语受古代汉语影响极大。在一些常用的日语词汇中，往往能从我国古典文献中发现它们的影子，找到它们的出处。教师需要在这个时候适量补充与之相关的知识点，让学生"知其然更知其所以然"，知晓它们的来历，掌握其用法，而不是一味地死记硬背。

以《教程》第五册为例，在第2课的课后读物《二十一世紀の恐ろしさ》中有这么一句话："機械アレバ必ず機事アリ、機事アレバ必ず機心アリ"。这句话首见于《庄子·天地篇》：子贡南游于楚，反于晋，过汉阴，见一丈人方将为圃畦，凿隧而入井，抱瓮而出灌，搰搰然用力甚多而见功寡。子贡曰："有械于此，一日浸百畦，用力甚寡而见功多，夫子不欲乎？"为圃者仰而视之曰："奈何？"曰："凿木为机，后重前轻，挈水若抽，数如泆汤，其名为槔。"为圃者忿然作色而笑曰："吾闻之吾师，有机械者必有机事，有机事者必有机心。机心存于胸中，则纯白不备；纯白不备，则神生不定；神生不定者，道之所不载也。吾非不知，羞而不为也。"子贡瞒然惭，俯而不对。此文表达了庄子对过度依赖机械的批判思想。经过这一知识点的补充，既能让学生更深刻地理解文章的意思，又能加深对中国古代思想家的认识与了解。

另外，在日语中，来源于我国古代文学作品的词语屡见不鲜。在接触到这类词语的时候，教师很有必要指出该词语的原始出处和本意，帮助学生进行记忆和运用。例如在该教材第六册第五课课后练习第九题当中有一题是考查"馬耳東風"这一成语的含义。同样，我们可以在唐代诗人李白的《答王十二寒夜独酌有怀》中找到它的出处："吟诗作赋北窗里，万言不直一杯水。世人闻此皆掉头，有如东风射马耳。"比喻东风使人心旷神怡，但马对此不会有任何感觉。又如第六课《命》（生命）当中有这么一句话："子猫をたしなめる際には、親は――――決して折檻なんかしたりはしない。"（在责备小猫的时候，猫妈妈也绝不会打骂之类的。）当中的"折檻"一词来源于"朱云折檻"这一典故，最初是用来称颂臣子敢于直言敢谏，有大无畏的精神，后转义为打骂惩戒之意。通过对这类词汇的追根溯源，我们能很好地将本土语言文化结合到具体课堂教学环节中，也在无形中加深了学生对词汇的理解与记忆。

（二）传统文化类

传统文化是本土文化的重要组成部分，也是文化教育中不可缺少的环节。中、日两国在数千年的交往史中，展开了频繁的文化交流，加之两国同属东亚文化圈，在传统文化的继承和发展上，有着很多相似之处。日本的某些文化是起源于汉文化的，并在后世的传承中逐渐演变形成了具有日本特色的民族文化。因此，在教学过程中，遇到有关的知识点，教师可以结合具体事例、相关史实进行逐一剖析。

以《教程》第五册第7课《紅山桜》为例，该课主要通过作者的亲身经历阐述了日本人喜爱樱花的原因以及樱花的象征意义。"樱花""赏樱"也仿佛成了日本的代名词，现今国内也纷纷效仿，推出了很多以"赏樱"为主题的公园。而在历史上，最先作为日本人"赏花"对象的不是樱花，而是梅花。这就要追溯到公元8世纪的奈良时代，那个时候的日本与唐朝关系友好，日本派遣了大量的遣唐使来到唐朝。当时的唐朝盛行"花宴"，先行于宫廷，后流行于民间。赏花的主要对象当属梅花，这是因为梅花象征着君子品性高洁，坚韧不拔。梅花作为审美意象大量出现在唐朝文人的笔下，并具备了更深的精神内涵。诗人们述离别、念故乡、咏美人，无不将自己的情感融入梅花之中。受此影响，遣唐使们把大唐的"花宴"带回日本，在宫廷中贵族也开始欣赏梅花。在和风文化成型的公元9世纪平安时代以后，赏花的对象才逐渐由梅花转为樱花，并从宫廷贵族普及到民间。通过此种对比，我们也可以很好地展现文化的输入与反输入的现象与本质，进一步提高学生的跨文化交际能力。

对于两国传统文化活动的传承与发展同样在教材的内容中有迹可循。例如《教程》第五册第1课课后练习中提到了盛行于日本德岛的传统舞蹈"阿波舞"，距今已有400多年的历史，于每年8月12日到15日举行。通常由数十人组成连，以连为单位在街上跳舞并配以特定的乐器伴奏。这就不得不提到流行于我国潮汕地区的"英歌舞"，同样有着悠久的历史，盛行于特定的区域，在特定的日期进行表演。而且表现方式也是以团队进行，队员配以短木棒击打节奏。而对这一中国传统文化活动的普及还远远不够。当课堂上接触到这个知识点的时候，教师有必要进行拓展，启发学生对这两种传统活动从起源、表现形式、象征意义等方面积极地进行对比思考。这样既锻炼了学生的日语表达能力，又训练了他们的思维能力，也是一个普及我国传统文化活动的绝好机会。

（三）巴蜀文化类

本土文化在广义上是指中华民族传统文化，狭义上也包括所在地区的具有代表性的区域特色文化。巴蜀大地人杰地灵，文化遗存数不胜数。对学生日语综合能力素质的培养，应当从讲好"身边事"做起。

《教程》第五册第2课《田中正造》讲述了"明治义人"田中正造为解决"足尾矿毒事件"而积极奔走的一生。其中有个情节是由于连降暴雨，河堤溃决，造成带有矿毒的洪水席卷了沿岸村庄，给农民造成了巨大危害。与此相对比的是，由战国时期秦国蜀郡太守李冰率众修建的都江堰水利工程历经数千年，至今仍发挥着重要作用，为根治岷江水患、发展川西农业、造福成都平原做出了巨大贡献。教师可以采取用PPT图片文字展示的形式，对这一工程治水、分沙的原理做简单的介绍，对于专有词汇，应当配以相应的日语说明。

《教程》第六册第2课《竹とともに》（《与竹共生》）当中，作者更是明确提到了成都的望江公园竹林，并结合在成都的所见所闻，展示了当地的竹文化。文中有这样一句话"成都は竹の都と言っていい。"（成都可以说是"竹之都"。）其实不只成都，放眼整个四川地区，竹子都有着举足轻重的作用。俗话说，"竹之乡在中国，竹之韵在四川"，浸润在竹林中的四川，跟竹子有着割不断的联系。日常衣、食、住、行中到处都有竹的情影。宋代大文豪苏东坡曾说："食者竹笋、庇者竹瓦、载者竹筏、炊者竹薪、衣者竹皮、书者竹纸、履者竹鞋。"竹的神韵、竹的精神、竹的价值都在四川得到了淋漓尽致的体现。蜀竹成了非物质文化遗产中的重要组成部分，我们既有精致的青神竹编、瓷胎竹编，也有巧夺天工的江安竹簧；既有能演奏出美妙乐章的四川竹琴，也有经济实用的夹江竹纸、青城山竹椅。竹文化滋养了四川人的性情，丰富了百姓的生活，已经成为巴蜀地区的标志性符号之一。如果能将课文中的知识点延伸到我们身边的具体事物，会让学生产生亲近感，也更有动力去了解属于我们自己的本土文化。

四、结语

外语教学的目的不能仅仅停留在学习语言本身之上，语言教育要与文化教育并行。对任何外语的学习都应以母语文化为基础和依托，不能脱离本土文化。对本土文化的了解欠缺也势必会影响外语学习的高度和深度。我国本土文化历史悠久，博大精深，为中华民族提供了源源不绝的精神食粮。因此，在日语教学活动中，必须做到两种文化的融汇贯通和并重，加深学生对本土文化的深刻认识和了解，增强民族自信和文化自信。

另外，教学是师生的双向互动过程，在课堂上融入本土文化也对教师提出了更高的要求：不仅要有扎实的日语语言功底，还要有深厚的文化文学素养，尤其是对本土文化要有深刻的理解，并且必须掌握与本土文化中某些专有名词相对应的日语说法与释义等。只有这样，才能培养出既具有扎实的日语语言功底，又有正确的跨文化交际意识，并能用日语"讲好中国故事"且兼具家国情怀和国际视野的综合型日语应用人才。

参考文献

[1] 任萍. 高校日语教学中的本土文化失语现象 [J]. 浙江树人大学学报（人文社会科学版），2010（3）：80-84.

[2] 寇海珊，苟丽梅. 浅析跨文化交际中中国文化缺失现象 [J]. 甘肃联合大学学报（社会科学版），2011（4）：86-89.

[3] 陈小芬. 日语综合教程：第五册、第六册 [M]. 上海：上海外语教育出版社，2006.

[4] 薛成水，尹丽婷，李响. 跨文化交际与日语教学实务 [M]. 长春：吉林大学出版社，2019.

[5] 刘燕凌. 坚定中国特色社会主义文化自信的路径研究 [J]. 文化学刊，2018（2）：138-143.

A Study of Countermeasures Against The Loss of Chinese Culture in Japanese Teaching
—Taking "Advanced Japanese" as an Example

Li Xiang

【Abstract】 As traditional Japanese teaching mode places more emphasis on the introduction of Japanese culture than on two-way interaction with Chinese local culture, many students have little knowledge of Chinese local culture and are unable to effectively communicate in Japanese. It is not beneficial for cultivating foreign language talents in new era. Based on textbooks, taking "Advanced apanese" course as an example, this article explores the necessity of introducing local culture in Japanese teaching and studies ways to integrate local culture from three aspects: classical literature, traditional culture, and Bashu culture.

【Key words】 Japanese teaching; loss of chinese local culture; two-way interaction

基于 POA 的高校综合英语课程
思政教学设计研究
——以《现代大学英语精读 3》Unit 4 Diogenes and Alexander 为例

四川外国语大学成都学院英语学院　　祝里会①

【摘　要】课程思政是高等学校落实立德树人根本任务的战略举措，产出导向法（POA）是具有中国特色的外语教育研究理论。以产出导向法为指导，设计英语专业综合英语课程思政教学，有利于提高综合英语课程思政的育人成效。本文以《现代大学英语精读 3》Unit 4 Diogenes and Alexander 的教学设计为例，通过中西文化对比，从教学内容、教学目标、思政融入、基于 POA 的教学流程方面展示了综合英语课程思政教学设计，以期为英语专业相关课程思政教学提供借鉴。

【关键词】POA；课程思政；综合英语；文化自信

一、引言

2016 年，习近平总书记在全国高校思想政治工作会议上指出："高校要把立德树人作为中心环节，把思想政治工作贯穿教育教学全过程，实现全程育人、全方位育人，努力开创我国高等教育事业新局面"。"各类课程与思想政治理论课同向同行，形成协同效应。"这一论述不仅为高校思政教育指明了方向，也为课程思政的开展提供了政策支撑。2020 年 5 月，教育部印发《高等学校课程思政建设指导纲要》，将全面推进课程思政建设作为高校落实立德树人根本任务的战略举措。课程思政建设"已是当今高等教育改革与创新的中心议题"（徐锦芬，2021），是培养具有政治认同、"四个自信"、家国情怀、文化素养、宪法法治意识和道德修养的高质量人才的重要途径。

---

① 祝里会，女，讲师，翻译硕士，研究方向为英语教学、翻译理论及实践。

综合英语是英语专业核心课程，授课周期长，涵盖面广，课时多，每周 6 课时，其教学材料蕴含着丰富的思政内容，是英语专业课程思政建设的重要抓手。产出导向法是具有中国特色的外语教学理论，倡导人才培养要覆盖智力和道德情操的"全人教育"理念，这与课程思政育人宗旨一致。基于产出导向法（POA）开展综合英语课程思政教学设计，对于实现课程思政的具体化、可操作化，提升综合英语课程思政育人的实施成效具有重要作用，对深入推进英语专业相关课程的思政教学设计改革与实践具有重要借鉴意义。本文以产出导向法教学理论为指导，以《现代大学英语精读 3》Unit 4 Diogenes and Alexander 的设计为例，从教学内容、教学目标、思政融入、基于 POA 的教学流程方面较详细地展示了综合英语课程思政教学设计，以期为英语专业相关课程思政教学设计提供借鉴。

二、文献综述

文秋芳提出了具有中国特色的外语教学理论"产出导向法"（Production-oriented Approach，POA）。POA 理论经过约五个阶段的修订，最终形成了较为完善的理论体系。其内容主要包括教学理念、教学假设和教学流程三部分。POA 理论的教学理念涵盖"学习中心说""学用一体说""文化交流说""关键能力说"。"学习中心说"强调在教学活动中，教师和学生都是活动的参与者，既不能忽略学生的主体性地位，也不能将教师的主导性作用边缘化，学习才是整个教学活动的中心。"学用一体说"倡导输出任务与产出活动密切结合，强调学以致用。该学说针对"教材中心""课文至上"及教学实践中出现的"学用分离"弊端，主张"边用边学，学中用，用中学，学用结合"。"文化交流说"主张不同文明之间交流互鉴，文化学习应该融入语言教学中。新增加的"关键能力说"，旨在突出能力培养，其教学假设包括输出驱动、输入促成、选择性学习、以评为学；其教学流程包括以教师为主导、师生共建的驱动、促成、评价若干循环链。POA 理论的提出，旨在解决我国英语教学中存在的"学用分离""费时低效""哑巴英语"以及教师作用被边缘化等问题。近年来，围绕这一理论的教学研究大量涌现。笔者在中国知网以"产出导向法"为主题并包含"大学英语教学"进行高级检索，共检索到相关论文 1 401 篇，可见产出导向法的相关研究已经成为英语教育研究的热点。这些研究从核心观念入手，进行理论探究和实证分析，主要聚焦于 POA 理论应用于大学英语课堂教学的可行性和有效性，POA 理论在对外汉语教学中的实用性，POA 的"促成""驱动"与"评价"、教材编写与评价以及 POA 与任务教学法的差异方面。然而将 POA 理论运用于英语专业课程思政教学的研究，学界对其关注不够。金婕煜（2021 年）、曹子昀（2021）以具体的单元教学为例，简述了该单元的思政教学设计；童洛铭人（2021 年）从宏观的角度探讨了课程思政融入途径，但没有提供详细的实施方案。因此，将 POA 理论运用于英语专业综合英语课程思政教学中的实证研究亟须进一步深入。本文尝试以产出导向法为指导，以《现代大学英语精读 3》Unit 4 Diogenes and Alexander 为例，通过中西文化对比，从教学内容、教学目标、思政融入、基于 POA 的教学流程方面详细展示综合英语课程思政教学设计方案，以期为英语专业课程思政教学提供借鉴。

三、POA 在英语专业综合英语课程思政教学设计中的运用

（一）教学内容

《现代大学英语精读 3》Unit 4 Diogenes and Alexander 讲述了西方哲学流派犬儒主义代表人物第欧根尼斯的外貌、生活方式、哲学思想，并将第欧根尼斯与普通民众、其他哲学家、隐士和亚历山大大帝进行了对比和比较，讲述了两位传奇人物的会面经历。

（二）教学目标

《外国语言文学类教学质量国家标准》提出了外语类专业学生应该达到的知识目标、能力目标和素质目标。知识目标包括掌握外国语言文学知识、熟悉中国语言文化知识。能力目标包括外语运用能力、跨文化交际能力、思辨能力等。素质目标要求学生具有正确的人生观、价值观和世界观，良好的道德品质，中国情怀和国际视野，人文及科学素养。根据此标准，综合英语课程的教学目标也应该包括以下三个方面：

（1）知识目标：熟悉犬儒主义思想的相关英文表达方式，了解犬儒主义思想内容及意义；熟悉中国哲学道家思想的英文表达，了解道家思想的主要内容及影响；对比和比较犬儒主义和道家思想的异同。

（2）能力目标：用英语讲出或写出两种哲学思想的异同，培养跨文化交际能力；通过对比和比较，凸显道家思想的优势，培养思辨能力；学习对比和比较的技巧，能灵活运用相关英语表达比较和对比不同人或事。

（3）思政目标：通过中西哲学思想的比较，增强学生对中国传统思想文化的认同，提高文化自信。

为了达到以上教学目标，在 POA 理论的指导下，整个教学流程涵盖输出驱动、输入促成、选择性学习、师生合作评价四个环节。

（三）思政内容的融入

课程思政内容融入教育是"弹性的"、隐性的，英语教师可以充分发挥主观能动性和创造性，将思政内容融入教育的各个环节。思政内容的融入需有助于培养学生正确的世界观、人生观和价值观，有助于培养学生的国际视野、家国情怀、文化自信。由于该单元的主题内容涉及西方哲学

流派犬儒主义代表第欧根尼斯，因此笔者选取了生活在同时期、与第欧根尼斯有相似性的道家思想的代表人物老子与之相比较，学习道家思想内涵、社会影响，将犬儒主义与道家思想相比较，突出道家思想对后世的深远影响。通过对中、西两位哲学家的对比和比较，学生们自然体会到了中国哲学道家思想的优越性，由此深化学生对中国传统文化的认同，进而增强文化自信。

（四）教学流程

1. 输出驱动

根据产出导向法，输出驱动是最具挑战性的环节，要求教师能根据教学目标和学生的语言基础设计出恰当的产出场景。产出场景需包含四个要素：话题、目的、身份和场合，产出场景需具有"交际真实性、认知挑战性和产出目标达成性"，以此来驱动学生学习输入知识的欲望。根据以上驱动要求以及学生的旅游方向背景，笔者设计了一个总的产出任务：Suppose you are an English-speaking tour guide leading a tour group in Mount Qingcheng and foreign tourists ask you to introduce Lao-zi, the representative of Taoism, and compares the similarities and differences between Laozi and Diogenes, the representative of cynicism。该产出场景的设计符合场景设计要求，该任务是旅游方向的学生在未来的工作中很有可能会遇到的场景，该任务具有交际真实性；任务中涉及西方的哲学流派犬儒主义，是学生完全不了解的知识，该任务对学生已有的认知提出了挑战；经过教师的知识输入，为了知道学生的相关知识基础，笔者对所教班级进行了问卷调查，以了解学生对第欧根尼斯和老子的熟悉情况。根据调查结果，有30个学生对犬儒主义代表人物第欧根尼斯完全不了解，对老子有一点了解，该产出任务明显过于超出了学生现有知识基础。笔者选取了相关微课视频对学生现有知识基础进行补充。微课视频主要是对老子及犬儒主义思想代表人物第欧根尼斯的英语介绍，视频时长约10分钟，视频来自B站，学生通过视频能大致了解两人的生平及代表性思想。通过学生在课堂上的产出表现，笔者发现了学生们在产出任务中普遍存在的问题：专有名词Diogenes、Cynycism等发音错误；道家思想及犬儒主义相关的英文词汇表达匮乏；缺乏对比和比较的相关技巧；对犬儒主义思想缺乏进一步的了解。笔者在课堂上明确指出了学生们输出表现中普遍存在的问题，在此驱动下，学生们普遍产生了知识匮乏感，有了进一步学习相关知识的欲望。

2. 输入促成

在学生了解自己的知识空白后，笔者实施了相关语言和文化知识的输入。根据POA教学理论，促成包括3个主要步骤：①教师描述产出任务；②学生进行选择性学习，教师给予指导并检查；③学生练习产出，教师给予指导并检查。

（1）描述产出任务。在课前，笔者首先描述了产出任务的具体要求，即要求学生从老子和第欧根尼斯的外貌、社会地位、生活方式、哲学思想、社会影响方面介绍老子和第欧根尼斯，并从这些方面对比和比较两个哲学家的异同。由于教材里只涉及了第欧根尼斯的外貌、生活方式和哲学思想，笔者给学生提供了额外的补充材料，包括介绍老子和第欧根尼斯的英文微课视频。视频里有两位哲学家的社会地位、哲学思想和社会影响等方面的介绍，视频时长约 10 分钟，来自 B 站。视频里的语言使用规范，语音语调标准，语速适中，比较适合学生反复观看、学习。学生普遍对视频感兴趣，通过视频输入相关文化知识，教学效果较好，课前产出任务中出现的错误，通过观看视频输入后，少数专有名词如 Diogenes、Cynycism、Taoteching 的发音错误得以纠正，学生们还学到了部分有关犬儒主义思想和道家思想的英文词汇。

（2）指导学生进行选择性学习。在课中，笔者带领学生对教材进行了选择性学习。根据笔者的教学实践经验及听课经验，在以往的教学模式中，综合英语课程教师普遍采用"自上而下"或"自下而上"的教学方法，教师按照 warming up、general analysis、detailed analysis、writing devices 等步骤，对课文的单词、短语、句型、语法、修辞、写作技巧进行"自下而上"的精讲，或者"自上而下"地先分析课文的主要内容、篇章结构，再精讲课文中的重点单词、短语、语法、修辞，讲解细致入微，一篇课文往往需要 2~3 周时间才能学完。从学生课后练习的完成情况和期末测试的成绩来看，花了较长时间学习相关知识，但学生的学习效果不甚理想，可谓"费时低效"。为此，笔者带领学生对教材内容进行了选择性学习。首先是语言知识的学习。笔者选择能很好完成产出任务的语言知识进行学习。笔者要求学生从课文中总结出有关第欧根尼斯外貌、生活方式、哲学思想方面的表达，如有关外貌的：bearded, half-naked；有关生活方式的词汇：lying on the bare earth, do his business at roadside, wash himself at public fountain, drink with his hollowed hands, beg for food, live in a broken cask；有关犬儒主义思想的词汇：creed, live like a dog, live without conventions, escape complexities and extranvagances, free。其次是学习课文中有关对比和比较的写作技巧，如表示相似性的表达有 as, like, similarly, alike；有关差异性的表达有 while, but, on the contrary, merely, only 等。最后是语篇知识的学习，包括文章的体裁、文体、结构等方面。

（3）学生练习产出任务。为了更好地完成课前布置的总产出任务，笔者在课中布置了一个子任务，要求学生写一篇对比和比较第欧根尼斯和老子的作文，作文字数不少于 300 字（英文）。作文上交后由笔者仔细评阅，并记录学生普遍存在的典型问题。

（五）教师主导下的"师生合作评价"

POA 提倡评与学或者评与教有机结合，评价分为即时性评价和延时性评价。笔者对于学生的口语任务采用即时评价，对写作任务则采用延时评价。在评阅写作子任务的过程中，笔者发现了学生们普遍存在的典型问题，如 Laotzu 的书写不规范、偏题、文体不正确、逻辑混乱、结构不合理等。对于普遍存在的典型问题，笔者在课堂上给予了明确的说明。为了更好的让学生认识到自己及同学写作任务中存在的问题，笔者和学生开展了以教师为主导的"师生合作评价"，让学生交换批改写作任务，根据列出的典型问题，让学生在批阅的作文中勾画出相应的问题。经过师生合作评价，学生们对自己存在的问题有了深刻认识。对于存在的问题，笔者再次进行输入促成，选取了合适的专业四级作文范文供学生学习，引导学生学习模仿范文的文体、结构、对比等技巧。

之后，笔者让学生再次完成产出任务。经过评价—促成—产出的再循环，学生们按照要求，高质量地完成了子产出任务。最后笔者让学生在课堂上完成驱动环节的总产出任务。学生根据写作子任务，能较流畅准确地介绍犬儒主义代表人物第欧根尼斯和道家思想代表人物老子，能说出两位哲学家的异同，认识到了道家思想的优越性，增加了对中国传统文化道家思想的认同感，进而提高了对中国优秀传统文化的自信，实现了课程的知识目标、能力目标和思政育人目标。

四、总结

课程思政是当前高校教育的中心议题之一，是落实立德树人根本战略的重要途径。综合英语是英语专业的核心课程，课时多，蕴含着丰富的思政内容。POA 理论是中国特色的教育理论。在综合英语教学中，运用 POA 理论设计课程思政，可使课程思政具体化、可操作化，能有效实现课程思政教学目标，培养学生的国际视野、家国情怀、法律意识、文化自信。本文以 POA 教学理论为指导，对《现代大学英语精读 3》Unit 4 Diogenes and Alexander 从微观角度进行了思政教学设计。该单元的思政教学设计可以为其他单元的教学设计提供参考。教师要实现课程思政目标，需挖掘教材中蕴含的思政元素或以文本、图像、视频等方式增补思政内容，设定具体的单元思政目标，将思政内容贯穿于驱动、促成、评价的各个教学环节。

参考文献

[1] 习近平. 把思想政治工作贯穿教育教学全过程　开创我国高等教育事业发展新局面 [N]. 人民日报，2016-12-09 (01).

[M]. 教育部. 高等学校课程思政建设指导纲要 [EB/OL]. http//www.moe.gov.cn/srcsite/A08/s7056/202006/t202006 03_462437.html.

[3] 徐锦芬. 高校英语课程教学素材的思政内容建设研究 [J]. 外语界，2021 (2)：23-24.

[4] 文秋芳. 构建"产出导向法"理论体系 [J]. 外语教学与研究，2015 (4)：547-558.

[5] 文秋芳. "产出导向法"与对外汉语教学 [J]. 世界汉语教学，2018 (3)：387-399.

[6] 金婕煜. 基于"产出导向法"的综合英语课程思政教学设计：以《现代大学英语精读 2》中的"水中人"为例 [J]. 校园英语，2021 (29)：7-8.

[7] 曹子昀. "课程思政"视域下综合英语课程的教学设计：以《现代大学英语 4》Unit 2 Spring sowing 为例 [J]. 大学，2021 (32)：56-58.

[8] 董洛铭人. 产出导向法视域下的"综合英语"课程思政教学设计 [J]. 淮北职业技术学院学报，2021 (6)：53-56.

[9] 教育部高等学校教学指导委员会. 普通高等学校本科专业类教学质量国家标准 [M]. 北京：高等教育出版社，2018.

[10] 文秋芳，孙曙光. 产出导向法：驱动场景设计要素例析 [J]. 外语教育研究前沿，2020 (2)：4-11.

Research on the Design of Morality Education in Comprehensive English Courses in Universities Based on POA

—Take Unit 4 Diogenes and Alexander from *Modern College English Intensive Reading 3* as an Example

Zhu Lihui

【**Abstract**】Ideological-political education is a strategic measure to implement moral education for universities and colleges; Output-oriented approach (POA) is a research theory of foreign language teaching with Chinese characteristics. Taking POA as a guide, designing ideological-political teaching of comprehensive English course for English majors is conducive to improving the effectiveness of carrying out ideological-political teaching. Taking the course design of UNIT 4 Diogenes and Alexander from *Modern College English Intensive Reading* 3 as an example, this paper demonstrates the design in terms of teaching contents, teaching objectives, integration of ideological-political elements, and POA-based teaching process through the comparison of Chinese and Western cultures, in order to provide reference for the morality education of relevant courses in English majors.

【**Key words**】POA; morality education; comprehensive English course; cultural confidence

基于 TOPIK II 的韩国语听力教学策略探究

——以韩国语专业大二学生为例

四川外国语大学成都学院　　李旋①

【摘　要】 大二年级处于学生由知识积累向能力运用转换的阶段，听力能力培养是外语教学各项技能培养中的重要一环。韩国语能力考试（TOPIK）题型多样，涉及领域广泛，贴近日常生活，且实用性强，能有效检测学生基础阶段学习成效以及语言应用能力。韩国语专业大二年级学生在韩国语能力考试中，听力部分常常受知识储备、应试技能等因素影响，失分较多，难以取得理想成绩。听力教师应在日常教学中通过教学材料的选取、设计，教学环节的设置等途径，有意识地培养学生的应试能力，为学生成功通过考试打下基础。

【关键词】 韩国语能力考试；听力教学；应试能力；策略

听力能力是外语学习中的核心技能之一，准确理解对方话语也是使用外语开展各项交流的前提条件。韩国语专业学生一般可于第四学期即大二下学期参加韩国语能力考试（Test of Proficiency in Korean，TOPIK）II，按正常教学进度，应达到中级及以上水平。韩国语能力考试由韩国国立国际教育院主办，是全球对韩国语学习者韩国语能力评价最权威的考试之一，对于检测教学效果以及学生升学就业具有重要意义。在改革后的韩国语能力考试 II 中，听力部分分数为 100 分，占总分的 1/3，对于学生成功通过考试具有举足轻重的作用。以韩国语专业学生为对象的调查显示，在外语各项技能中，听力排在第二位，被学生认为是难度仅次于写作的一项技能（张光军，2007）。根据笔者所教授学生的反馈，听力部分也是各项考试中较为棘手的一个部分。因此，在有限的教学时数内，如何有效利用课堂教学设计，有意识地强化学生各项听力技能，在完成日常教学任务的同时，提升学生的听力应试能力便显得尤为重要。

---

① 李旋，男，讲师，韩国语笔译专业翻译硕士，研究方向为汉韩互译、听力教学、翻译教学。

一、韩国语能力考试 II 听力部分题型分析

（一）韩国语能力考试 II 听力部分题型及考查内容

在韩国语能力考试 II 中，听力部分共 50 道小题，每题 2 分。表 1 是第 64 届韩国语能力考试 II 听力部分中的题型分布及主要考查内容。

表 1　第 64 届韩国语能力考试 II 听力部分题型及内容主题

题号	题型	内容形式	主题
1~3	选择与对话内容一致的图片	对话、问卷调查结果	电脑故障报修、学打保龄球、观影人数问卷调查
4~8	选择对话后接续内容	对话	聚会、买药、练习室使用、噪音问题、电视节目观众意见
9~12	选择男子或女子接下来首先会做的事	对话	生日、就诊预约、种植番茄盆栽、邀请研修讲师
13~16	选择与对话内容一致的选项	对话	心理学选课、小区活动、地铁突发事故、植物专家采访
17~20	选择男子或女子的中心思想	对话	学习瑜伽、表达意见、名片设计、企业活动企划
21~50	综合题型（选择一致的内容、说话者的态度、中心思想、说话者的说话方式、说话者的职业、对话前内容等）	对话、访谈、讨论、纪录片、演讲等	酒店营销方式、申请补发驾照、消防服的回收利用、男性的育儿休假、电子书人气秘诀、学生创业支援方式、飞机轮胎科普小知识、回顾过世某演员的一生、牙龈疾病、流失海外的文物、新口味的研发、小鲨鱼的孕育过程、萨克斯风发展史、国家地点编号制度、朝鲜王朝史料《日省录》

（二）韩国语能力考试 II 听力部分知识能力要求

根据韩国能力考试评价标准中的描述，中级（4 级）通过者应基本具备利用公共设施、维持社会关系、履行一般业务所需语言能力，能理解较为简单的新闻报刊内容，对于普通的社会、抽象议题能够较为准确地理解和谈论，能够理解包括惯用表达在内的韩国社会文化等领域的相关内容。

从考试中听力材料的主题设置来看，涉及领域广泛，既包括日常生活、学校生活、职场生活中经常遇到的场景，也涉及历史、科学、社会热点话题等具备一定专业性的领域。学习者除需掌握日常生活高频词汇外，还需要对韩国文化有一定程度的了解，具备较为丰富的词汇量及背景知识。从题型设置来看，主要考查学习者对细节内容的把握、对说话者观点的把握、对音频内容逻

辑顺序的把握、对文章核心观点的把握等能力。目前，从每届韩国语能力考试公布的平均成绩（表2）来看，听力部分的难度有一定提升，给应试者提出了更大挑战。

表2　近5届韩国语能力考试Ⅱ中听力部分平均得分

考试日期	届数	听力部分平均得分
2022.5.15	82	61.25
2022.4.10	81	60.57
2022.1.23	80	62.67
2021.11.14	79	63.75
2021.10.17	78	66.08

出处：TOPIK官方发布成绩汇总［EB/OL］. www.topik.go.kr.

二、大二学生在听力应试过程中存在的主要问题

基于笔者长期在大二听力教学中的观察，以及基于韩国语专业大二学生参加TOPIKⅡ考试以及日常模拟练习中的成绩分析，笔者认为其失误主要源于以下几个方面：

（一）语言储备薄弱

在韩国语能力考试Ⅱ听力部分选项设置中，往往倾向于采用不同的语言形式表达与原文内容相同的意义，比如在选项中使用意义相同或相近的汉字词替换原文中的固有词，借此考查应试者对语言灵活运用的能力以及测试其是否具备丰富的语言表达能力。表3为第35届、第36届、第41届考试中极具代表性的几个例子。

表3　韩国语能力考试Ⅱ听力部分选项设置实例

选项设置	出处	原文内容
직접 방문하면 더 자세한 설명을 들을 수 있다.	第41届第24题	장소를 둘러보실 겸 직접 방문해 주시면 자세하게 상담해 드리겠습니다.
남자는 정장을 기증해 본적이 있다.	第41届第28题	정장을 기증 받는 단체가 있다고 해서 어제 한 벌 보냈어.
마음먹었을 때 바로 설천해야 한다.	第36届第25题	그것은 도전하고 싶은 일이 생겼을 때 바로 행동으로 옮긴 것이었습니다.
우리 몸에는 적당한 세균이 있는 것이 좋다.	第36届第34题	우리 몸은 적당한 세균에 노출되어야 면역력이 길러지는데요.

表3（续）

选项设置	出处	原文内容
심판의 잘못된 판정에 대한 기사가 많이 보도되었다.	第 35 届第 28 题	그런데 심판이 잘못 본 거니까 재심을 해야 하는 거 아냐? 신문하고 뉴스에도 온통 그 얘기뿐이던데.
현대 사회는 매체의 발달로 소통하기 좋은 환경이 되었다.	35 届 34 题	현대 사회는 통신 기술이 발달해서 과거에 비해 다양한 방식으로 빠르게 메시지를 주고받을 수 있지요.

从表3中可以看到，比如在第36届第25题选项中，使用汉字词"실천"替换掉了原文中的"행동으로 옮기다"这一表达，又如在第35届第28题选项中，使用"많이 보도되었다"替换掉了原文中"신문하고 뉴스에도 온통 그 얘기뿐이던데"的表达。在意义的外壳即语言形式改变后，学生由于自身掌握的表达不够丰富，不能准确理解这些同义、近义表达，而倾向于直接选择包含自己所听到词汇的选项，造成失误。

（二）背景知识匮乏

正如在对试题考查内容的分析中呈现的，考试内容主题所涉领域广泛。大二年级学生还处在语言学习基础阶段，即词汇、语法的积累阶段，学习内容及主题尚不够深入。考试中涉及大量韩国文化、社会、历史、科技、经济等领域内容，且呈现出所涉领域日益广泛的趋势。如在第81届韩国语能力考试中，出现了韩国传统米酒的品质管理、新罗时代金冠工艺、传统市场的形成等极富浓郁韩国文化特色的主题，以及玻璃的内部构造等科学领域主题。当该类音频材料出现时，学生往往由于不能判断谈话主题，在听取音频时形成较大心理负担，对于谈话内容的把握便无从谈起。

（三）解题策略缺失

在考试中，学生在听录音时，需要阅读各题所给出选项，听和阅读同时进行，且需要具备较快的阅读效率。但在实际应试过程中，大二年级学生阅读选项的速度慢，加上在听录音和读选项之间精力分配不合理，往往造成顾此失彼。特别是在第1~20题中，由于音频只播放一遍，学生还未读完选项，音频已播放结束，或是听完音频未来得及阅读选项，已进入下一题。韩国语能力考试II根据应试者最终得分划分4个等级，题目也根据4个等级标准进行设计，难度由低到高循序渐进，大二年级学生解题时应首先关注中级难度及以下的题型，保证该部分的正确率。但由于学生平时对考试的考查侧重点不够熟悉，缺乏应试技能，难度较高的题容易打击学生的自信心，打乱学生解题节奏，且在解题时易受选项中干扰项的影响，遗漏听力材料中的细节内容，造成较多失分。

三、基于提升学生应试能力的听力课堂教学策略建议

（一）围绕考试出题倾向，利用现有授课材料进行教学设计

教师在日常教学中，可以深挖听力教材，根据韩国语能力考试中的题目选项设计特点进行教学设计，考查学生对听力材料中易忽略细节的掌握及理解情况，扩充同义、近义表达的学习，使学生在日常教学中提前熟悉考试中的考查方式，提升语言的灵活运用能力。本文以韩国成均语学院编写、北京语言大学出版社引进出版的《新视线韩国语听说教程4》中 B4-18 材料为例进行说明。音频内容为主持人对歌手宝儿进行的一段关于人生经历的采访，教材中原题目为选择及填空题型，主要考查学生对篇章大意的掌握情况。结合韩国语能力考试的考查倾向，教师可以增加设计表4项目进行补充练习，考查学生对材料细节的掌握情况。

表4　教材听力材料问题补充设置实例

听力材料原文内容	教师增设的正误判断项目	题型	考查要点
그때 가수가 정말 되고 싶어서 집에서 2 시간 반이나 걸리는 연습실을 오가며 열심히 준비했습니다.	①보아 씨는 가수가 되기 위해 매일 2 시간 반이나 열심히 연습을 했다.	判断	听力细节内容辨析
처음엔 가수가 된다는 것만으로도 좋아서 힘든 줄 모르고 연습했어요. 그런데 저보다 늦게 들어온 가수 준비생이 먼저 가수로 데뷔했을 때는 정말 일을 그만 두고 싶었어요.	②보아 씨는 연습생 생활이 너무 힘들어서 가수의 꿈을 포기하고 싶었다.	判断	听力细节内容辨析
그때 활동이 많지 않아서 한가하게 지냈는데 티비를 봐도 이해되지 않고 사랑하는 부모님과 친구들도 없으니까 외롭고 힘들었어요. 내가 여기서 뭐하나 회의가 들기도 했지만 언어를 열심히 공부하기로 했어요.	③보아 씨는 활동이 많을 때도 게을리하지 않고 열심히 일본어를 배웠다.	判断	听力细节内容辨析
회사로부터 저에 대한 계획을 듣고 다시 한번 제 꿈을 향해 최선을 다해 노력하기로 마음먹었어요.	④보아 씨는 사랑하는 부모님과 친구 덕분에 방황에서 벗어났다.	判断	听力细节内容辨析

（二）在听力练习中强化词汇习得及背景知识积累

在听力课程学习过程中，通过听力输入强化学生对词汇的习得也是重要目标之一。语音输入方式比阅读输入方式更有利于词汇习得，且通过听力训练，阅读词汇也可能转化为听力词汇（王艳，2002）。丰富的背景知识储备在提高听力理解准确度中发挥着重要作用。当在具备或被提供相关背景知识时，听者能较快进入听力状态，并能利用已有的背景知识来理解生词难句，最终实现

整体内容的理解（刘绍龙，1996）。

为适应韩国语能力考试中涉及的广泛领域，在确定听力授课材料时，应尽量做到丰富多样，多选取贴近当下的热点话题以及富有韩国文化特色的材料，使学生在学习听力的同时，也能加深对对象国社会和文化的了解，学习到听力技能以外的科技、经济、社会、文化、历史等领域相关词汇及背景知识，提升学生在听力考试中的理解能力。如果学生事先对音频内容的主题能有一个大概的认知，在听到某一主题时便能迅速激活自身的知识储备来辅助理解，应试时将大大提高答题准确率。在进行听力材料词汇讲解时，教师应尽可能地多使用外语，使用外语来解释或描述事物现象，提升学生的外语理解力。与此同时，适当加快课堂授课效率及节奏，扩大听力输入量，提高词汇习得效率。

（三）选取真实听力材料，培养语感，提升辨音能力

众所周知，韩国语中存在大量的语音变化现象。学生在学习韩国语时主要依靠教材文字进行，而当接收到的语音与文字相异时，便不能准确将其识别（张光军，2007）。为有效提升学生对语音的敏感度，熟悉韩国语中各类音变现象，真实语音材料在授课中的使用便十分有必要。对于大二学生来说，一般新闻中的内容专业性强，且语速快，要听懂存在一定困难。从大二学生的能力水平出发，可选择难度相对较低的社科类栏目、广播类节目、纪录片、演讲、访谈、音乐剧、影视剧片段等，从中截取逻辑完整、内容相对简单的片段作为教学材料进行设计。笔者在教学实践中发现，以上类别的语音材料语速适中，所使用语法、词汇大部分在大二年级学生能力范围内，但难度又在一定程度上高于学生目前的知识水平，较为适合大二年级的学生来进行练习。且该类材料具有趣味性强、可视化等特点，能激发学生听力学习的热情。在韩国语能力考试中，纪录片、演讲、访谈等形式皆固定出现在每一届考试中，多听此类体裁，也有助于学生熟悉该类型体裁中常用表达、语言风格。

（四）授课中应试能力的培养

1. 快速定位听力材料目标内容的能力

在平时的听力课堂练习中，应让学生保持一定的紧张感，提升反应速度及练习效率。考试中选项多围绕时间、地点、人物、范围等要素进行考查，日常教学中可以多进行提取选项关键词的练习，使学生在阅读选项时能快速找到方向，对考点进行预判，准确锁定听力材料中的相应内容，并进行比对和判断。

比如在第 36 届第 14 题的选项中，阅读选项时便应首先关注 "밤에는" "9 시 이후에는" "점심시간에는" 等与具体时间相关的信息，并在听的过程中重点关注，做到有的放矢。

第 36 届第 14 题选项：

① 밤에는 난방 기구를 사용할 수 없다.

② 9 시이후에는 모든 전기 제품을 끈다.

③ 사무실은 일정 온도를 유지해야 한다.

④ 점심시간에는 엘리베이터가 운행되지 않는다.

2. 把握篇章核心观点及细节内容的能力

韩国语能力考试中设置的题型，占据最多分值的主要有两大类，其一为选取与所听内容一致的选项，即考查细节题型，其二为以选取材料中心思想为代表的选项，即考查篇章大意题型。教师在授课中应有意识地对学生加以训练，各教学环节做到有所侧重。在韩国语能力考试中，需要学生快速而准确地听取信息，并高效地反映到答案中。课堂练习中音频的播放次数不宜过多，应控制在两次以内。在首次听音后，可主要检验学生是否掌握篇章中心内容或主题，在第二遍听音后再考查学生对细节的把握情况。

3. 判断说话者观点与态度的能力

说话者对某一主题的态度或看法也是韩国语能力考试中重点考查的内容。考试中说话者并不会直接使用诸如赞成、反对等词汇来表达看法，往往需要借助语气、态度、说话方式来获取其言下之意。比如，在考试中常常采用疑问句，特别是反问句式来表达说话者对某一主题的评价态度。比如第36届第17题中，使用"그래도 뭐든 좀 깊이 배우는 게 좋지 않을까요?"来表达说话者对学习电脑的肯定态度，又比如在第41届第27题中，通过"좋은 일이니까 너도 한번 해 보면 어때?"来劝说对方向相关团体捐赠西服。因此，在课堂教学中，应引导学生多关注说话者的说话方式及语气等，强化学生通过该类非语言因素来获取信息的能力。

4. 多项任务间的协同能力

在授课中可借助听写及速记等方式，培养学生同时进行多项任务的协同能力，在听取语篇内容时，通过进行类似于交替传译笔记的练习，引导学生对音频内容的篇章结构进行解构、重组及记忆，此举也有利于培养学生把握篇章结构脉络的能力。教师可定期对学生的课堂笔记进行检查，发现学生在听的过程中存在的难点和不足，并在教学设计时有针对性地进行弥补，也能有效督促学生在授课过程中集中注意力。

四、结论

综上所述，听力教师在日常教学中，可多选取贴近实际场景的真实材料，尽可能地丰富授课主题，结合韩国语能力考试的出题倾向进行课程设计，在授课的各环节中有所侧重，扩大输入，强化练习，有意识地培养学生的应试能力。虽然学生听力能力的提升受诸多因素的限制和影响，但只要在日常的课堂教学中坚持不懈，相信也一定能取得较大成效。

参考文献

［1］成均馆大学成均语学院韩国语教材编委会. 新视线韩国语听说教程 4［M］. 崔顺姬，乔文，译. 北京：北京语言大学出版社，2009.

［2］国立国际教育院. 韩国语能力考试 II 35、36、41、64 回真题［EB/OL］. http://www.topik.go.kr.

［3］刘绍龙. 背景知识与听力策略：图式理论案例报告［J］. 现代外语，1996（2）：42-46.

［4］王艳. 听力方式与听力词汇习得：一项听力词汇习得试验的报告［J］. 国外外语教学，2002（2）：38-42.

［5］张光军. 对中国学生韩语学习中听力难现象的分析［J］. 解放军外国语学院学报，2007，30（5）：72-76.

Exploring Pedagogical Strategies of Listening Comprehension based on TOPIK II
—Taking Korean language sophomores as an example

Li Xuan

【Abstract】The sophomore year matters greatly in the transformation from knowledge accumulation to lingual applications, in which listening stands out as one of the important skills. With its diverse types of questions, a wide range of topics, as well as practical test designs, TOPIK (The Test of Proficiency in Korean) effectively assesses the language acquisition and application of the students at the basic stage. Korean language sophomores usually find it difficult to do well in the listening section of TOPIK, due to their insufficient background knowledge and test skills. Teachers can improve the students' test-oriented abilities, thus help them pass the TOPIK, through the meticulous selection of the teaching materials, and the design of teaching methods.

【Key words】TOPIK, teaching of listening skills, test-oriented abilities, strategies

高校英语演讲课混合式教学模式探究[①]

——以四川外国语大学成都学院为例

四川外国语大学成都学院国际商学院　　谢意[②]

【摘　要】混合式教学是将传统课堂教学与线上教学有机结合的教学模式。基于混合式教学理念，本文分析了英语演讲课程旧有教学模式及其问题，设计混合式教学方案，并通过实施和评价进行检验，构建符合英语演讲课程特点的混合式教学模式，以提升该课程的教学效果。

【关键词】混合式；教学模式；英语演讲

一、引言

随着现代化信息技术的发展，教育技术不断革新，同时也推动了教育理念的革新，混合式教学模式逐渐受到越来越多教育者的关注。混合式教学模式指的是将传统课堂教学与网络化教学相结合，发挥两者的优势，以达到最佳教学效果。国内首推混合式教学模式的是北京师范大学何克抗教授，他认为混合式教学模式把传统教学方式的优势和网络化教学的优势结合起来了，既发挥了教师引导、启发、监控教学过程的主导作用，又充分体现了学生作为学习过程主体的主动性、积极性与创造性。马武林、张晓鹏通过实证研究发现大学英语混合式学习模式可以解决课堂教学容量有限与学生个性化需求之间的矛盾。杨芳等人以清华大学开设的生活英语交流课程为例，探索并分析了混合教学方式在英语教学中的应用模式及其特点。然而，当前对高校英语演讲课程混合式教学的实践探索还不多。为适应时代的发展，基于近年来不断涌现的教学新模式，如翻转课

---

①　本文是四川省民办教育协会 2021 年科研课题"高校英语演讲课程混合式教学模式探究"（项目编号：MBXH21YB191）的研究成果。

②　谢意，女，副教授，英语语言文学硕士，研究方向为英语教学。

堂、慕课、云班课等，本文试图探讨符合英语演讲课程特点的混合式教学模式，旨在提升教学的吸引力，增强学生的自主学习能力，为英语演讲教学提供参考。

二、英语演讲课旧有教学模式存在的问题

英语演讲课并非传统的口语课，也并非纯理论课，而是一门集听、说、读、写于一体的综合性课程。这门课旨在让学生全面了解英语演讲的基本知识，学会演讲稿的撰写以及在公共场合展示的技巧，培养学生的跨文化交际能力和思辨能力。我院开设演讲课的时间并不长，从过去教学情况来看，该课程的教学模式存在以下一些问题：

（1）课前阅读任务重，学生完成度欠佳。该课程选用《演讲的艺术》这本堪称英语演讲"红皮书"的全英文教材。该书共 252 页，分 16 个章节，内容全面，示例丰富。在过去的教学模式下，学生每一周课前要完成一个章节的阅读任务，也就是大概 12 页，这对民办高校的学生来说具有一定难度。笔者与学生交流了解到，虽然此教材使用的语言并不艰深，但学生在阅读过程中还是会遇到好些内容读不懂，也有部分学生因为页数太多而很难坚持读完。

（2）课堂教师讲解过多，学生操练不够。演讲课每周 2 学时，要在 15 周内完成所有教学任务，时间非常紧。由于课前阅读完成情况不佳，学生对章节内容不熟悉或理解不到位，教师在课堂教学中还要花较多时间讲解理论性知识，留给学生练习的时间有限，仅有少数同学能得到展示机会。而且，一些学生比较害羞，缺乏自信，怯于开口说，不愿意参与课堂展示。

（3）课后指导和监控能力有限，学生缺乏拓展练习。在课后环节，教师通常会布置写作、口述、视频观看及模仿等作业。然而，由于教师的监控能力有限，且无法及时评价和反馈，加上学生的主动性和自觉性较差，课后拓展训练不足，学生的演讲能力很难实现质的提升。

基于上述问题，笔者思考将混合式教学理念应用到演讲课教学中，对课程重新进行设计，形成线上线下混合式教学模式，并通过教学实践和评价进行检验。

三、英语演讲课混合式教学模式

在混合式教学理念指导下，基于演讲课的课型特点，笔者对教学进行重新设计，将线上知识点学习与线下面授和操练有机结合，以提升演讲课教学效率和效果。其基本流程为：

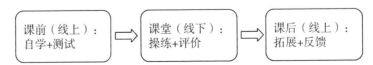

（一）自学与测试

在课前，学生主要依靠观看慕课和阅读教材完成理论知识的初步学习，并通过线上测试检验学习效果。首先，教师选取合适的慕课资源，作为学生阅读教材时的辅助。由于教材每一章节内容较多且有一定难度，学生在阅读教材时很可能抓不住重点，长度在几分钟到十几分钟的慕课可以帮助学生在短时间内把握章节重点内容。学生看完慕课后一般会在头脑里形成基本概念，再去阅读教材便会容易许多。其次，教师制作线上测试，检验学生自学效果。线上测试主要为选择题和判断题，检查学生对章节重点内容的理解情况。教师可以使用类似"问卷星"这样的在线平台收集学生的答案，在课前摸清学生在理论知识理解上的困难，在课堂教学环节进行更具有针对性的讲解。此外，教师事先精选与章节内容相关的演讲视频片段，发给学生在课前观看和思考，在课上再进行分析讨论，可以大大节约课堂时间，提高课堂效率。

每次上课前，教师发布一周学习任务，将慕课视频、演讲片段、在线测试链接发到云班课上。学生接收到任务后，需要在规定时间内完成观看慕课和演讲视频、阅读教材、在线测试等自主学习内容，并记录遇到的问题。学生可以通过云班课、企业微信等向教师提问，教师在线进行解答，也可以将问题带到课堂与同学和教师一起讨论。自主学习赋予学生更大的自由度，学生可以按照自己的节奏安排学习时间，也可以反复观看视频材料以加深理解。在完成在线测试后，学生可以立刻查看测试结果，了解自己对学习内容的掌握程度。

（二）操练与评价

由于学生在课前对章节内容已经进行了自主学习，并且完成了线上测试，教师在课堂讲授中只需要花少量时间对理论性知识进行梳理和总结，强化重难点，答疑解惑，从而将课堂时间更多地留给学生进行讨论和展示，将理论应用于实践，促进知识的吸收与内化。一方面，教师在分析学生线上测试结果的基础上，针对学生出错较多的知识点进行讲解，解决学生课前自学过程中遇到的困难，消除错误理解，这是课堂教学的关键点之一；另一方面，教师在准确把握章节核心内容的基础上，设计相应练习活动，锻炼学生演讲各方面能力，这是课堂教学的重中之重。例如，"选择话题"这一章节介绍了一种头脑风暴方法，叫作"clustering"（聚类），其操作方法是将话题按人物、地点、事物、事件、过程、概念、自然现象、问题、计划和政策分为九大类，在每一个类别下面列出最先想到的4~5个条目。教师可以将其设计为课堂活动，把学生分为几个小组，每个小组在规定时间内合作完成一个九宫格。通过此活动，学生可以更好地掌握 clustering 这种方法，并将其运用到将来的演讲选题过程中。

课堂评价是课堂教学的另一个关键点。演讲课是实践性很强的一门课程，注重过程性评价。从学生的角度来说，他们渴望得到教师的点评，不管是表扬、肯定还是改进建议。从教师的角度来看，评价环节可以活跃课堂，教师中肯的评价可以激励学生，启发更多的学生挑战自我。然而教师一个人的评价有时并不十分全面，增加同伴互评能更全面地评价学生的表现，从而达到更佳的评价效果。在同伴互评环节，教师首先需要向学生讲明评价的标准，让学生明确需要从哪些方面对同伴进行评价，以保证评价的客观性。同伴互评不仅可以检验学生是否能根据所学知识发现他人演讲中的优缺点，培养学生的观察能力和思辨能力，同时口头评价也可以锻炼学生的即兴表达能力。

（三）拓展与反馈

由于课堂时间有限，课后的拓展训练同等重要。从演讲准备阶段到实施阶段，从说解性演讲到说服性演讲，学生需要掌握的知识点和技能众多。教师需要根据章节内容合理布置课后作业，才能真正达到提升学生各项能力的目的。每次课后，教师在云班课上发布作业内容和要求，作业的形式尽量多样化，包括书面、语音、视频等。比如，"听众分析"这一章，可以让学生制作问卷调查，收集数据以确定选题的可行性；"视觉辅助"这一章，可以让学生根据演讲主题制作 PPT、物品、图片等；如果是发音朗读练习，要求学生提交音频；未在课堂上进行展示的定题或自选演讲则要求学生录制视频。多样化的作业形式可以激发学生的学习兴趣和创造力，训练其演讲各环节核心能力。

线上提交作业便于教师及时给予学生反馈。教师的反馈亦可体现多样性，可以是简单的等级评价或评分，也可以是文字或语音形式的评语。线上提交作业也便于学生查看同伴作业，促进交流学习。教师可以组织学生对作业进行投票，评选票数最高的优秀作业。教师还可以选取典型作业作为案例，请学生一起来分析。教师亦可鼓励或指定学生进行同伴互评，让学生得到多角度的反馈。

四、英语演讲课混合式教学实践

（一）教学实施

本课程的教学实施持续一学年，共两轮，分为四个阶段：动员期、试行期、正式实行期和评估期，循序渐进地将线上线下混合式教学模式融入英语演讲教学之中。

首先，教师在新学期第一次上课时向学生说明混合式教学模式的意义和做法，以引起学生重视，让学生明确每个环节的操作流程。学生虽然在以往的学习过程中会使用到网络，但大部分学生并不熟悉云班课，因此，教师有必要向学生演示这个平台的使用方法。

在试行期，教师带领学生逐步熟悉新的教学方法，让学生明白在课前、课中、课后分别需要完成何种任务，教师会以何种方式组织教学和评价。特别是对于与过去的教学方式不同之处，教师要花费更多时间来讲解和训练，比如线上测试、同伴互评、录制演讲视频等。在此阶段，学生会有很多疑问，甚至会有个别学生对混合式教学产生怀疑。教师要及时解答学生的各种疑问，消除学生的心理障碍，让学生逐渐适应和接受混合式教学模式，感受这种教学模式的好处。

在正式实行期，教师的主要任务是监督和检查，尤其是学生课前线上自主学习和课后作业的完成情况。经过前期的铺垫，学生在这个阶段对混合式教学模式已经比较熟悉了，清楚知道各个环节的要求。然而随着新鲜感的消失，随着学习任务的加重，学生可能产生懈怠，学习主动性和积极性减弱。教师要善于发现问题，给予学生鼓励的同时加强监管。

在评估期，教师可通过问卷、访谈、观察等对教学效果进行评估，对照预定的目标客观地做出总结并反思。教师在平时的教学过程中应留心观察，及时记录各种问题，分类汇总。与此同时，教师也要注意在课下与学生多交流，挑选各层次的学生开展访谈，了解他们在混合式教学模式下学习中遇到的困难，倾听学生的意见和建议。在学期末，教师通过制作线上问卷调查，收集学生反馈，整理分析数据。

（二）效果评价

笔者对所教授 2 个班级共 76 名学生进行了线上问卷调查，收到 71 份有效问卷。问题涉及学生对线上自主学习、课堂教学组织、教学评价等方面的满意度，包括 15 个选择题和 2 个开放式问题。

调查结果显示，学生对课程教学满意度较高，分别有 44% 和 42% 的学生表示"非常满意"和"满意"。38% 和 56% 的学生认为学习完课程后"收获很大"或"有收获"。学生对于线上学习持肯定态度，78% 的学生表示自己的课前线上自学"很认真"或"比较认真"，16% 表示"一般认真"，只有 6% 的学生表示"不认真"。就线上学习难度来看，51% 的学生认为完成自学任务、线上测试和课后拓展"很容易"或"比较容易"，38% 的学生认为"难度一般"，仅有 11% 的学生认为"比较困难"。对于线下课堂教学，60% 的学生对教师在课堂中理论知识与操练比例的安排"非常满意"，35% 的学生"比较满意"。62% 的学生对教师组织的课堂活动"非常满意"，31% 的学生"比较满意"，7% 的学生觉得"一般"。从评价方面来看，64% 的学生对教师的评价体系"非常满意"，28% 的学生"比较满意"。而对于同伴评价，22% 的学生表示"非常有帮助"，71% 的学生表示"比较有帮助"。

总的来说，学生对混合式教学模式的认可度较高，学习效果良好。但根据课堂观察和课后访谈，笔者也发现一些学生的线上学习态度比较马虎，对他们来说，"线上学习任务有点重"，"理论知识太多"。对于课堂教学，有学生认为"可以再多给学生上台演讲的机会"，"希望有更多机会去实践理论知识"。由此可见，在将来的混合式教学实践中，教师还要多与学生沟通，根据学生的需求及时调整教学内容和教学方法，不断优化英语演讲课程混合式教学模式。

五、结语

基于混合式教学理念，本文探讨了翻转课堂、慕课、云班课在英语演讲课程教学中的应用，设计了具有可操作性的线上和线下教学活动并进行实践，基本形成了符合英语演讲课程特点的混合式教学模式。无论是线上还是线下，教师对教学资源的选取、教学活动的设计、教学效果的评价都至关重要。教师需要不断更新教学观念，掌握现代教育技术手段，提高信息化素养，同步提升线上线下教学水平。与此同时，培养学生的线上自主学习能力也至关重要。教师应细心引导，加强监管，让学生体会混合式教学的益处。由于混合式教学模式在本校的实践才刚起步，实施时间还不够长，涉及班级还不够多，还需继续在实践中探索研究，以实现进一步优化。

参考文献

［1］何克抗. 从 Blending Learning 看教育技术理论的新发展（上，下）［J］. 电化教育研究，2004（3-4）：1-6.

［2］马武林，张晓鹏. 大学英语混合式学习模式研究与实践［J］. 外语电化教学，2011（3）：50-57.

［3］杨芳，魏兴，张文霞. 大学英语混合式教学模式探析［J］. 外语电化教学，2017（2）：21-28.

Research on the Blended Teaching Mode in English Public Speaking Course
—A Case Study of CISISU

Xie Yi

【**Abstract**】Blended teaching is a teaching mode that organically combines traditional classroom teaching with online teaching. Based on the blended teaching concept, this paper analyzes the old teaching mode and its problems in English public speaking course, designs a blended teaching plan, and tests it through implementation and evaluation, so as to build a blended teaching mode that conforms to the characteristics of English public speaking course and improves its teaching effects.

【**Key words**】blended teaching mode; English public speaking

面向区域国别研究的
越南概况课程范式重构探索①

广东外语外贸大学东方语言文化学院　林丽②

【摘　要】在新形势下，外语专业学生区域国别研究能力的早期培育必要性日益凸显，对象国概况课程范式重构势在必行。本文以广东外语外贸大学越南语专业为例进行研究，目的是通过越南概况课程范式重构，体现出区域国别研究全面性、深入性、及时性和战略性等特征。具体重构内容分为四部分，包括：升级培养目标、明确课程定位、更新教学资源和重构教学模式。教学过程让微课（microlecture）以翻转课堂为载体，根据翻转课堂的任务需求来设计和建设微课体系，力求体现继承性、创新性、适用性和推广性。

【关键词】越南概况；区域国别研究；翻转课堂

2021 年 12 月，国务院学位委员会颁布《博士、硕士学位授予和人才培养学科专业目录（征求意见稿）》，将"区域国别学"作为交叉学科一级学科列入其中。这对本科阶段外语专业学生的区域国别研究能力早期培育提出了新的要求，对象国概况课程范式重构势在必行。外语教师必须将二者有机结合，积极探索新模式的有效性，着力解决现存的突出问题。

一、研究现状分析

现有研究中针对区域国别研究的学科定位、资源分配、成果评价、人才培养等问题做了不少探讨，但基本来自高校领导和领域专家，总体较为宏观，顶层设计居多。然而，从一线教师视角

---

① 本文是国家社会科学基金项目（项目编号：22BGJ015）及广东外语外贸大学 2020 年度南海研究科研创新团队的阶段性成果之一。

② 林丽，女，广东外语外贸大学东方语言文化学院越南语系副教授，研究方向为越南语言文化、南海合作。

将其具体联系到外语专业的对象国概况课，探讨课程改革模式的研究尚较为少见。经过整理和分析，我们得出以下分析结果：

在我国外语专业国家概况课程中，英、俄、日语的相关研究相对丰富和成熟，教学理论和实践均取得了显著成绩，非通用语教学研究积累了宝贵经验，是本课题开展的坚实基础。主要研究类型包括论文、文集、各级教学研讨会和教改课题。

总体而言，现有的对象国概况课研究较少，对象国以英美国家和日本为主，涉及东盟国家（越南、泰国）的相关论文仅有数篇。研究集中于以下方面：

在培养目标方面，《教育部关于加强外语非通用语种人才培养工作的实施意见》（教高〔2015〕10号）提出要培养具有国际视野、通晓国际规则、能够参与国际事务和国际竞争的应用型、复合型非通用语种人才。当前我国面临的国际环境尤其是周边环境日益复杂，包括越南语在内的东盟语种专业学生必须追踪世界格局特别是中国周边国家内政外交的演变与发展趋势。区域国别研究具有重要战略意义已经成为学界共识，但研究中对于师生概况课程认同现状较少关注。事实上，学生对对象国的了解和理解都远远不能满足实际需要。

在课程定位方面，在东盟国家概况课程中，越南概况课程被作为公共素质课程或文化知识辅助课程。还有不少高校将东盟国家概况课程作为限选选修课。由于学分数少，很难提高学生的重视程度和精力投入程度。

此外，教材建设普遍存在体系不甚合理，内容滞后且陈旧等问题。教学模式的主要问题在于仍以传统讲解模式为主；涵盖面广，课时不足，导致进度过快；考核方式较为单一。

由此可见，就现有的人才培养模式而言，包括越南概况课程在内的对象国概况课程战略地位的提升与课程教学目标不够明确、定位偏低、教学方法和考核模式单一、教材陈旧等现状形成了突出矛盾。

二、越南概况课程范式重构的理论基础及内容目标

本文以广东外语外贸大学越南语专业为例，探讨面向区域国别研究的越南概况课程进行范式重构的理论基础及内容目标。

首先，在专业层面，广东外语外贸大学越南语专业于2019年入选首批国家级一流本科专业建设点，亟须通过改革加强对学生学科交叉融合能力的培养，为学生日后的复合型成长路径打下坚实基础。同时，在保持原有优势的前提下，在区域国别研究人才培养方面实现专业"弯道超车"也是重要任务之一。东南亚地区是"一带"和"一路"的结合点，针对越南的区域国别研究更具有重中之重的战略重要性和迫切性。其次，对东方语言文化学院而言，其他7个非通用语种也面临类似的区域国别研究能力早期培育困境，以具有重要战略意义的邻国越南为样例进行先行概况

课改革研究，将有益经验进行推广，将有利于东盟语种的整体建设和发展。最后，对广东而言，粤港澳大湾区与越南都拥有良好的宏观发展条件及较佳的增长前景。进一步加强国别和区域研究能力培养，既是越南语专业师生自身追求卓越的现实需要，更是服务中央和广东发展战略的重要使命和职责。

（一）指导思想和理论基础

外语专业面临区域国别研究的机遇和挑战，如何应对是亟待解决的问题。越南概况课程的重要意义及存在的不足愈加明显，对其进行范式重构可行性研究势在必行。增强区域国别研究人才储备意识，在努力探索外语教学新规律的同时，贴近教学信息化趋势，需要从外语专业大一开始，认真谋划人才培养模式创新。

当前，适应"两性一度"的翻转课堂微课程模式研究如火如荼。翻转课堂致力于重新调整课堂内外的时间，改变学生课堂被动听讲、课后应试复习的弊端。目前翻转课堂在实施过程中多以微视频学习形式展开。微课将某个教学知识点或教学环节设计成适合支持移动学习或自主学习的在线网络视频，其兴起为翻转课堂教学模式的开展提供了有力的技术支持。以微课为主要载体的翻转课堂以实现以学生为主体的自主性、个性化学习为目的，可促进泛在、移动、个性化学习方式的形成，顺应了我国教育信息化教学改革"高阶性、创新性、挑战度"的改革新方向。

在相关研究中，单纯的对模式的阐释较多，忽略了如慕课（MOOC）等学习平台的作用。与东盟语种专业相关的慕课极少，国内目前可见的仅有北京大学吴杰伟教授的《东南亚文化》及广西外国语学院/南宁职业技术学院李太生教授团队的《走进东盟》。在缺少现成在线资源平台的情况下，选择适合现有条件的教学平台也是本课题的重要任务之一。

综上所述，从指导思想及理论基础出发，秉持"建以致用、边建边用"原则，研发越南概况翻转课堂微课程，辅以丰富的教学活动，不仅可以在现有课时范围内提高效率、完成教学内容，更重要的是，还能够对学生从理念和目标上进行提升，即从注重知识的获取到区域国别研究问题意识培养、研究意识形成和研究能力提升。

（二）范式重构内容及目标

越南概况课程范式重构要体现区域国别研究全面性、深入性、及时性和战略性等特征。具体重构内容分为四部分，包括升级培养目标、明确课程定位、更新教学资源和重构教学模式。前两部分的内容需要在大学和学院教务部门的指导下最终定型，但面向区域国别研究的改革方向是已经得到肯定的。后两部分内容是改革实践的主体内容。

在培养目标方面，从本科伊始，即对越南语专业学生进行区域国别研究引导，让其充分认识到国别研究是专业学习的重要组成部分，是今后事业发展的热门路径，是为国家和人民效力的一手能力。

在课程定位方面，对象国概况课程是外语专业区域国别人才培养的重要组成部分，是学生进入区域国别研究的发端，具有核心课程地位。应努力争取在越南语本科教学大纲中将越南概况、越南政治经济、越南社会与文化、越南民俗等课程整合成为"越南研究"系列课程，尽量与区域国别研究人才培养的需求对接。

除了越南概况课程本体外，教师团队还应依托教育部高校国别和区域研究备案中心——广东外语外贸大学中南半岛研究中心、广东国际战略研究院，培养学生参与区域国别研究的兴趣和意识。广东外语外贸大学越南语专业学生有一整学期成建制前往越南一流大学——越南河内国家大学留学，可以利用海外实践平台收集研究资料、开展田野考察，通过体验式学习切实了解对象国国情、社情。

在教学资源方面，将相对固定的历史、宗教、文化、习俗等内容结合研究视角，以问题牵引，为编著新版双语教材做好准备；对时效性强的政治、经济、外交等内容，结合越南语网络信息检索内容，动员学生积极参与，共同制作电子版讲义，发布越南语专业公众号、中南半岛研究中心网站文章等。

在教学、考核模式方面，教学、考核模式重构是本项目的重点改革目标。从传统观念来看，对象国概况课程属于包含大量布鲁姆的分类所提出的低端的记忆或理解类的课程。但这类课程更适合翻转课堂教学，并通过教学改革提升教学目标和效果。基于微课的翻转课堂教学模式结合"雨课堂"和"名师云课荟萃"教学平台（http://study.inspeed.biz/）使用，能够活跃课堂氛围，形成预习发现问题、课堂解决问题、课后反思问题的链条。微课是教学内容，即物。"雨课堂""名师云课荟萃"提供教学场所，即平台。翻转课堂是教学方式。三者代表教学的不同方面。"名师云课荟萃"教学平台针对国家一流本科专业建设点专门研发，存储容量大，为教学资源的整理、发布、共享提供了极大便利。相较于"雨课堂"，该平台不易受网络拥堵影响，更适合学生接收课前、课后的学习内容，自学微课内容。教学考核模式设计的原则是大幅提高课前学习（包括网络学习记录、课前作业考核）和课堂活动（课堂测验、互动交流）评分的权重，使之各占课程总评成绩的30%左右，以此增加课前学习和课堂活动环节的调控和激励力度，充分调动学生参与积极性和主动性。

三、越南概况课程范式重构的实践过程

通过改革实践，我们力争解决越南概况课程面临的以下关键问题：①概况课知识容量大与课时有限的矛盾；②课程能力要求高与生源知识储备不理想的矛盾；③学生学习目标不统一与教学目标要明确的矛盾。

（一）实施方案

本课题的实施遵循"调研→实践→总结→改进"的思路和步骤，以期实现从知识技能的传递

到内化再到固化与拓展的目标。

第一，结合文献研究成果，在学校教务处、学院领导的指导下，课题组赴相关院校进行实地或在线调研，学习先进的教学改革案例为我所用，进一步明确具体改革任务。第二，本着"建以致用、边建边用"的原则，从2020—2021学年第一学期的越南概况课程开始改革实践。第三，推行每月教学总结，对参与学生进行问卷调查，加强项目过程管理。学期结束后进行项目总结，并邀请校内外专家进行评估。第四，积极迭代改进，补充和完善微课资源，整合学生反馈问题，更新下一轮课程改革设计。

（二）实施方法

基于微课的越南概况翻转课堂教学模式由教师课前准备、学生课前自学、师生课堂互动、课后评价及学习四个阶段组成。

在教师课前准备阶段，教师依据教学大纲和区域国别研究能力要求，结合学生的学习特点和理解能力，将教学内容模块化，即将教学内容梳理并分解成基础知识点及重点、难点。

首先，将越南语本科教学大纲与区域国别研究能力进行对接，升级越南概况课程大纲能力要求。在此基础上，划定16个教学模块，具体名称见图1。

图1　越南概况课程16大教学模块①

---

① 有关越南流行文化、体育等方面的内容不设主题板块，可以灵活穿插在各专题中。

其次，进行学习资料、基本任务（教学计划、预习提纲和预习作业）的设计和微课录制，完成后上传到"名师云课荟萃"及"雨课堂"教学平台。

在学生课前自学阶段，将学生加入班级进行管理。学生接收到"名师云课荟萃"教学平台通知后，应至少在上课前一天登录平台获取预习提纲、微课视频还有预习作业。教师组织学生在课前进行线上自主学习、在线讨论，通过平台数据了解学生的网络学习和预习作业完成情况，实时掌握学生的自学效果，反馈学生提出的疑问，发现学生课前学习中存在的共性问题。根据这些情况，教师设计下一阶段课堂教学活动计划。在前期教学活动中，我们根据学生预习后提出的问题"老师，越南为什么不用汉字？"制作了翻转课堂微课参加学校教学比赛，教学效果得到了校内外专家的认可。部分课程资源见图2。

图2 "越南概况"课程翻转课堂微课资源示例

前两个阶段重在知识技能传递。

在师生课堂互动阶段，课堂教学开始时，学生已经基本掌握每节课的基础知识和基本要点。教师的主要任务是引导学生探索上一阶段发现的问题以及重点、难点部分，帮助学生完成知识体系的构建。处理学生问题的方式有两种，一种是将较为集中的问题录入微课，另一种是通过学生小组讨论解决典型问题，并派代表向全班进行汇报讲解，其他小组成员积极补充或质疑，教师进行答疑、点评，调动学生解决实际问题的积极性。最后，教师根据课堂讨论情况，对每节课的重点、难点内容进行总结。从前两轮越南概况授课情况看，学生对越南宗教、越南国民经济研究部分的自主学习兴趣最高，积极制作教学课件进行分享，并提出了有较高学术性的问题，展现了优良的研究潜能。

此阶段的重点在于知识技能内化。

在课后评价及课外学习阶段，此阶段主要内容为课后练习和复习，加强理解，巩固知识。学生通过观看微课回顾知识要点，对重点、难点进行复盘。教师通过学习平台布置课后作业，之后综合学生在线学习参与度、作业正确率、课堂表现给出平时成绩。教师还可以通过"雨课堂"和"名师云课荟萃"教学平台上传与课程相关的课外内容拓展或试题、书目，服务于自主学习能力强的同学。

我们还利用广东外语外贸大学年度本科教学质量月活动契机，开展"越南语知识技能大赛"和越南问题专家讲座活动。在大赛中，学习越南概况的班级部分同学负责出题，其他同学积极参与答题。通过竞赛活动，同学们有了"越南问题专家"的感觉，学习积极性得到极大的提升。2020—2022 年，我们为学生们举办了十余次越南语言文化与国情研究专家讲座，有利于本科生开阔学术视野、培养研究能力。

此阶段的重点在于知识技能固化与拓展。

四、总　结

面向区域国别研究的越南概况课程范式重构探索仍在进行中，广东外语外贸大学越南语专业教师团队秉持"大处着眼，小处入手""建以致用、边建边用"的原则，以"做中学"为核心，以"雨课堂"和"名师云课荟萃"为教学平台，形成了以微课为主要资源，以翻转课堂、个性化学习、活动育人和碎片化学习为手段，以监控和激励为保障的教学策略。我们认为，应当更新外语专业本科人才培养理念，紧贴国家发展战略内在需求，及时响应新近提出的新文科建设及区域国别研究学科交叉融合要求，将提升课程认同和融合信息技术作为越南概况课程范式重构的关键问题进行研究。在课程融合方面，可以尝试在区域国别人才培养视域下明确越南概况课程的目标定位，探索基于微课的翻转课堂教学模式，力求体现继承性、创新性、适用性和推广性。

参考文献

［1］陈坚林，马牧青. 信息化时代外语教学范式重构研究：理据与目标［J］. 外语电化教学，2019（1）：12-17.

［2］姜智彬，王会花. 新文科背景下中国外语人才培养的战略创新：基于上海外国语大学的实践探索［J］. 外语电化教学，2019（5）：3-6.

［3］蒋洪新，杨安，宁琦. 新时代外语教育的战略思考［J］. 外语教学与研究，2020，52（1）：12-16.

［4］周方银. 区域国别学科建设中的知识追求和学科建制［J］. 亚太安全与海洋研究，2022（3）：18-28.

Curriculum Reform of "National Survey of Vietnam" for Area Studies

Lin Li

【Abstract】 Under the new situation, the necessity of early cultivation of Area Studies has become increasingly prominent, especially for the Foreign Language and Literature Major students. and it is imperative to carry out a curriculum reform for the Course Survey of a foreign country. This paper takes the Vietnamese major of Guangdong University of Foreign Studies as an example, the purpose is to reflect the comprehensiveness, in-depth, timeliness and strategic characteristics of Area Studies by the curriculum reform. The specific content is divided into four parts, including: upgrading training objectives, clarifying course positioning, updating teaching resources and reconstructing teaching mode. In the teaching process, we design and construct the microlecture system according to the task requirements of the flipped classroom, which is taken as the carrier for Microlectures, and strive to highlight the inheritance, innovation, applicability and promotion.

【Key words】 national survey of vietnam; area studies; the flipped classroom

构式化—聚范畴视角下"A 也是 B"的认知构式分析[①]

北京师范大学外国语言文学学院　陈放[②]

四川外国语大学　李婷[③]　曾文[④]

【摘　要】构式作为语言的基础单位，具有重要的社会文化功能。本文聚焦现代汉语常用构式"A 也是 B"，以构式化和聚范畴为理论背景，提出"构式化—聚范畴连续统构式分析模型"，从"中心—核心聚合"构式这一原型构式和"边缘—中心聚合"与"非范畴—范畴聚合"两大构式变体探究构式家族"A 也是 B"的形成和演变机制。研究发现，原型构式产生于构式化过程，而基于构式压制和隐转喻认知机制所触发的聚范畴化现象促成了构式演变。本研究试图发掘常用构式的社会矫正功能，深化构式的社会文化功能探究。

【关键词】构式化；聚范畴化；原型构式；构式变体；认知分析

一、引言

语言是社会生产力与民族凝聚剂（王寅，2004；Claire Kramsch，2021），在社会文化建设中发挥着举足轻重的作用。语言在本质上为构式和象征单位有机组织而成的规约性清单（Langacker，1987）。构式作为语言的基础单位，具有重要的社会文化功能。国内学界目前主要从现代汉语基本句型和常见习语俗语等视角探究现代汉语常用构式的认知动因及其演化机制，以此助益现代汉语

①　本文为四川外国语大学 2021 年大学生"学习共同体"项目"多模态视域下典籍文化传播中的语用身份研究"（项目编号：XSC2021032）的阶段性成果。

②　陈放，北京师范大学外国语言文学学院，助教，主要研究方向：认知语言学和认知诗学。

③　李婷，四川外国语大学 2020 级二语习得、教育语言学方向研究生。

④　曾文，四川外国语大学 2020 级二语习得、教育语言学方向研究生。

构式的社会文化功能分析，并未有研究对现代汉语常用组配"A 也是 B"进行认知构式分析。而我们认为，诸如"女人也是人""哈密瓜也是瓜""酱油也是油"等"A 也是 B"的表达式也是一种常用构式，且具有较强社会矫正与规范功能。鉴于此，本文首先界定和描述现代汉语常用构式"A 也是 B"，并以构式化和聚范畴为理论背景，提出"构式化—聚范畴连续统构式分析模型"，从"中心—核心聚合"构式这一原型构式和"边缘—中心聚合"与"非范畴—范畴聚合"探究构式家族"A 也是 B"的形成和演变机制。研究发现，原型构式产生于构式化过程，而基于构式压制和隐转喻认知机制所触发的聚范畴化现象促成了构式演变。本研究试图发掘常用构式的社会矫正功能，深化构式的社会文化功能探究。

二、理论框架

（一）构式语法理论下的构式化

构式语法滥觞于 Filmore（1988）的格语法、Langacker（1987）的认知语法以及 Lakoff 的格式塔语法（1987），并在第二代认知科学和后现代哲学体系的浪潮中不断发展（牛宝义，2011；刘玉梅，2013）。21 世纪是构式语法发展的新纪元，国内外众多学者对构式的形成机制和表征模型进行了更加深入的研讨，促使构式形成及表征研究呈现出从形式化到概念化、从特殊到普遍、从理论到实践、从边缘到核心、从语言到多模态的发展趋向。其中，刘玉梅（2010）认为，构式源于后验习得。零图式构式最初形成于基于用法的事件模型，且在个体不断固化和社团不断规约化的过程中得以发展，历经半图式和完全图式的抽象概括，最终被集体心智高度认可，以此建构社团语言并反作用于个体言语（Saussure，1911）。该理论虽全面描述了用法事件到图式构式的渐变链，但对构式形成后的演变过程尚缺乏研究。

（二）构式化—聚范畴化连续统构式分析模型

我们认为，构式的形成与演变机制不仅仅是个人言语建构社团语言，社团语言反作用于个人言语的固化—规约化双向互动过程（刘玉梅，2010、2013；Schmid，2014、2015），还应包括社团语言继续概括图式构式，致使图式能产性不断增强，特许和压制更多构件进入构式，范畴能力不断强化，构式含义不断丰富（王寅，2011），进而产生构式变体的过程。变体调变过程与人类基本认知方式——范畴的动态化过程中非范畴成员向范畴内聚合，及范畴成员"从边缘向中心"，或"从中心向核心"聚合的过程（王天翼，2017）不谋而合。据此，构式化过程和变体调变过程可被描述为"构式化—聚范畴化连续统"的统合构式的形成与演变机制。即，构式形成于用法事件—抽象构式连续统（刘玉梅，2010、2013），后经压制，隐转喻等元认知机制触发数次聚范畴化（王天翼，2017）并演化成两大类构式变体，如图 1 所示。

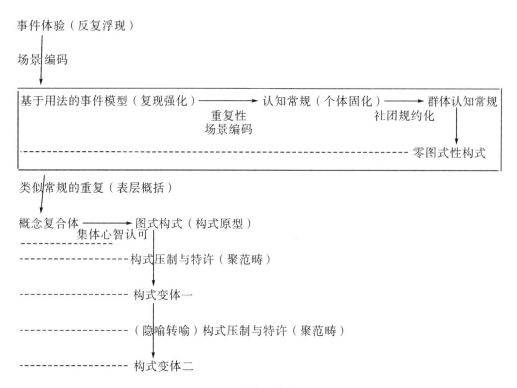

图 1 变体调变过程

首先，我们以"女人也是人""哈密瓜也是瓜""酱油也是油"等话式简述"构式化—聚范畴连续统构式分析模型"对"A 也是 B"构式家族的解释力。构式化过程始于概念化主体经历的诸如"性别视角下的社会地位差异问题的探讨""水果类型鉴别与品尝的闲聊""烹饪经验的分享"等生活事件（Langacker，1987、2011），而反复浮现的事件经历会因场景编码（Goldberg，2004）进入到主体的概念结构中，开始其概念化过程。主体会在该过程中不断强化事件经历的认知痕迹，形成基于用法的事件模型。该模型因重复性的场景编码而不断固化，直到对应一条认知常规（Langacker，1987）以供主体整体激活。常规并非个人专有，它可在语言社团中实现规约化。比如，在西方女权运动时期，"呼吁性别平等"的言语表达可能会减弱甚至消解"性别差异导致的社会地位差异"的群体认知，进而促使语言社团产生"女人应该享有和男人平等的社会地位和社会权利"这一群体性认知常规。此时，语言社团便准许了类似"女人也是人"的零图式构式。而诸如"女人也是人"等因"用基事件"规约化所形成的零图式构式会在"表层概括"（Goldberg，1995、2006）的引导下，整合彼此间的认知关联以生成概念复合体（Langacker，1987）。概念复合体可随主体间性建构社会心理集合体，进而形成"A 也是 B"这一图式性原型构式。原型构式可驳斥对方的认知预设，并教化对方，使之产生符合社会规约的认知，从而生成社会矫正与规范功能，而构式语用含义则驱使中心成员向着核心成员语义汇聚，进而形成"中心—核心聚范畴"现象。而随着构式的不断规约化，其能产性得以增强，构式含义得以强化，从而特许更多本不属于范畴中心成员的边缘性语义元素进入到构式的前件槽位中，此时构式以原型构式含义压制边缘性语义元素，使得边缘成员向中心成员移动，进而产生社会心理层面的稳定性聚范畴现象，诸如"哈密瓜也是瓜"等"A 也是 B"的构式变体由此形成。当构式变体形成以后，构式的固化和规约化水平则进一步增强，构式会继续发展。一方面，构式会吸引更多边缘成员进入构式并产生更多边缘成员向中心成员语义聚合的聚范畴现象；另一方面，构式也会依靠隐转喻等元认知机制，特许本不属于构式范畴的成员进入构式，并以构式含义压制非范畴成员，使得非范畴成员向着范畴成员的语义移动，进而获得类似"酱油也是油"的第二种构式变体。综上所述，构式认知演化机制源于构式化—聚范畴化连续统，其中构式化过程解释了构式形成的机制，而聚范畴过程则解释了构式演变的机制，两大过程建构的连续统推动了构式的不断发展，产生更大的社会认知效应，进而生成矫正社会风气、弘扬主流思想的社会认知功能。

三、构式认知分析

（一）构式界定及语料库描述

从形态句法特征上看，现代汉语常用组配"A 也是 B"在句法结构上为系表结构，在句法功能上为带有成词语素标记"也"的判断句，该组配形式特征不同于一般的系表结构和判断句；从语义语用特征上讲，"A 也是 B"的常规组配并非仅陈述信息，更蕴含了认知偏差矫正和社会道德规范的语用功能。诸如"医生也是公务员""明星也是普通人"等"A 也是 B"的表达式一旦在话论中浮现（李强，2021），首先预设着个体或语言社团中的部分成员对于"医务人员应有公务员同等待遇""明星并不享有特殊的人权"之类概念的怀疑甚至否定。固定组配的浮现可对话轮发出者产生一定的认知刺激，以达到消解对方认知预设的语境效果，从而形成一种矫正原语用意图乃至认知偏差的关联—推理效果（Sperber、Wilson，1986）。比如，上述表达式分别传递了"尊重医生""理性追星"等价值取向。而这种语用功能无法完全从其构件含义完全推知，亦无法从其上位构式判断句"A 是 B"和其余构式推知。根据 CCxG 因像似而规约的形功配对体，且其形功的一些方面不能从其构件或业已存在的构式中完全推知可定义为构式（Goldberg，2006；刘玉梅，2010；牛保义，2010）。由此可见，现代汉语常用组配"A 也是 B"业已成为语言系统中的构式。

本研究利用 BCC 现代汉语语料库，穷尽性搜集构式"A 也是 B"话式，通过手工排查，共得768 条（见表1）。从以上语料看，构式"A 也是 B"的话式在形式上均为带有副词"也"的判断句；在功能上，前件槽位均为后件槽位的次范畴，二者为示例和图式的关系，且前件槽位构件均有向后件槽位聚合的语义，而整个构式具有认知偏差矫正和社会规范功能。然而，具体来看，在以"老百姓也是人""明星也是人"等为代表的"A 也是 B"的具体表达式中，前件槽位为后件槽位范畴的中心成员；在诸如"烂桃花也是桃花""啤酒也是酒"等话式中，前件为后件的边缘成员；而在诸如"超人也是人"等话式中，前件在语义上和后件并无直接的范畴化关系。鉴于此，我们认为，"A 也是 B"并非单一构式，应是一个构式群，亦称"构式家族"，且可依照构件槽位范畴关系和语用功能，划分为"中心—核心聚合""边缘—中心聚合"和"非范畴—边缘聚合"三类。那么，三类构式之间的认知关联是什么？三者又是如何形成与演化的呢？下面以"构式化—聚范畴连续统构式分析模型"为理论框架，从"中心—核心聚合"构式这一原型构式和"边缘—中心聚合"与"非范畴—范畴聚合"两大构式变体探究构式家族"A 也是 B"，以便详细叙述构式的形成和演变机制。

表 1 "A 也是 B"话式统计

类别	中心成员—核心成员	边缘成员—中心成员	非范畴成员—范畴成员	总计
数量/条	401	161	206	768
占比/%	52	21	27	100

（二）构式形成及演变机制分析

1. "中心—核心聚合"原型构式的形成

"A 也是 B"中的原型构式标示着人类经验中的基本事件类型，其中心意义由言说者个体经验固化和语言社团心智规约化的概念原型组织而来，正所谓"名以物出，词随事来"（Langacker，1991；Goldberg，1995）。因此，原型构式发端于基于用法事件的模型。而概念化主体则利用场景编码、表层概括等认知元机制，将数个关联认知事件抽象概括为更加精细化和组织化的概念复合体，形成高阶常规，并在主体交际中促使认知单位进入到集体心智中，受到社团语言的认可，进而建构构式图式（Langacker，1987；Goldberg，1995）。

本文以例 1 和例 2 说明上述过程。

例 1：数学好啊，能折磨人啊，使人变瘦啊！使人食不知味，睡不着觉！~很好啊，干嘛不学啊！~文科生也是人啊，凭什么理科生才有资格去学数学呢？这是在科别歧视么？（摘自微博）

例 2：她认为偏袒女生，就是重男轻女；女子也是人，为什么要人家特别容让呢？我们的校长有一次说她"有和男人一样的思路"，我们都以为这是对她最高的奖辞。（摘自《冰心全集》第三卷）

在例 1 中，话语交际发生在一次文科数学考试之后，话论发起者是一位数学成绩不理想的高中女生，该生因未能取得令人满意的分数而对其数学学习能力产生了自我怀疑，进而形成了对该学科的抵触心理，而其闺蜜作为话论接续者，以诙谐幽默的话语鼓励该生重拾学习信心。首先，该生闺蜜并不回避数学学习的困难，相反陈述了"数学对文科生的折磨"，但该闺蜜却在措辞中称折磨是学习数学的意义，在语义上达到反讽的效果，进而和该生产生一定的情感共鸣，在一定程度上强化了话论发起者的认知预设"文科生学不好数学"。其次，话论随后浮现出话式"文科生也是人"。该话式的语用含义为，文科生应该具有和理科生同等的学习能力，该含义是对话论发起者的认知刺激，减弱甚至消解了其固有认知预设"文科生不能学好数学"，故构式的浮现产生了矫正朋友认知偏差、释怀学业压力的情绪安抚功能。而这一次话语交际可视为一个事件体验,该体验并不具有一过性,而是可以在类似话题交际的重现过程中一次又一次得到强化,而交际双方均可对反复重现的事件结构进行场景编码,进而抽象成对应的认知常规,即认为"文科生和理科生都是学生,具有同等的学习能力"。而在例 2 中,作者转述了 L 女士作为医预科班长的领导理念,刻画了一位果敢干练、魄力超群的女班长形象。而话式"女子也是人"在该言语语境中的浮现,首先预设了领导班子和班级里部分成员对于"女生具有和男生同等的能力,进而享有同等的权利"这一理念的怀疑甚至否定。其次,话式本身言语简练,语义判断明确,宣告了"男女平等"这一思想,所以其浮现恰好对先前语言社团固有的信念产生了冲击,产生了意欲矫正"男尊女卑"思想观念的语境效果。同理,当该话式反复出现,作者和读者均可对复现的事件结构进行场景编码,进而抽象成对应的认知常规,即"男女平等"的思想可得以在读者或作者的个人层面固化,亦可在写读连续统(Gavins、Steen,2003)中受到语言社团的规约化。

诸如"文科生也是人""女子也是人"等具体表达式在关联的事件中不断重现,则形成数个基于用法事件的模型,概念化主体基于表层概括的认知机制概括类似的用法事件,并将关联性用法事件整合为数个个体认知常规,而数个个体认知常规则建构了群体性认知常规。此时话式的形态句法特征带有成词词素"也"的判断句,和语义语用特征前件槽位为后件槽位范畴的中心成员且二者为示例和图式的次范畴化关系,被群体认知常规提取出来,形成一条概念复合体,并最终生成图式构式"A 也是 B"。图式在频繁语用中进一步规约化,进入到社会心理集合体中,形成社会规约。

进入到集体心智的图式构式可矫正部分社会认知偏差,从而产生一定的社会规范功能。比如上述两个构式分别具有促使语言社团成员正确认知文理学生的学习能力和文理分化的学科体系的作用和正确认知社会性别地位的平等性的作用。这种规范功能可使得社团内部更多人认可构式所传达的社会理念。社会规约接受度的提高促进前件槽位向着后件槽位语义聚合,使得诸如"文科生""女人"这些本来就属于"学生(人)""社会人"等范畴的中心成员的语义隶属程度进一步提高,进而趋向范畴核心成员,由此形成"中心—核心聚合"原型构式。

2."边缘—中心聚合"构式变体的演变

"A 也是 B"的原型构式"中心—核心聚合"构式形成后,随着使用频率的增加,构式有了更强的能产性,便准许更多的词汇进入到构件槽位中。原型构式的前件槽位本来为后件槽位的中心成员,且有向后件槽位语义聚合进而趋向范畴核心成员的语义特征。然而,当更多词汇进入到构式槽位中的时候,一方面,填充构式槽位的范畴属类和相应的范畴中心成员会不断增多;另一方面,原本无法填充前件槽位的范畴边缘成员相继被图式构式特许,用以丰富构式前件槽位的语义极,进而丰富图式构式的次范畴特征。范畴边缘成员作为构件槽位增列的类别,自然会和原型构式进行词汇—构式语义互动(Goldberg,1995),并最终受到原型构式含义压制的影响,趋于范畴中心成员的语义特征,此时"A 也是 B"便演变出了"边缘—中心聚合"构式变体。

我们以例 3 和例 4 说明上述过程。

例 3：在企业里，不仅优秀的领导、管理人员、科研人员是人才，高素质的员工也是人才。（《人民日报》海外版，2002 年 01 月 10 日）

例 4：刚从加拿大回国的余虹停顿了一会，坚定地说："压力也是动力。虽然我现在工作一般，但是认真的人总有出头之日。"（《人民日报》海外版，2016 年 4 月 1 日）

在例 3 中，作者论述了深化国有企业改革的核心要义是培养高素质的员工。但作者论证这一观点的过程并非单刀直入，而是通过高素质员工和企业领导、管理人员、科研人员的比较，凸显员工在产品生产和企业形象代言中的直接作用，进而让受众信服高素质员工对于企业发展的重要性。而其中浮现的话式"员工也是人才"在表面上通对社会传统认知中其余企业人才的比较，凸显了高素质员工的重要性，实际上是对于"员工属于企业人才中一个可以被忽视的社会群体"这一类固有社会认知预设的否定。该话式的语用含义来自一种与此相对立的社会心理，即作者本身意欲打破企业成员以及相关人员认为员工处于企业底层的刻板印象，矫正上层领导对员工的重要性认知不足的认知偏差。该认知矫正功能也正是因大量基用事件"表层概括"和"语码化"而成的诸如"优秀领导是人才""管理人员也是人才""科研人员也是人才"等"原型构式"的话式，在频繁语用过程中能产性增强，特许"人才"的"边缘成员"进入到构式前件槽位的结果。当构式特许的"边缘成员"进入到前件槽位后，特许词汇受制于原型构式含义压制的影响，其语义趋向范畴的中心成员，但又因特许词汇含义本身和原型构式前件槽位语义类型有所差异，因此词汇含义也会对构式含义产生反作用，这种构式含义和词汇含义的双向互动，会使得特许词汇含义在一定的时期内保持相对独立性，当二者的矛盾张力消解后，特许词汇含义便由"范畴边缘成员"过渡到"范畴中心成员"。而在例 4 中，作者记叙了一位"海归"青年才俊的心声，刻画了一位努力奋进、追求卓越的知识青年形象。其中浮现的话式"压力也是动力"本是当代社会部分青年在职场压力中生活状况堪忧和心理状态不佳的侧面写照，因而预设了青年人面对职场压力难以将其化为"上进动力"的社会事实。但是话式本身则体现了言说者乐于面对压力，积极追求职业发展的信心。在认知预设和构式语义冲突的语境下，话式刺激了受众的认知预设，迫使受众产生关联推理，同时话语也涌现出特殊的语用含义即作者意欲消解青年人对于压力的不良态度，进而引导职场新人正确解压，积极进取，构式的社会认知矫正功能由此显现。该认知矫正功能的形成机理和例 3 中"员工也是人才"类似，亦历经诸如"鼓励也是动力""奖赏也是动力"等原型构式形成，构式能产性增强，构式特许和构式压制随之产生的过程。

随着数个类似构式特许和压制现象的出现，原型构式的能产性可进一步得到强化。在构式特许与压制和原型构式能产性强化的双向互动中，图式构式"A 也是 B"得以快速发展——构式含义不断强化与扩容，越来越多的前件槽位边缘成员向着后件槽位语义聚合，进而趋向范畴中心成员，完成第一次构式演变，演化出"边缘—中心聚合"构式变体。随着社会文化的不断发展，构式的语用频率进一步增强，图式构式能产性随之增强，构式压制作用则会进一步强化，这会促使特许词汇从"范畴边缘成员"向"范畴中心成员"语义聚合后，进一步趋向于范畴核心成员，进而扩展构式原型。

3. "非范畴—范畴聚合"构式变体的演变

"边缘—中心聚合"构式变体形成后，随着个体固化和社会规约化的双向互动过程而不断发展，其构式含义的强化和扩容导致能产性进一步提高，原本不可填充前件槽位的非范畴词汇相继被构式特许，受制于构式语义的进一步压制，非范畴成员不断向着后件槽位的语义范畴聚合以趋向范畴成员，并以此形成"非范畴—范畴聚合"构式变体。构式变体二的形成过程和"边缘—中心聚合"类似，即构式特许和压制在两次过程中都发挥了举足轻重的作用。但我们认为，在演化的认知策略上，有更多的元认知机制参与了构式变体二的形成过程，且更多元的元认知策略带来了更强劲的社会语用功能。那么，这一细微的元认知策略具体是如何参与到构式变体二的演化中的呢？

下面以例 5 和例 6 具体阐述。

例 5：何慧娴说，成绩是收获，意外和失败也是收获，亚运会"中考"给了中国队强有力的提示，只有不断总结才能练兵到位。（人民日报）

例 6：我想，苦涩的汗水会结出更甜蜜的果实，因此吃苦也是福。（人民日报）

在例 5 中，集体球类运动员在 2002 年亚运会上并未取得理想的成绩，中国体育代表团团长语重心长地开导在 2002 年亚运会上失利的集体球类运动员，教导他们看淡得失，并鼓励其总结经验，努力进取。受到中国代表团击剑和游泳项目所取得的佳绩的影响，集体球类运动员可能对自我成绩有所不满，甚至感到泄气，而构式"失败也是收获"的浮现，可促使运动员换个角度看待赛场失利，从而促使其思索赛场失利和个人成长的关联，并从失败中总结经验和教训，进而理性升华因失利而导致的负面情绪，为后续的训练和比赛做积极的准备。该话式的语用功能则源于社会刻板印象"奥运赛场失利是一种彻底的失败"和言说者开导运动员的辩证思维"失败也是收获"的认知张力，而这种张力则源于从"失败"到"成功"的隐喻元认知机制。言说者意欲通过对刻板印象的否定促使听话者接受隐喻推理，将"失败经历"这一本不属于"成功事件"的域内成员范畴化为"成功事件"的一个次范畴（王寅，2014），从而使得语言社团中更多的成员摒弃常规认知，以此消解语言社团常规认知和个人辩证思维之间的张力，构式的社会矫正功能由此生成。而在例 6 中，为了演好一场处女作，一位青年演员每日勤学苦练，表演技能获得了专家和观众的认可。作者很受感染和鼓舞，于是评论道"吃苦也是福"，以此表达对该演员敬业上进行为的认可和称赞。而话式的称赞认可之意应追溯至对于既有认知预设"吃苦本身是一种痛苦的行为"的内在否定。而该认知预设的否定则源于对于吃苦的意义的辩证性思索："虽然在吃苦的过程中，人们会感到痛苦，会有伤痛，但是也获得了历练和成长，是个人发展进步的不可或缺的经历"。辩证性思索的元认知机制依然可以追溯到"苦难事件"和"幸福事件"的认知隐喻映射上。因个人的历练和成长，概念主体将"苦难"和"幸福"有机整合，建构认知关联，形成隐喻映射（王寅，2014），并最终产生"吃苦是一种幸福"的关联推理，进而生成相应语用含义，以此达到勉励读者向吃苦耐劳的演员学习，化暂时的痛苦为个人成长的源泉。从语用的推理中，构式自然浮现出了矫正"吃苦仅仅是一种痛苦经历"的认知偏差，并促使苦难事件本不属于幸福事件的域内成员范畴化为其次范畴，促使语言社团中更多成员明了吃苦的积极意义，从而生成一定的良性的社会引导功能。

从诸如"失败也是收获""吃苦也是福"等话式的形成过程中我们可以看出，在概念层面，认知关联所建构的事件隐喻促使范畴外的概念进入到范畴所在的事件域内部，而在语言表达层面，基于隐喻的语义范畴聚合现象导致了构式特许本不属于后件槽位范畴的词汇进入到前件槽位。当构式特许的非范畴成员进入到构式前件槽位后，特许词汇受制于原型构式含义和"边缘—中心聚合"构式含义的双重压制作用，其语义可趋向范畴的边缘成员甚至中心成员，但又因特许词汇含义本身与原型构式和"边缘—中心聚合"构式的前件槽位语义类型有所差异，故词汇含义会对原型构式含义产生反作用，这种构式含义和词汇含义的双向互动，会使得特许词汇含义在一定的时期内保持相对独立性，当二者的矛盾张力消解后，特许词汇含义便由"范畴边缘成员"先过渡到"范畴中心成员"，形成数个类似的"非范畴—范畴聚合"话式。倘若话式的语用频率进一步增强，图式构式能产性随之增强，构式压制作用进一步强化，进而促使特许词汇从"范畴边缘成员"慢慢趋向"范畴中心成员"。上述过程可概括为事件隐喻等元认知机制触发了构式特许和压制，构式特许和压制产生非范畴到范畴成员的语义聚合。随着数个类似话式的浮现、固化和规约化，"A也是B"的能产性进一步扩展，最终演化出"非范畴—范畴聚合"构式变体。

四、结语

本文首先界定和描述现代汉语常用构式"A也是B"，并以构式化和聚范畴为理论背景，提出"构式化—聚范畴连续统构式分析模型"，探究构式家族"A也是B"的形成和演变机制。研究发现：

（1）现代汉语常用构式"A也是B"在形态句法上为带有成词词素"也"的特殊判断句，在语义上，前件槽位均为后件槽位的次范畴，二者为示例和图式的关系，且前件槽位构件均有向后件槽位聚合的语义特征，而在语用上，整个构式具有认知偏差矫正和社会规范功能。

（2）现代汉语常用构式"A也是B"为一个构式群，且可依照构件槽位范畴关系和语用功能划分为"中心—核心聚合""边缘—中心聚合"和"非范畴—边缘聚合"三类。

（3）现代汉语常用构式"A也是B"的原型产生于"固化—规约化"的构式化过程，而基于构式压制和隐转喻元认知机制所触发的聚范畴化现象促成了构式演变。本研究试图发掘常用构式的社会矫正功能，深化构式的社会文化功能探究。

参考文献

［1］GOLDBERG. Constructions：A Construction Grammar Approach to Argument Structure［M］. Chicago：The University of Chicago Press，1995.

［2］GOLDBERG. Constructions at work［M］. Oxford：Oxford University Press，2006.

［3］GRAVINS, STEEN. Cognitive Poetics in Practice［C］. London：Routlege，2003.

［4］LANGACKER. Foundations of Cognitive Grammar［M］. Stanford：Stanford University Press，1987：106，189.

［5］SEPERBER, WILSON. Relevance：Communication and Cognition［M］. Oxford：Blackwell，1986.

［6］SCHMID. Constructions Collocations Patterns［M］. Berlin：De Gruyter Mouton University Press，2014.

［7］SCHMID. The Dynamics of the Linguistic System［M］. Oxford：Oxford University Press，2015.

［8］SAUSSURE. Course in General Linguistics［M］. Columbia：Columbia University Press，1911.

［9］刘玉梅. 后现代哲学视野中的构式语法研究［J］. 外语学刊，2013（5）：24.

［10］刘玉梅. Goldberg 认知构式语法的基本观点：反思与前瞻［J］. 现代外语，2010（2）：203.

［11］范瑜，刘宇红. 浮现隐喻理论视阈下习语句法图式与概念图式的交互［J］. 外语教学与研究，2021，53（4）：496-508，638.

［12］牛保义. 构式语法理论研究［M］. 上海：上海外语出版社，2011.

［13］王寅. 认知语言学［M］. 上海：上海外语教育出版社，2004.

［14］王寅. 什么是认知语言学［M］. 上海：上海外语教育出版社，2004.

A Cognitive Construction analysis of A yeshi B From the Perspective
of Constructionalization
—con-categorization Continuum

Chen Fang   Li Ting   Zeng Wen

【Abstract】As a fundamental unit of language, construction possesses the potent sociocultural functions. The Chinese routinized construction has been the focus of this analysis in terms of the analytical tool of Constructionalization—con-categorization Continuum, based on the theoretical basement of Constructionalization and Con-categorization. And the forming and evolution mechanism of A yeshi B is studied from two dimensions—the prototype construction of central-core con-categorization constructions, and the two construction variants of peripheral-central con-categorization constructions and uncategorized-categories con-categorization construction. It has been found that Constructionalization has formed the prototype construction, and two constructions variants are formed during the con-categorization process in which two cognitive strategies— construction coercion and metaphtonymy plays a crucial role. This study aims at investigating the sociocultural regulation function of constructions, thus fathoming the sociocultural functions of the construction.

【Key words】Constructionalization; Con-categorization; prototype construction; construction variations; cognitive analysis

韩国语中认知动词教学模型初探^①

廊坊师范学院外国语学院　李冰^②

一、引言

韩国语中认知动词种类繁多，较其他动词更具有抽象性，教师在认知动词的教学过程中常常感到吃力，比较难找到教学的重点。因此，在教学中根据认知动词的特点建立教学模型十分有必要。本文以"알다"为中心，针对韩国语中的认知动词建立了两种教学模型，分别为认知过程教学模型和语义特征教学模型。以下是两种模型的具体内容。

二、认知过程教学模型

本文分析总结了人类认知活动的几大阶段，每个认知活动的阶段都有其代表性的认知动词，而不同阶段的认知动词有时需要搭配不同的句式结构。学生在使用认知动词时常常混淆不同种类认知动词的含义，因此建立认知过程教学模型十分有必要。

本文主要参考변정민（2001：126）、오형식（1991）、김흥수（1989）、桂诗春（1991）、袁毓林（1998）等学者的研究成果，分析并得出人类的认知活动总共分为4个阶段的结论。

（1）思维阶段。例：생각하다，상상하다，여기다. 간주하다，추측하다，짐작하다그 때 방이 텅 비었다고 ｛＊알았，＊깨달았，짐작했｝ 다.（我估计他们已经把房间空出来了。）

（2）认知阶段。例：알다，　깨닫다

a. 그냥 인사만 한번 해서 얼굴만 ｛알았，＊짐작했｝ 다.（只打过一次招呼，只知道脸长什么样。）

b. 인터넷에서 찾아보고 ｛알았，깨달았，＊생각했｝ 다.（在网上搜索以后了解了。）

---

①　本文是河北省廊坊师范学院校级科研项目（项目编号：XBQ202203）的研究成果之一。

②　李冰，女，河北省廊坊师范学院外国语学院助理研究员、教育学博士，研究方向为韩国语教育。

（3）判断阶段。例：판단하다

a. 이 문물이 고려 시대 것인지 조선 시대 것인지 ｛판단，＊생각｝하였다.（这个文物是高丽时代的还是朝鲜时代的，已经做出了判断。）

b. 외투를 보고 그가 어떻게 사는가 ｛판단，＊생각］할 수 없다.（只看他的穿着，并不能判断他生活得怎么样。）

（4）相信阶段。例：믿다

일을 잘 하고 싶으면 열심히 해야 한다는 것을 ｛믿는다，＊느낀다｝.（我坚信要想把一件事情做好就得付出努力）

从以上的例句中可以看出，不同的认知阶段需要使用不同的认知动词进行表达，如果混淆使用则为错句。"알다"与其他认知动词相比较，具有事实性、存在性、信息已知性的含义特点，因此不能用于表示推测、想象、回想的句子中。比如（1）中表示"推测、想象"的意思时，可以用짐작하다，생각하다来表示。如果用알다，깨닫다则语义不通。同理，（2）中表示"获取信息、知道、了解"的意思时，只能用알다，깨닫다，如果用其他认知动词则语义不通。

以此为前提，笔者建立图 1 的教学模型：

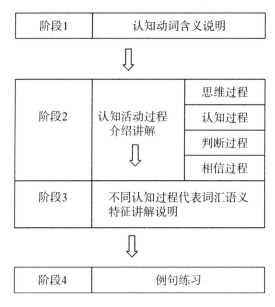

图1 认知过程教学模型

三、语义特征教学模型

本文列举了关于认知动词"알다"的不同句式，分析总结了"알다"在不同句式中的语义特点，从而建立了语义教学模型。

（一）"을/를 알-"句式结构

을/를 알-的句式结构是关于"알다"的句式结构中最常见的一种结构。一般"을/를"前加名词短语。

（1）철수：그 사람의 이름을 알아?（你知道那个人的名字吗？）

영미：네，알아.（嗯，我知道。）

在这一句式中，"알다"对应的含义是"对认知对象信息的持有"，汉语中对应的词语为"知道"。当"알다"作为这一含义应用时，认知主体通常是人，认知对象则具有存在性、事实性的特点。例句（1）中认知对象为"那个人的名字"，并且"名字"和"人"都是事实存在的。

（2）철수：너，영수 알아?（你认识英淑吗？）

영미：응.（嗯。）

철수：그가 몇 살이냐?（她几岁了？）

영미：글쎄，나이는 잘 모르겠는데.（她的年龄我不太清楚。）

철수：안다면서?（你不是说你认识吗？）

영미：그냥 인사만 한번 해서 얼굴만 알아.（只是打过一次招呼，记得她的脸长什么样。）

철수：그럼 아는 게 아니잖아.（那这个就不算认识啊。）

在这一句式中，"알다"对应的含义是"认识、熟悉"。"알다"作为这一含义应用时，认知主体通常是人，认知对象也是人，表示认知主体对认知对象的信息具有全面性的掌握和了解。例句（2）中철수问영미是否认识영수，영미回答只知道영수的脸长什么样子。至于영수的年龄、职业等并不清楚，只是知道认知对象的片面信息，因此并不能说明영미和영수是认识的关系。

以上是을/를 알-的句式结构中"알다"的含义以及特征。在这一句式中，"알다"具有存在性、事实性、全面性的语义特征。

（二）"-에 대하여 알-"句式结构

（3）나는 그 친구를 안다.（我了解这个朋友。）

（4）나는 그 친구에 대하여 안다.（对这个朋友我有所了解。）

例句（3）与例句（4）中虽然都出现了"알다"和"친구"，但两个例句的意思并不完全一样。在这两个例句中，认知主体都是"我"，认知对象都是"朋友"。例句（3）中"알다"具有全面性、直接性的特点，表示认知主体对认知对象的信息有着全面的了解和掌握。而例句（4）中"알다"则是具有片面性、间接性的特点，表示认知主体对认知对象只掌握大概的信息，具有片面性和局限性。

（三）"을/를 로 알-"句式结构

（5）철수：너，영수 알지?（你知道英淑吗？）

영미: 응. (嗯。)

철수: 어떤 사람인 것 같아? (她是个怎样的人?)

영미: 글쎄, 성실한 사람으로 알고 있는데. (我认为她是个诚实的人。)

철수: 잘못 알고 있는 거 아냐? 지난번 같이 밥을 먹을 때 성실 한 사람이 아닐 것 같은데. (不是这样吧? 上次和她吃过饭, 我觉得她不是很诚实的人。)

영미: 그래? 평소에는 성실한 편인데, 그런 면도 있었군. (是吗? 但她平时看起来很诚实啊, 原来也有不诚实的一面。)

在这一句式中, "알다"对应的含义是"当成、认为"。例句 (5) 中认知主体是"我", 认知对象是"英淑", 认知对象是一个事实存在的人, 所以在这一句式中, "알다"具有事实性和存在性的特点。并且认知主体在认知过程中加入了自己的情感, 即不同的人对"英淑"的认识是不一样的。例句 (5) 中英미认为"英淑"是诚实的人, 但철수却认为"英淑"是不诚实的人, 因此这一句式中的"알다"具有主观性的特点。

(6) 철수: 영수에 대한 인상이 어때? (你对英淑的印象怎么样?)

영미: 내가 영수를 바보로 알았다. (我认为她是傻瓜。)

철수: 왜? 무슨 일로 이런 인상이야? (是什么事让你觉得她是傻瓜?)

영미: 그런 일이 너무 많아. (那太多了。)

例句 (6) "我认为她是傻瓜"这句话中, 认知主体是"我", 认知对象是"她 (英淑)", 认知对象是一个事实存在的人, 所以在这一句式中"알다"同例句 (5) 一样, 具有事实性和存在性的特点, 并且认知主体在认知过程中也加入了自己的情感。영미通过某些事对"英淑"这个人做出了自己的判断, 得出"她是傻瓜"的结论。因此例句 (6) 中的"알다"同例句 (5) 中一样, 也具有主观性的特点。

(四) "음을 알-" 句式结构

(7) 나는 그가 남편을 진심으로 사랑했 {-음, *-기} 을 안다.

(我知道她是真心爱她丈夫的。)

(8) 내일 비가 오지 않기를 {바란다, *안다}.

(我希望明天不会下雨。)

在韩国语中, 음和기都是名词性语尾, 但是用法不一样。比如例句 (7) 中"알다"只能和음连用, 不能和기连用。原因是기作为语尾时, 具有不确定性、抽象性的特点。比如例句 (8) 中明天是否会下雨并不确定。而依据前文分析, "알다"作为认知动词具有事实性、存在性的特点, 因此不能与기连用。

(五) "줄 알-" 句式结构

在这一句式中, 依存名词"줄"前边经常出现 (으) ㄴ、는、를等助词。

（9）철수：영미 씨, 피아노를 칠 줄 알아요?（英美，你会弹钢琴吗?）

영미：네, 알아요.（嗯，我会。）

（10）철수：시간 있으면 컴퓨터를 수리해 주실 래요?（有时间的话能帮我修一下电脑吗?）

영미：미안하지만 컴퓨터를 수리할 줄 몰라요.（不好意思，我不会修电脑。）

例文句（9）与例句（10）中的句式均为"-ㄹ 줄 알다"。在这一句式中，"알다"是"能、会"的意思，代表某种能力。例句（10）中是这一句式的否定形式，即"一ㄹ 줄 모르다（不会）"。当"알다"是"能、会"的意思时，可以和助词-ㄴ、-도、-만结合使用。

（11）철수：내일은 영수의 생일이야. 선물이 준비 되었어?（明天是英淑的生日，你准备礼物了吗?）

영미：내일이라고요? 나는 모레인 줄 알고 있었어요.（明天吗? 我还以为是后天。）

（12）철수：정말 추워. 옷을 많이 입으면 좋겠다.（真的很冷，要是多穿点就好了。）

영미：오늘 이렇게 추울 줄 몰랐어요.（没想到今天这么冷。）

例句（11）与例句（12）的句式与例句（9）、例句（10）的句式相同，均为"-ㄹ 줄 알다"，但是含义有所区别。例句（9）与例句（10）中"알다"是"能、会"的意思，代表某种能力。例句（11）中"알다"的本意是"知道"的意思，但是在"알다"为过去式时，则被理解为"还以为"的意思，即事实与之前预想的不符合。其否定形式为例句（12），即"一ㄹ 줄 모르다"，文中是"没想到"的意思。当"알다"是"还以为"的意思时，可以和助词-ㄴ、-도、-만结合使用。

综上所述，认知动词"알다"在不同的句式结构中具有不同的语义特点。本文共列举了5种句式，分别为"을/를 알-""-에 대하여 알-""을/를 로 알-""음을 알-""줄 알-"。 在这5种句式结构中，"알다"呈现出了事实性、存在性、片面性、主观性等语义特点。笔者以此为前提建立图2的教学模型。

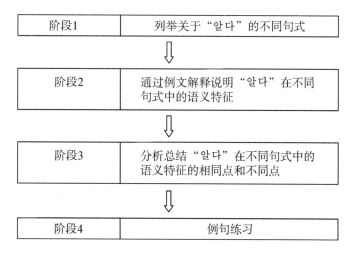

图2　语义特征教学模型

四、结语

为了使韩国语教育者更好地进行认知动词的教学，本文分析总结了人类认知活动的 4 个阶段，即思维、认知、判断、相信 4 个阶段，并以"알다"为中心，通过对关于"알다"的句式结构的分析，总结了认知动词"알다"的语义特征，提出了认知过程教学以及语义特征教学两种教学模式。现以此两种教学模型为基础，提出如下教学建议：

（1）在认知动词的教学过程中，教师可以与汉语进行对照讲解，这样可以使学生更好地理解认知动词的含义。

（2）认知动词具有抽象性，单纯地理解单词的意思比较困难，教师应通过多个例句进行讲解，并在课堂上进行互动，使学生能够举一反三，能够在实际生活中正确地使用认知动词。

（3）认知动词在不同的句式结构中有不同的含义，因此教师需要详细讲解每个句式中认知动词含义的特点，找出不同句式结构中含义的相同点与不同点，帮助学生更好地区分认知动词。

参考文献

[1] 김지은，「'보다'와 '모르다'의 특수한 쓰임에 대하여」[J]. 언어 사실과 관점，7 권，연세대학교 언어정보 연구원，1997：149-183.

[2] 김흥수．「현대국어 심리동사 구문 연구」[M].탑출판사，1989.

[3] 박종호，「인식 동사 '알다'의 속성 분석」[J].『언어사실과 관점』30 권，연세대학교 언어정보 연구원，2012:81-106.

[4] 변정민，「국어의 인지（認知）동사 연구」[D].고려대학교 대학원 박사논문，2001:126-161.

[5] 오경숙，「'줄 알다'，'줄 모르다'와 사실 인식 표현」[J].『한 국어 의미학』，3 권30 호，한국어의미학회，2009：143-161.

[6] 우형식，「인지 동사가 나타내는 어휘 의미는 대상에 대한 가시 적 행동을 뜻하는 것이 아니다」[J].『우리말연구』，우리말 학 회，6 권10 호，1991:101-123.

[7] 이수련，「인식 풀이씨의 연구」[J].『우리말연구』，7 권13 호，한국어 의미학회，1993：408-409.

[8] 이지영，「認識의 관점에서 본 '알-'의 意味와 統辭的특징」[J].어문연구33（4），한국어의미학회，2015：109-134.

[9] 桂诗春.认知动词的研究 [J].中国人民大学学报，1991：12-17.

[10] 韩雪.基于汉语语料库的近义词辨析 [J].文化世界，2015（4）：34-39.

[11] 张明辉.认知类动词及相关句式研究 [D].苏州：苏州大学，2008：10-46.

[12] 张积家，陆爱桃.汉语心理动词的组织和分类研究 [J].华南师范大学学报，2007（1）：117-123.

[13] 张京鱼.汉语心理动词及其句式 [J].唐都学刊，2001（1）：112-115.

[14] 袁毓林.认知机能主义研究 [J].汉语文法研究，2015（1）：23-29.

A Preliminary Study on the Teaching Model of Cognitive Verbs in Korean

Li Bing

【**Abstract**】 There are many types of cognitive verbs in Korean, and Chinese students often find it difficult to learn how to use Korean cognitive verbs. Due to the more abstract nature of cognitive verbs compared to other verbs, it is necessary to establish a teaching model based on the characteristics of cognitive verbs in teaching. "알다" has the highest frequency and widest range of use in cognitive verbs. Therefore, this article takes "알다" as an example and establishes two teaching models. They are the cognitive process teaching model and the semantic feature teaching model. I hope it can be helpful for Korean language educators and learners.

【**Key words**】 Korean; cognitive verbs; teaching model

第四部分　外国文学

对不可靠叙述者的反讽

——村上春树《烧仓房》的隐性进程

四川外国语大学成都学院宜宾校区国际语言文化学院　　谭杰[①]

【摘　要】村上春树的短篇小说《烧仓房》多年来受到不少学者与评论家的关注，研究一直围绕情节发展这一种叙事运动展开，从各种角度挖掘其深层含义。然而在许多文学作品的情节发展背后，还存在着贯穿全文的隐性进程，隐性进程常常以多种方式使故事情节相互补充或相互颠覆。隐性进程有别于以往批评界所关注的情节的各种深层含义，其反讽也有别于其他种类的反讽。在存在隐性进程的作品中，若仅仅看到情节发展，就会片面理解甚至严重误解作品的主题意义、人物形象和艺术价值。在《烧仓房》中，我们若从头到尾追踪这隐性进程，关注其既互相冲突又互相补充的复杂关系，就能更好地把握作品的修辞目的并更加全面地理解作品的内涵。

【关键词】村上春树；《烧仓房》；隐性进程；双重叙事动力；不可靠叙述

《烧仓房》于1983年1月发表于《新潮》杂志，其充满悬疑的故事情节与丰富的隐喻性长期受到学者与评论家的关注。2018年，韩国导演李沧东改编自该小说的影片《燃烧》获得了釜日电影奖、大钟电影奖、洛杉矶影评人协会奖、多伦多影评人协会奖等多个奖项，引起了社会各界的广泛关注。小说故事梗概如下："我"有一个女朋友"她"，后来"她"去非洲旅行，带回一个男朋友"他"。"她"和"他"有一天来我家玩，大家一起喝酒玩乐。"他"单独为"我"讲了"他"烧仓房的秘密，并表示下次要烧的就在"我"家附近。第二天开始"我"每天跑步都会察看自家附近的仓房，但是一个半月过去了没有一间仓房被烧。一天"我"碰到"他"，"他"却说仓房已经烧了，与此同时"她"失踪了。日本学界对这篇小说一般有三种看法：①以田中实、酒井英行、川本三郎为代表，认为这是主题为现实与非现实之间的暧昧的故事。②以平野芳信、多田道太郎、加藤典洋、村上林造为代表，认为这是一个以"烧仓房"为隐喻的连环杀人犯的故事。

---

① 谭杰，男，助教，翻译硕士，研究方向为日本近现代文学。

③以山根由美惠为代表，认可前面两种解释，认为小说正是在兼容前两种解释的情况下暗合了"同时存在"的主题。

从小说情节发展的角度看，以上的解释都站得住脚，但若仔细考察全文，我们可以发现隐含作者通过不可靠叙述者"我"对"她"的叙述与反讽，对"我"的以自我为中心、冷漠麻木进行了揭露，沿着另一条表意轨道进行反讽。"不可靠叙述"是布思于《小说修辞学》中提出的概念，指按照作品规范说话和行动的叙述者为可靠叙述者，反之则为不可靠叙述者。"隐性进程"是申丹于2012年在《外国文学评论》中提出的叙事学概念，其目的在于打破自亚里士多德以来聚焦于情节发展的阐释框架，挖掘出特定小说文本中被忽视的另一种叙事动力。隐性叙事进程常常具有反讽性，且有别于已引起学界广泛关注的"言语反讽""情景反讽""戏剧反讽"，而属于一种"语境引起的反讽"。其特点是："文字与其所表达的意义协调一致，行为本身也不产生反讽意义，但这些文字和行为在特定的语境中则会隐蔽地带上反讽性。这些反讽都出现在作品的局部，而隐性进程的反讽则往往需要通过与前后文本成分相呼应来产生作用，从头到尾运行。"① 我们可以看到，在《烧仓房》中，隐性进程与故事情节既相互补充又相互颠覆，增强了文本的语义密度，产生了极强的文本张力，表达了作品复杂而丰富的内涵。

一、故事开端的隐性进程

故事开篇一段是叙事者"我"与"她"的人物身份介绍：

彼女は二十歳で、僕は三十一だった。でもそれはべつにたいした問題ではなかった。僕はちょうどうその頃頭を悩まさなければならないことが他にいっぱいあったし、正直なところ歳のことなんていちいち考えている暇もなかった。彼女はそもそもの最初から歳のことなんて考えもしなかった。僕は結婚していたが、それも問題にならなかった。彼女は年齢とか家庭とか収入とかいったものは足のサイズや声の高低や爪の形なんかと同じで純粋に先天的なものだと思いこんでいるようだった。要するに考えてどうにかなるという種類のものではないのだ。そう言われてみれば、それはまあそうだ。（p51）

"我"与"她"的交往尽管存在着年龄差，但并未成为问题，因为双方都不在乎，不过各自不在乎的理由却有所不同。"我"是因为那段时间有许多别的烦恼，没工夫去理会年龄的事。这句话看似轻描淡写，实际却细思极恐，换言之，如果"我"当时没有那么多烦心事，"我"可能就不会和她交往。可以看出，"我"其实是在意年龄这件事的，但是因为烦恼多，病急乱投医，才不在乎。由此可以推断，"我"与她的交往或许并非出于本心，消除烦恼的目的占很大的因素。在叙

---

① 申丹. 西方文论关键词：隐性进程 [J]. 外国文学，2019（1）：81-96.

述者的话语中，"她"就像是"我"的工具一样，是可以被替换也本应该被替换的。与着重"年龄"的叙述形成鲜明对照的是，"我"对自己已婚的事实轻描淡写地带过，可窥在"我"的心中，结婚与否甚至不值得与年龄问题相提并论。在"我"的叙述话语中，"她"对年龄毫不在意，并使用了"そもそも""最初から"等词强调了"她"的态度，加重了"她"给读者的自由不羁的感觉，而在对待年龄、家庭、收入问题上，"她"似乎认为这些东西都是先天的东西，这个观点看似洒脱，实则十分消极悲观。而"我"作为一个小说家，家庭和睦、每天按时晨跑、圣诞节为亲友挑选礼物，生活不可说不幸福，但对"她"的悲观消极不仅不闻不问，反而表示赞同，暗中体现出隐含作者对叙事者"我"的反讽。

接下来，"我"更加深入地介绍了"她"的情况：

彼女はなんとかという有名な先生についてパントマイムの勉強をしながら、生活のために広告モデルの仕事をしていた。とはいっても彼女は面倒臭がって、エージェントからまわってくる仕事の話をしょっちゅう断っていたので、その収入は本当にささやかなものだった。収入の足りない部分は主に彼女の何人かのボーイ・フレンドたちの好意で補われているようだった。もちろんはっきりしたことはわからない。彼女のことばのはしばしから、たぶんそんな風なんじゃないかと想像してみただけだ。とはいっても僕は、彼女がお金のために男と寝るとか、そういうことを言っているわけではない。（p52）

"我"叙述"她"一边向有名的导师学哑剧，一边做着模特的工作，却又说"她"常常拒绝工作，因此收入微薄，使读者感到"她"在生活上不靠谱。而后又说"她"的经济来源应该是主要来自好几个男朋友，更加深了读者的这种印象，甚至可能产生对"她"的真实身份的怀疑。接下来，"我"又说自己并没有说"她"为了钱而和男人睡觉。但不管叙述者的真实想法是什么，将"为了钱而同男人睡觉"这个想法摆上台面，不管是肯定的还是否定的，实际上已经形成了一种前景化的效果，类似心理学上的"不要去想大象"效应①，使得读者对"她"的道德品质更加怀疑，反讽效果强烈。在另一层面上，叙述者在对"她"的描述中频繁地使用不确定的词汇与句子，如"ようだった""はっきりしたことはわからない""そんな風なんじゃないか""想像してみただけ""言っているわけではない"，明明说了许多不利于"她"的话，却摆出一副"只是我的推测"的姿态，可从中窥探出叙述者的虚伪，体现出隐含作者对叙述者"我"的反讽。

当"我"得知"她"在学习哑剧的时候并未吃惊，"それに彼女は何かに真剣に打ちこんで才能を磨いていくといったタイプには見えなかった。"（p52）但是当后来与"她"聊天时说"君にはどうも才能があるようだな"（p53），两句前后矛盾，形成一种反讽的张力，反映出"我"尽管内心不屑，却世故地对"她"表现出好意。虽然说客套话是人际交往的基本礼仪，但

---

① 指发话者向受话者说"不要去想大象"，受话者脑海中首先浮现的反而是大象这一心理现象。可参考：LAKOFF G. Don't Think of an Elephant! Know your values and frame the debate：The essential guide for progressives［M］. White River Junction, Chelsea Green, Vermont, USA, 2004.

可见"我"并未对"她"祖露心扉。而这种隔阂也清楚地体现在之后的这一段叙述中：

「彼女の話す言葉の殆どには百パーセント意味なんてなかったけれど」（p54）

「僕もいろいろ話をしたけれど、たいしたことは何ひとつ話さなかった。話すべきことはべつに何もなかった。

本当にそうなのだ。

話すべきことなんて何もないのだ。」（p54）

虽然"我"和"她"在一起心情愉悦，但主要是因为"我们"在一起很放松，而并非交心的朋友，"她"的话对"我"而言"百分之百的没有意义"，"重要的事情什么也没说，也没什么好说的"，可见在"我"眼里"她"只是个让人舒心的工具似的东西，而不是互相倾诉的朋友。而如果没有发现小说的隐性进程，便很难注意到这一点的话，可能就会像高桥龙夫一样只注意到"她"与"我"的世代之差。高桥龙夫将小说的发表时间直接代入文本内部进行计算，模糊了小说文本与现实的鸿沟，令人不敢苟同①。

二、故事中部的隐性进程

"她"前往非洲旅行，原因是获得了一笔旅费。关于这笔钱的来源，"我"是这样叙述的：

二年前の春に、彼女の父親が心臓病で死んで、少しまとまった額の現金が彼女のものになった。少くとも彼女の話によればそういうことだった。（p55）

这段话的顺序是经过"我"重新编排而来的，以"我"的视角出发的事件的真实顺序应该是："我"得知"她"得到一笔钱——"她"说是因为父亲去世得到的遗产——"我"的叙述话语中的"她因为父亲去世获得一笔钱"。这段话最后那句"至少从她的话来说是这样的"便具有一种足以瓦解之前话语可信度的魔力，暗示这可能并非事实，"她"得到的钱可能并非源自"她"的父亲，体现出"我"对"她"的不信任，与故事开篇是否为了钱同男人睡觉的怀疑相呼应。同时，这句话亦加重了读者对"她"的不信任感，起到在情感上疏远"她"、避免与其共情的间离效果。

当叙述者到机场接"她"的时候，见到"她"的新男友，做了如下的评论性叙述："僕の知る限りでは、彼女にとっては彼が最初の、きちんとした形の恋人だった。"（p55）前面叙述者也谈到"她"有许多男友，而这才是第一个正正规规的恋人，对"她"的反讽不言而喻，同样有着加重读者对她生活作风的不齿感的效果。

当有一天"她"与"他"驾车来"我"家，"我"称呼"她"为"僕のガール・フレンド"：

---

① 详情请参考：髙橋龍夫.「村上春樹『納屋を焼く』論：八〇年代繁栄に潜む光と影」［J］. 専修国文，第102号：2.

僕のガール・フレンドが窓から顔を出して手を振っていた。（p59）

"我"和"她"的关系虽然并未在小说开头明确揭示，但从小说开端关于年龄与婚姻的近乎饶舌的叙述中可以看出一丝端倪，"我们"并非普通意义上的朋友①。叙述者一开始明显是在有意避开他们之间的关系定义，闪烁其词，直到故事进展到"她"带着在非洲结识的新男朋友到"我"家玩，叙述者才给了"她"一个清晰的身份定义："僕のガール・フレンド"，与前文提到"她"有好几位"ボーイ・フレンド"相对照，同为外来语，暗示"我"也是其中一位"ボーイ・フレンド"，而不是"恋人"，意味深长。然而此时这位"僕のガール・フレンド"身旁还有一位"她"的"恋人"，之前"我"一直用"彼女"指代"她"，偏偏在"她"带恋人来"我"家时成了"ガール・フレンド"②，反讽效果十分强烈，显然属于申丹提出的"语境决定的反讽"。细读文本不难发现，叙述者"我"对"她"道德不可靠者的形象的建构与反讽体现在故事情节之中，与此同时，"我"作为一名不可靠叙述者的形象则被隐含作者所反讽，而这股叙事暗流贯穿全文，具有极具张力的叙事动力。

接着，"我"如此描述"她"的穿着："彼女は乳首の形がくっきり見えるくらい薄いシャツを着て。"（p59）试比较以下这种表述："彼女は薄いシャツを着て、乳首の形がくっきり見える。"显而易见，第一种表述更加具有冲击力，在修辞层面上优于第二种，而在分析叙述者话语的层面上，可以看出叙述者意欲突出此大胆穿着的意图。并且，这番描述前一段紧跟着"僕のガール・フレンド"与这一对"她"的反讽话语，两个叙述话语放在同一语境下，反讽的意味十分浓厚。

当"他"向"我"提议吸大麻的时候，"我"并未拒绝：

「グラスがあるんだけど、よかったら吸いませんか?」と彼が言った。

僕はちょっと迷った。というのは、僕は一ヶ月前に禁煙したばかりでとても微妙な時期だったし、ここでマリファナを吸うことがそれにどう作用するのかよくわからなっかたからだった。でも結局吸うことにした。（p62）

可见叙述者不仅在道德上与社会公德有别，生活作风也存在问题，当"他"提议吸毒的时候，叙述者犹豫的原因并非吸毒是违反法律的行为，而是最近在禁烟，并且最终还是接了过来。而且从「とてもいい質のマリファナだった」中我们可以看出"我"过去时常抽大麻，对大麻的质量十分熟悉，可谓是吸毒老手。

当"她"在叙述者家想睡觉了，"我"带"她"上楼之后，叙述者如此叙述：

僕は彼女を二階につれていって、ベッドに寝かせた。彼女はTシャツを貸してほしいと言っ

---

① 甚至有日本学者提出可能是"性伴侣"的关系。详情请参考：篠井英介.「村上春樹『納屋を焼く』」［J］. 国文学，2007（10）：臨時増刊：64.

② 村上新作《謝肉祭・（Carnaval）》也有关于"ガール・フレンド"的具有反讽意味的表述。详情请参考：村上春树『一人称単数』［J］. 文藝春秋，2020：168

た。僕がTシャツをわたすと、彼女はするすると服を脱いでパンティーだけになり、上からTシャツをかぶってベッドにもぐりこみ、その五秒後にはもう寝息をたてていた。僕は頭を振って下におりた。（p63）

不管是刚给"她"T恤就脱得只剩一条内裤，还是套上T恤钻进被窝五秒入睡，这段话一如既往地形象生动地建构了"她"大胆开放的形象。值得注意的是最后一句：叙述者"我"摇了摇头，然后下楼去了。这儿"我"的摇头看似合理，实则并不合理。试想一下，"我"和"她"认识许久，作为她的"男友"，清楚她的底细、为人、作风甚至经济情况，本该对此习以为常，却摇了头。为什么摇头？因为惋惜与不满。但联系到"我"本人是个搞外遇、吸大麻的道德上不可靠的叙述者，不难看出，这句话充分揭露了叙述者"我"的虚伪，体现出隐含作者对叙述者的深藏不露的反讽。

当"我"回到"他"身旁继续吸第二支大麻的时候，想起了小学时表演话剧的情景：

僕はどういうわけか小学校の学芸会でやった芝居のことを思いだした。僕はそこで手袋屋のおじさんの役をやった。子狐が買いにくる手袋屋のおじさんの役だ。でも子狐の持ってきたお金では手袋は買えない。

「それじゃ手袋は買えないねえ」と僕は言う。ちょっとした悪役なのだ。

「でもお母さんがすごく寒がってるんです。あかぎれもできてるんです」と子狐が言う。

「いや、駄目だね。お金をためて出なおしておいで。そうすれば（p63）

道合裕基详细地梳理了这段插话与新美南吉的四个童话之间的联系，指出"小狐狸买手套"这段插话中"我"的形象实际上混合了新美南吉《手袋を買いに》里的帽子屋、《最後の胡弓弾き》里坏心眼的古物商的形象，认为这既可能是"我"吸毒后产生幻觉导致记忆不清，也可能是作者的一种写作技法。这样的解读在情节发展中固然不错，然而在隐性进程中，这段插话实际上暗藏了隐含作者对"我"的反讽。联系全文来看，"我"在幻觉中看到的"我"是一个恶人形象，而寻求帮助"小狐狸"自然是"她"的化身。在故事情节中，因为"我"对"她"的漠不关心间接导致了"她"的遇害。在这段插话中蕴含的正是隐含作者对麻木冷酷的叙述者"我"的反讽与批判。

而后，"他"告诉"我"他不时会烧仓房之后，"我"问及为什么告诉自己烧仓房的事，"他"回答因为"我"是写小说的，应该对人类的行为模式比较清楚：「それに、僕はつまり、小説家というものは物事に判断を下す以前にその物事をあるがままに楽しめる人じゃないかと思っていたんです。だから話したんです」。"他"认为小说家对于一件事情，首先并不是去判断它的性质，而是去欣赏它、把玩它。换句话说，如果出现了犯罪案件，小说家的第一件事不会是谴责什么，而是对案件本身感兴趣。这实际上构成了对部分没有良知的小说家的反讽。更有意思的是叙述者"我"的回答：「君はたぶん一流の小説家のことを話してるんだと思う」。叙述者并未承认自己属于这类人，但不仅未对此进行反驳，反而赞赏这是一流小说家的做法。隐含作者在此

借"他"的口对叙述者进行反讽的同时，实际上也跳出文本，对某些沉湎于创作而不顾道德的小说家进行了辛辣的反讽。

三、结尾处的隐性进程

"我"由于关心"他"口中所说的"烧仓房"，便买好地图并在自家附近多跑一千米。当找到第三间和第四间仓房时，"我"这样形容道：「三つめの納屋と四つめの納屋は年老いた醜い双子みたいによく似ている。距離も二百めメートルと離れてはいない。どちらも古くて、汚い。」（p73）众所周知，双胞胎这个意象在村上的《1973年弹子球》中是一对神秘、充满青春活力的少女，住在主人公家中，衣食无忧，最后离开。后来出现在村上春树另一部短篇小说《双胞胎女郎与沉没的大陆》① 中，主人公在杂志上发现她们，猜测她们找到新的"宿主"，之后梦见她们被封死在玻璃墙之中。联系"双胞胎"这一形象与"她"的互文性，可谓意味深长，而叙述者却加上"年迈""丑陋"这样的形容词来比喻仓房，体现了隐含作者对"我"的反讽。

在一个半月后，"我"偶遇"他"，并从"他"口中得知"她"失踪的消息，打过许多次电话给"她"，去过"她"家里两次，第一次去时留下了希望"她"联系"他"的字条，第二次去时"她"家已经租给了别人。在"彼女は消えてしまったのだ"下一段紧跟"我"在这一年来坚持每天察看五个仓房的叙述，连接之间的紧密也暗示了"她"与"仓房"之间的密切关系：

僕はまだ毎朝、五つの納屋の前を走っている。うちのまわりの納屋はいまだにひとつも焼け落ちてはいない。どこかで納屋が焼けたという話もきかない。また十二月が来て、冬の鳥が頭上をよぎっていく。そして僕は蔵をとりつづけていく。

夜の暗闇の中で、僕は時折、焼け落ちていく納屋のことを考える。（p80）

叙述者因为"他"的一番关于烧仓房的不知真假的话，每天坚持多跑一千米察看有没有仓房被烧，而在明确"她"失踪之后仅仅找了两次就放弃了，也没有报警，可见"我"只对自己感兴趣的事情操心，对"她"实质上冷漠而麻木。而在之后的一年时间里，"我"仍坚持察看仓房，却没有任何仓房被烧。如果"我"相信"他"话语中的字面意思，"烧仓房"就是单纯的烧仓房，那么"我"不可能继续在意这件事情，即使真的有"我"漏看了的仓房，那也无关紧要，真正重要的难道不是"她"的失踪吗？而"我"坚持察看仓房的原因只有一个，那就是"我"已经知道或者怀疑"烧仓房"的真实含义即是杀死女孩，却不愿接受事实，冷漠麻木地继续着一如既往的生活。

而山根由惠美却将"我"理解成迟钝的人："主人公「僕」の造形が注目される。「僕」は徹

---

① 详情可参考村上春树《再袭面包店》。

底的に勘の悪い人物として描かれている。「彼」から納屋を焼く話を聞き、それをメタファーではなく現実の納屋として認識し、納屋が焼けるかどうかをウォッチングする行動を取る。この現実に徹した「僕」と「彼」との話のズレが、この話の核であり、現実と非現実の曖昧さが生みだされている。"① 这与"我"的实际形象明显存在误差，真正迟钝的人不可能坚持察看仓房，反而正是具有超出常人的敏感的人才会这么做。在不知道"她"失踪的情况下，"我"就开始坚持察看仓房，在"她"失踪后更是持续一年之久。试问迟钝的人真的会这样吗？可以说这一系列的叙述都暗含了隐含作者对叙述者"我"道貌岸然、冷漠麻木的反讽。由此可见认识到隐性进程对于理解文本人物塑造的重要性。而「そして僕は歳をとりつづけていく」一句则与小说开头的"我"在意年龄、"她"不在意年龄形成呼应。在意年龄的"我"继续增加年龄，不在意年龄的"她"却再也增加不了年龄了。这一句对"我"的反讽效果可谓达到了全文的最高点。

我们再关注一下小说的最后一句话："夜の暗闇の中で、僕は時折、焼け落ちていく納屋のことを考える。"这个结尾与村上的另一篇短篇小说《她的镇，她的绵羊》十分相似②，这篇小说的主题是无用之物的消失，与本篇小说作为社会边缘人的"她"被杀死的故事有所相似，这样的互文技巧也增加了该小说的文本密度，为读者更好地理解小说主旨起到了积极的作用。在这句话中，"我"想着的依然是被烧的仓房，而不是"她"的失踪。因为在"我"心里"她"的失踪和被烧的仓房的隐喻其实已经画上了等号，但"我"依然没有明说自己想的是"她"，而只是"仓房"，充分体现了隐含作者对"我"冷漠麻木的反讽。

结语

在《烧仓房》的隐性进程中，我们可以看到一个不同于以往学者笔下被打上"孤独""虚无"标签的村上春树。而这一解读长期被学界所忽视，原因不仅仅在于自亚里士多德以来批评界长期仅关注情节发展这一单一叙事运动，还可一窥日本文学研究领域中，解读文本过于执着于私小说研究中叙事者等于作者这一思想枷锁，难以用叙事者也是作者的构建物的眼光对待作品，长期被对作者的固定印象所束缚。如果有更多的研究者熟知"不可靠叙述"等西方叙事学理论，同时紧跟叙事学与文体学最新理论动向，相信会为未来的日本文学研究吹入一股新风，为日本文学研究的发展与壮大注入新的活力。

---

① 山根由美恵. 二つの「納屋を焼く」：同時存在の世界から「物語」へ［M］//広島大学大学院文学研究科論集（69）. 広島：広島大学，2009.

② "外面依然在下雪。一百只绵羊在黑暗中紧闭着双眼。"参见：村上春树. 遇到百分之百的女孩［M］. 林少华，译. 上海：上海译文出版社，2008：39.

参考文献

［1］村上春樹. 一人称単数［J］. 文藝春秋，2020：168.

［2］村上春樹. 蛍・納屋を焼く・その他の短編［M］. 東京：新潮社，1984.

［3］高橋龍夫. 村上春樹『納屋を焼く』論：八〇年代繁栄に潜む光と影［J］. 専修国文，第 102 号：1-18.

［4］山根由美恵. 二つの「納屋を焼く」：同時存在の世界から「物語」へ［M］//広島大学大学院文学研究科論集（69）. 広島：広島大学，2009.

［5］山根由美恵.「『世界文学』としての『バーニング』―村上春樹『納屋を焼く』を超えて―」［M］//広島大学大学院文学研究科論集（79）. 広島：広島大学，2019.

［6］道合裕基.「村上春樹『納屋を焼く』における新美南吉童話との間テクスト性」［J］. 社会システム研究，2017（20）：359-368.

［7］篠井英介.「村上春樹『納屋を焼く』」［J］. 国文学，2007（10）：臨時増刊：64.

［8］小島基洋.「村上春樹『納屋を焼く』論―フォークナーの消失、ギャツビーの幻惑―」

［9］村上春樹. 遇到百分之百的女孩［M］. 林少华，译. 上海：上海译文出版社，2008：39.

［10］村上春樹. 再袭面包店［M］. 林少华，译. 上海：上海译文出版社，2008.

［11］热拉尔·热奈特. 叙事话语：新叙事话语［M］. 王文融，译. 北京：中国社会科学出版社，1990.

［12］韦恩·布思. 小说修辞学［M］. 华明，胡晓苏，周宪，译. 北京：北京联合出版公司，2017.

［13］申丹，王丽亚. 西方叙事学：经典与后经典［M］. 北京：北京大学出版社，2010.

［14］申丹. 叙事、文体与潜文本［M］. 北京：北京大学出版社，2018.

［15］申丹，韩加明，王丽亚. 英美小说叙事理论研究［M］. 北京：北京大学出版社，2018.

［16］谭君强. 叙事学导论：从经典叙事学到后经典叙事学［M］. 北京：高等教育出版社，2014.

［17］申丹. 西方文论关键词：隐性进程［J］. 外国文学，2019（1）：81-96.

The irony to the unreliable narrator-covert progression of Murakami Haruki's fiction *Barn Burning*

Tan Jie

【**Abstract**】 Murakami Haruki's fiction *Barn Burning* has been focused by many scholars and critics, but the investigation of the fiction has been concerned with one narrative movement————the plot development, trying from various angles to discover its deeper levels of meaning. But behind the plot development, there exists a covert progression paralleling the plot development that complement or subvert each other in various ways. This undercurrent is distinct from various kinds of deeper meaning as already investigated. In those narratives containing a covert progression behind the plot development, only paying attention to the latter will result in a partial or false picture of the thematic import, character images, and aesthetic values of the text. Existing interpretive frames, theoretical concepts and critical models are invariably based only on the plot development, which hinder readers' perception of the covert progression. In *Barn Burning*, if we trace the covert progression and explore their complicated relationship of tension, contradiction and mutual supplementation, we would come to a better understanding of the rhetorical purposes of the implied author and the thematic significance of the text.

【**Key words**】 Murakami Haruki, *Barn Burning*, covert progression, double narrative movements, unreliable-narration

浅析小川未明《糖果天使》的情感内涵

四川外国语大学成都学院亚非语言学院　　邵山①

【摘　要】《糖果天使》是《小川未明童话集》中的一篇童话故事。作者小川未明在 1931 年完成此童话集，于 1974 年 1 月由旺文社出版发行。《糖果天使》作为一篇短篇作品，看似仅写给孩子阅读的童话故事，然而其紧凑的情节和深刻复杂的情感发人深省，无论是成人还是孩子都能够产生共鸣。本文从文本细节入手，针对"天使的视角""故事的缘起"与"亲子之情"三个关键点探析《糖果天使》所暗藏的"命运"与"人生"之间的联系以及其中的情感内涵。

【关键词】童话；情感；小川未明；天使

一、引言

小川未明（1882—1961，小说家、儿童文学作家），创作了千余篇作品，横跨明治、大正、昭和时期，被赞誉为"日本儿童文学之父"和"日本的安徒生"，与作家滨田广介、坪田让治并称"儿童文学界的三种神器"。小川未明将自己的理想与热情，用"童话"的形式表现出来，让我们借此找回那逝去的童心。小川未明原名小川健作，受同校教授坪内逍遥的赏识，被寄予"未明"之雅号，寄望他将来能如同划破黑暗的黎明的光那般耀眼。小川未明擅长撰写短篇故事，浪漫的文风是其作品的特征，其独特想象力的背后是近在咫尺的现实生活。

《糖果天使》是描写父母与孩子之间的亲子之情的一篇童话故事。作者将想象加入所有人在日常生活中都会接触到的糖果纸标签中，其独特的创作视角带来的结局引起了读者的共鸣。整个故事都伴随着哀伤的基调，在轻快的语句中画上句号，让读者在反差中不禁思考自己的命运，借以从想象中获得代入感的片刻欣喜。故事主要围绕印着天使图案的糖果纸各自经历的事件展开。东

---

① 邵山，男，讲师，日语语言文学硕士，研究方向为日语语言文学。

京有一家制糖厂，生产好的糖果会被装到小箱子里运输到各个城市或乡镇。某一天，很多糖果箱被装到车上，运往某个村庄，糖果纸上的天使们的故事就此展开。每一个印着天使图案的包装盒上，都附着一个天使的灵魂，随着盒子的运输，他们欣赏沿途的风景，憧憬着未来将遇到的事情。因盒子遭遇的不同，天使们也有各自不同的命运。如同命中注定好的一般，整个作品中充满了无法反抗命运的无力感，给整个作品带来了飘摇不定的担忧之情，也让读者自然而然地产生对人生的联想。这是一篇催人泪下的童话故事。《糖果天使》被收录在《小川未明童话集》之中。除本童话外，该合集还收录了《红蜡烛和美人鱼》《牛女》《月亮和海豹》《瓶中世界》《冬天的蝴蝶》等作品，深受中国读者的喜爱。

日本的儿童文学理论界将小川未明描述为日本近代儿童文学史上一个巨大的、深远的存在，其作品是日本近代儿童文学的起点。小川未明认为，童话并不只是面向孩子们的读物，通过故事描绘出的童心，也会使成人感动。他擅长描写出作品中人物的心理活动，深刻地展现出主人公内心的不安、焦虑、挣扎或畏惧。虽说他写的是童话故事，却极为直白地指出了人类的自私以及当前社会的问题，即使是成年人也值得去阅读。

二、天使的视角

故事的视角是设置在牛奶糖①盒子上印刷着的天使身上的。每个糖果盒子上的天使，都有着自己的思想。但它们只是一个小小的图案，很少有人注意到。现实中也是如此，各类物品的标签和包装盒原本随处可见，通常不被人们所在意。小川未明将自己的想象加入到盒子上的图案之中，寄予它们生命和思想，从天使的视角出发，讲述了整个故事。

"好几百位牛奶糖盒子上的天使，似乎都各自沉浸在不同的幻想中。其中也有些天使，希望灵魂能早点升上蔚蓝的天空；另外一些天使，则是想知道最后自己会遭遇什么样的命运，之后才回到天上。"由此得知每个天使都是与众不同的。作者采用这样的描述，很容易让读者产生代入感，一边想象自己是某个糖果盒包装上的天使，一边充满期待地继续阅读下去。这种方法有一个明显的优点，就是让读者们的情感与天使同步，随着天使们遭遇到的不同事件，时而忧伤时而欣喜。故事采取天使的视角让情节变得紧凑，剧情也显得一波三折、跌宕起伏。

"各个天使有着截然不同的命运，其中有些被丢进纸篓中，和其他废纸一起被撕破丢弃；有些被丢进炉火中焚烧；还有一些，则是被丢弃在泥泞的道路上。"天使们不知道自己接下来会有什么样的遭遇，这样的描写未免有些残酷，但因为他们是天使，不会觉得痛，无助的同时又有些期待，最终灵魂都会飞向蔚蓝的天空，给故事增添了几分奇幻的色彩。

---

① 牛奶糖：原文里指当年森永制菓株式会社所推出的一种牛奶糖，日语原文表述为"飴チョコ"。

小川未明也经历过磨难，这也是他让天使们也命途多舛的原因之一。1918 年，西班牙流感爆发，小川未明一家四口全部被感染。贫穷导致家庭陷入危机，生存变得十分艰难。同校后辈木村毅与小川的好友古川实、水守龟之助商量，他们打算通过新潮社出版一本文选集，将获得的印刷版税赠送给小川未明。1920 年，文选集正式发行。作家芥川龙之介、菊池宽也参与了该文选集的出版。终于，此事件使得小川未明从贫困与病痛中摆脱出来。"盒子已经空了，于是一个孩子把空盒丢进水沟，一个孩子把它撕破，另一个孩子则把它丢向波吉（一只狗），狗狗便叼着盒子，在一旁跳来跳去。"这是天使的视角，也是作者的视角，是自身经历的真实写照。在本篇故事里，就算纸盒被毁灭了，天使们也依然活着，最终会相聚于同一个地方，互相诉说着自己一路上的经历，仿佛这就是自己存在的意义。悲壮的情节里暗含着作者突破困难后乐观、豁达的一面。

三、故事的缘起

小川未明毕业于东京专门学校（早稻田大学的前身）的英文系，他的作品总会受到西方文化的影响，本篇童话故事也不例外。"天使"本身是上帝的使者，来自天上，最终在故事结尾又回到了天上。他们是人间的监察者，同时也是人们行为的记录者。犹太教、基督教、伊斯兰教中都有着"天使"的概念，而且定义极为相似。作为一种精神体的表现，可以根据需要幻化成适合的物质形式。他们为了察看人类的一举一动，恰好附在了印着天使图案的糖果纸上，体现了天使们孩子气的一面，这何尝又不是阅读此童话的孩子们本身的映射呢？

"那天早上，牛奶糖已经在火车上晃啊晃地被运往目的地。天使在一片黑暗中，不知道火车现在正行驶在何处。"就算是天使，他们也按部就班地行进着，我们每个人的人生也是一样：出生，上学，工作，然后老去。天使会被运输到各个地方，人们也可能为了追寻自己的梦想离开家乡，但与天使不同的是，人类的命运是可以被改变的。"天使即将离开这座繁荣的大都市，前往遥远的某处，对此它感到有点儿难过，但想到自己将要前去其他地方，便也抱着几分期待。"同样的，刚毕业的年轻人对于将来的发展，也是充满不安和期待的，就像在火车车厢中的天使那样，不知道自己接下来会有什么样的遭遇。他们说不定会在运输车里待上很久，但总归会到达自己该去的地方。

现实中的包装纸几乎都逃不过同一种命运：终将被丢弃。人生的终点也是死亡，灵魂舍弃了肉体，回到天空中，跟天使们有着同样的命运。"毕竟，孩子们只要吃到盒子里的糖果就可以了，剩下的空盒子是没什么用的。"灵魂也是，借助人类的身体尽可能地看遍这个世界，然后离开。没有人可以逃脱这个过程，这只是生命的一个程序，像天使们一样，必须去经历。这部童话作品读起来会让人产生一种无力感，人们如同印在糖果盒上的图案那样，受到社会的各种制约，遵守不同的规章制度，无法得到真正的自由。虽然是童话故事，但也极具现实意义，甚至暗含着作者对世间的讽刺。不过，天使们是不会感到痛苦的，就算是令人绝望的环境，天使们也能给读者带来一些神圣感和使命感，这又使得故事像常见的童话那样温馨而有趣。

无论未来遭遇的事件是有趣的还是残酷的，这些都只是一段过程。最终，人类和天使的灵魂都会回归平静。"随着天使们的逐渐上升，蓝黑色的天空也变得明亮起来。在它们要去的上方，美丽的星星正在闪闪发光。"正如前文所提到的那样，小川未明受到西方宗教文化的感染，用"回归平静"的最终命运来抚慰那些在生活中遍体鳞伤的人们。天使们的结局通常是被撕毁，盒子变得支离破碎。但是天使们并没有太难过，他们平静地接受了一切。人生也像是一段旅行，就算结局是"回归平静"，也应当把握好每分每秒，珍惜仅属于自己的经历，体验自己独一无二的时光。

最初，天使们是一起被装到火车上，再运往全国各地。这里是对人生的映射。人生也像是这样一辆列车，路上会经过很多站，人们往往会同很多人一起前行，但很少有人自始至终都陪伴在身边。"只能等某日飞向蓝天后，才能聊聊各自在这个世上经历的命运。"天使们最后都聚集在了天上，也许宇宙的尽头也是那样，人生路途中遇到的、自己所怀念的人，最终都能相聚。

四、亲子之情

故事的后半段，一位老奶奶为了给东京的孙子寄礼物，买下了三盒牛奶糖。但有趣的是，糖果本来就产自东京。就像上了年纪的人出国为亲友们带礼物，结果买回来才被年轻人注意到礼物是本国制造那样令人哭笑不得。但不能因此嘲笑老人缺乏常识，因为这份心意是毋庸置疑的。本篇故事与作者的亲身经历有关：一天，两位老人在他们居住的新泻县买了一些糖果寄给在东京的孙子们，然而这些糖果原本就是东京生产的。由此，作者加入想象，作为主角的三盒牛奶糖天使也被寄往了东京。

孩子们虽然收到了对他们而言普普通通的牛奶糖，却还是开心地拿着糖，走出家门外玩耍，这是孩子们正常的反应，他们往往不会去多想。在意产地的通常是大人。小川未明的创作风格属于作为自然主义文学的表现之一的印象主义，既注重写实，也致力于主观情感的宣泄。他常常用童话故事的表象来剖析人性，导致孩子们看到的是童话，而大人看到的是现实。

故事的最后，孩子们吃完了糖果，三个纸盒都被丢弃了。三位天使就在这静谧的黄昏时刻，往蔚蓝的天空上飞去。这时，其中一位天使回头望向大都市远方的天空，他看到了许多烟囱。其中，有一些烟囱就是属于从前生产出它们的糖果厂的。天使在东京出生，火车把它运送到乡村，最后又被老奶奶买下来寄回了东京——它原本就热爱着的这座繁荣大都市。这可以说是一种幸运。它在空中，正好可以看到最初的出生地点，这是天使们的故乡。作者把糖果厂代入到了双亲的角色，父母与孩子之间有一种天然的联系，就算是分别，在未来的某天也会再次相遇：就如同故事中的天使和糖果厂那样。当今世界，由于病痛、事故、战争、自然灾害而直接目击到孩子死亡的父母，比我们想象中的要多，失去孩子的那份痛苦时时刻刻都刺痛着他们的心。这篇童话故事的作者也是众多父亲中的一位：大正三年，小川未明的第一个孩子哲文死于痢疾，时年 6 岁。大正七年，次女晴代 11 岁时因开放性肺结核死亡。他认为孩子们的离开是自己的责任，痛苦深入骨髓但又无能为力。晚年的小川未明也时常提起自己离世的两个孩子，眼角常闪着泪光，表情像在责备自己一般。作者将自己对孩子们的深切思念写入作品之中，他希望孩子们最终像天使一样，在上升过程中，再一次看看故乡，看看人世的父母，最后回到天上。整个表达平静而悲壮。

小川未明作为家中的次男，出生于新泻县颈城郡高城村（现上越市）。他的哥哥在出生后不久就生病离开了人世，于是父母非常担心未明能否顺利长大。当年人们相信"被遗弃的孩子好养活"这种说法，小川未明的父母以"他是捡来的孩子"的名义，将他寄放到近邻的丸山家养到了三岁。此后，作者在很长一段时间内都在怀疑自己的亲生父母是谁。被遗弃的牛奶糖天使，也有着作者自己的影子。但天使们在被遗弃的最后，都得到了救赎。小川未明最后也顺利毕业于早稻田大学，继承了父亲积极向上的个性和浪漫主义特质，有着深厚的文学素养。

五、结束语

《糖果天使》用孩子们的语气记叙了一个稍显悲凉的故事，其结局忧伤而发人深省。黑暗和绝望感流动在这篇作品里，这也是小川未明对大正中期至昭和初期日本近代社会中所面临的矛盾与冲击的呈现。不过，在这个"悲凉"的结局之后，又能让人从中获得"憧憬"和"希望"。他的作品充满音乐般的旋律，像一首歌，在循序渐进地推动事件主线的同时，给读者带来强烈的震撼。糖果盒上的天使们如同跳动的琴键，他们唱着歌，一路聊着天，被运输到全国各个角落。这篇童话会唤起读者记忆深处对故乡的怀念，也提醒人们重新思考眼前的现实生活，注意到生命本身的存在感。

本文从文本细节出发，分析挖掘了隐藏在《糖果天使》中天使们的经历与现实里人生的联系。小川未明用浅显易懂的语句为读者们呈现了自己的内心世界，也引领了读者去思考如何对待属于每个人自己的不同命运。这篇本是儿童文学的作品，却有着生离死别的结局。小川未明曾解释说："小时候，我总是幻想，只要我翻越过这座山，山的另一面应是个晴朗无雪的明亮世界在等着我。"黎明前的天空总是最黑暗的，糖果盒上的天使们最终冲破了黑暗。如果我们把握好命运，越过困难阻隔，迎接我们的，也将是温暖和宁静的世界。

参考文献

[1] 小川未明. 大人童话 [M]. 林佩蓉，译. 北京：北京时代华文书局，2022.

[2] 小川未明. 小川未明童話集：全 5 卷 [M]//新潮文庫. 東京：新潮社，1951.

An Analysis of the Emotional Connotation in Ogawa Mimei's *Candy Angel*

Shao Shan

【**Abstract**】 *Candy Angel* is one of the fairy tales of *Ogawa Mimei's Fairy Tales Collection*. This collection of fairy tales was completed by Ogawa Mimei in 1931 and was published by Obunsha in January 1974. As a short story, *Candy Angel* may seem like a fairy tale only written for children, but its compact plot and profound emotions are thought-provoking, resonating with both adults and children. This article starts with the details of the text of this fairy tale and explores the connection between "fate" and "life" hidden in it, as well as the emotional connotations involved, focusing on three key points: "angel perspective", "origin of the story", and "parent-child relationship".

【**Key words**】 fairy tales; emotions; Ogawa Mimei; angel